面向21世纪的研究生教学用书·语言学
（第一辑）

现代汉语词义学

（修订本）

曹炜　著

XIANDAI HANYU CIYIXUE

本书初版本（作为学术著作）荣获江苏省哲学社会科学优秀成果三等奖

本书初版本（作为硕士研究生教材）荣获江苏省高等教育教学优秀成果二等奖

YI 義

CI 詞

暨南大學出版社
JINAN UNIVERSITY PRESS
中国·广州

图书在版编目（CIP）数据

现代汉语词义学/曹炜著. —修订本. —广州：暨南大学出版社，2009.5
（面向21世纪研究生教学用书系列·语言学（第一辑））
ISBN 978-7-81135-182-8

Ⅰ. 现…　Ⅱ. 曹…　Ⅲ. 汉语—词义学　Ⅳ. H13

中国版本图书馆CIP数据核字（2009）第003744号

出版发行：暨南大学出版社

地　址：中国广州暨南大学
电　话：总编室（8620）85221601
营销部（8620）85225284　85228291　85220693（邮购）
传　真：（8620）85221583（办公室）　85223774（营销部）
邮　编：510630
网　址：http://www.jnupress.com　http://press.jnu.edu.cn

排　版：暨南大学出版社照排中心
印　刷：佛山市浩文彩色印刷有限公司

开　本：787mm×960mm　1/16
印　张：21
字　数：388千
版　次：2009年5月第1版
印　次：2009年5月第1次
印　数：1—3000册

定　价：41.80元

初版前言

自从瑞士语言学家德·索绪尔提出“历时”（diachronie）和“共时”（synchronie）概念以后，任何一种具体语言及其构成要素均可以从历时或共时的角度加以探讨。以汉语词义的研究为例，若着眼于历时的研究，则形成汉语历史词义学，它研究的是汉语词义系统是如何在历史进程中发展、演变的，有哪些规律，有哪些动因，是一种动态的研究；若着眼于共时的研究，则形成汉语描写词义学，它研究的是汉语词义系统在历史发展的某一阶段上的基本概貌和种种特征，是一种静态的研究①。现代汉语词义学便属于共时的研究，它是以现代汉语（普通话）词义的方方面面作为自己讨论的话题和研究的对象的。

现代汉语词义学同现代汉语语义学有别。前者是以现代汉语所有词义现象作为自己的全部研究对象的（至少理论上是这样的，实际能做到哪一步，那是另一码事了）。它讨论的全部是词义问题，即使偶尔涉及语素义和短语义，也只是起导入或陪衬作用；而后者不仅研究词义，同时也研究语素义、短语义和句义等，只要是现代汉语的语义现象，都要探讨。

现代汉语词义学也不同于现代汉语词汇学。词义问题固然是词汇学研究的对象之一，但词汇学还要研究词义之外的其他问题，如词汇的构成单位，

① 这是就总体大势而言，现代汉语词义学中也存在动态的研究，而不唯是静态的研究。

词的各种结构方式，词汇的具体类别，词的语音形式和结构形式等等，由于整体框架的限制，词汇学不可能对词义中每一个重要问题均予以展开——而这正是词义学所要求并擅长的。

现代汉语词义学还不同于词典编纂学。尽管词典编纂学中每每涉及词义问题，但研究的内容及目的却大相径庭。现代汉语词义学的研究内容是现代汉语中存在的各种词义现象，目的是描写和揭示现代汉语词义系统的基本框架和各种特征，使人们对现代汉语词义系统有一个全面的科学的认识和把握；而词典编纂学的研究内容是各种词典的性质、类型及其编纂的原则和方法，目的是使词典编撰更加科学、完善。

本书是国内第一部对现代汉语词义给予全面共时描写的专著，在建构现代汉语词义学的理论框架时难免显得有些稚嫩和粗放，诚如笔者在书中所言的："到21世纪中叶，我们再来讨论、建构现代汉语词义学的理论框架，那就全然不是如今（本书）的模样了"（见第十六章第二节"二"）。此外，书中的部分章节，如第三章、第十四章及第二章、第五章中的一部分等均曾以论文的形式发表于90年代初，今天回过头去看，观点、材料已略显陈旧，但考虑到描写的全面性和全书框架的整体性，还是保留在书里，而且基本未作改动。

但愿本书的问世，能给词义学界正艰难前行着的同仁们带来些许慰藉和启迪，尤其能给处于隆冬季节中的现代汉语词义学捎去些许春的信息。

曹　炜

2001 年元月

修订本前言

这是对写作于八年以前、出版于七年多前的一部书稿所进行的修订。

早在2001年9月，在突然接到张志毅先生的一封信和随信所赠的《词汇语义学》一书之后（详见第一章第一节“三”中的页下注），就有对初版本作一番修订的想法，其时初版本尚问世3个多月，尚处于热销中，尚处于一系列的报奖之前奏。而且，学林出版社其时只是在考虑何时加印、加印多少的问题，想必不会来理作者想要修订的茬。我是个知趣的人，从来不做让人为难也自讨没趣的事情。修订之愿望只好闷在肚子里，慢慢磨蚀消化。

然而，这个愿望到底没有被磨蚀消化殆尽，相反地竟至长了芽，在腹中不断成长，成为一种精神上的折磨，时时煎熬着我的心。好在我同学林社只签了5年的出版合同，这种痛苦的等待是有限的。

2005年末，刚出版了我的《〈金瓶梅〉文学语言研究》修订本的暨南大学出版社又来约稿，约稿的是当时的陈鸿瑶编辑，她希望《现代汉语词义学》的修订本由他们社来出版，由于其时与学林社的合同未到期，此事也便没法落实。

好不容易挨到2006年，合同期满，此时，暨南大学出版社又来热情约稿，承诺与《〈金瓶梅〉文学语言研究》（修订版）一样，不要任何出版资助，还支付颇丰的版税。这与我家门口的一家出版社老盯着作者钱袋的做派有霄壤之别。于是，出版合同很快就签下来了。

接下来就是怎么修订的问题了。按照一般的做法，那就是对初版本每一章节的表述文字逐一进行增删修改，刚开始我也曾这样做了，但旋即又放弃了，因为碰到了一些麻烦，同时也总感觉修订得不够酣畅淋漓。

首先是初版本各章之间、小节与小节之间、节内的各板块之间、各板块内的段落之间，关联甚多，前后照应频频，如果更动一处，往往就会引发后面许多处的相应更动，这让我苦不堪言，因为写作的时候是一气呵成的，如今重起冷灶，难免生疏。而且，这种多米诺骨牌似的修订将会把初版本搞得面目全非，使耗时不多的修订变成旷日持久的重写，这显然不是我的初衷，也不是出版方的本意。

其次，此番修订，又明确赋予了本书另一种身份，那就是她不光是一本现代汉语词义学著作，更是一本研究生教学用书（此前作为教学用书是未经“正名”的借用）。教学用书有教学用书的要求，那就是每个章节的文字表述必须中规中矩，不可搞拉家常式的海阔天空、自说自话；同时，文中的观点尽量要有代表性，尽量不要去对具体的人和论著作明确的褒贬、评说。前者让我感到缺少了几分灵气，严肃有余，灵动不够，不像我上课时的一贯风格；后者则让我如鲠在喉，憋得慌，不少想法没法与研究生同学交流，不少观点也因此而无处表达。

再者，初版本 2001 年 6 月首印 4 000 本，半年内售罄，学林社不得不于 2002 年 1 月再加印 2 000 册①。来自方方面面的信息显示，不少高校中文系甚

① 这里我要感谢学林出版社前总编辑雷群明先生和现任副总编辑张建一先生。2002 年初，雷先生通过贺年邮资明信片告诉我，《现代汉语词义学》因为零库存而加印了 2 000 册，并以事先没有征询我是否要修订而匆忙加印为由向我致歉，让我去取版税。其时我正忙于完成《现代汉语词汇研究》一书的撰写，根本没有时间处理此事。到了 2003 年初，雷先生已经离开了学林社，我抱着试试看的心态去找了张建一先生，没想到他一口应允，答应立即兑现，我选择了以书代酬的支付方式。相比之下，北京大学出版社就不太透明，我不经意间在市场上看到了《现代汉语词汇研究》2004 年 7 月出的加印本，可出版社至今没有同我通一下气。当然，北京大学出版社在没收我一分钱出版资助的前提下为一个名不见经传的小人物出一部学术著作，并用以书代酬的形式向我支付稿酬，今天想来依然令我感动。一码归一码。

至外语系的教师、研究生手中均有此书，应该说，已经有了一点影响，出版社方面也希望借助原来已经产生的影响，能有个好的销量，这也在情理之中——暨南大学出版社2004年9月给我出的《〈金瓶梅〉文学语言研究》（修订版）也基本保持了原来的格局和面貌，首印3 000本，前不久听说库存已所剩无几，著名金学专家、南开大学东方艺术系教授、博士生导师宁宗一先生曾告诉我，他在日本的一个偏僻小城的图书馆里还看到了此书。

基于上面的种种因素，我们决定采取一种全新的修订范式：

修订本全书框架基本保留2001年学林社初版时的模样，只在局部章节进行少量的增删修订。

修订本在每章的后面均设置"思考与探索"部分，这是一个不属正文的部分，但也不属于附录——修订本末尾就有三个附录，它是介于正文与附录之间的内容。在这个部分，我可以在不必考虑起承转合、前后衔接的前提下把一些可能会破坏初版本格局的关于现代汉语词义的新的想法，包括对一些学术问题的学术发展史的简要梳理、对一些学术现象的臧否、对一些同道的学术成果的积极的或消极的评价、对一些优秀学术成果的推介、对相关学术问题的进一步研究的建议等等，全部放上去，供广大研究生同学参考、思索，在讨论相关问题时有所借鉴。这些新的想法均同所在章节讨论的内容有关——往往是所在章节所讨论的一些问题的延续和深化或背景介绍。而且在每章的"思考与探索"末尾均设有"本章可以着手的论题"这个栏目，其中的论题都是提供给对本章内容感兴趣的研究生同学可以进一步去研究的问题、可以接着去做的工作，类似于一个"本章未能妥善解决的问题指南"。相信"思考与探索"这个部分会给研究生同学带来更多的启发。

修订本在书的末尾还设置了三个附录，依次为"附录一：汉语言文字学专业汉语词汇学方向硕士研究生学位论文选题献芹"、"附录二：汉语言文字学专业汉语词汇学方向博士研究生学位论文选题献芹"、"附录三：博士 & 硕士研究生'现代汉语词义学'课程学分论文选题献芹"。这三个附录将会为对现代汉语词义学感兴趣的硕士生、博士生在确定其学位论文和课程学分论文选题时提供借鉴。

按照计划，修订本应在2007年10月前后面世的，所以，当时心绪一激扬，就把"修订本后记"给写就了，而且在《苏州大学2008年招收攻读博士学位研究生招生简章及专业目录》的附录中已将我所在研究方向的"参考书"之一表述为："《现代汉语词义学》（修订本），暨南大学出版社，2007年。"害得后来有同学不断地给我打电话，询问购买的办法，在这里深表歉意。由于2007年9月以后，我的身体一直感到不适，卧床时间超过下床活动时间，这一点暨南大学出版社的杜小陆编辑是清楚的，他白天每次打电话我都是在床上接听的。平时只能应付上课及各种杂事而已，再加上手头别的项目检查验收的干扰，这部修订本的最后定稿一事就一搁再搁。原本想在寒假中了结此事，没想到岁末胸腔疼痛难忍，身体无法动弹，被家人急送至苏州市第一人民医院就诊。原来，因肺炎并发胸膜炎，胸腔内积液已达四公分。于是，天天输液服药，遵医嘱卧床休息，诸事皆废，远离电脑键盘达数月之久。以至于这部修订本拖延至今方才定稿。在这个过程中，出版方没有任何催促之辞，惟嘱咐我好好养病，注意身体，让我十分感动。在这里，对出版方既深表感谢，又诚致歉意。

同《〈金瓶梅〉文学语言研究》初版本的情形类似，《现代汉语词义学》初版本出版后，曾作为学术著作获得苏州大学、苏州市人民政府、江苏省人民政府颁发的各类优秀科研成果奖项，后来也曾作为研究生教学用书获得苏州大学优秀教学成果一等奖，江苏省高校优秀教学成果二等奖。对此，我们依然"更愿意归结为良好的运气，更愿意看作是对我们的真诚鼓励和鞭策"①。在没有了评职称压力的状态下的此番修订，应该可以看作是对大家抬爱的一种回报吧！

---

① 曹炜：《〈金瓶梅〉文学语言研究》（修订版）"前言"，暨南大学出版社，2004年。

有了大家的厚爱，我们会做得更好！

有了大家的厚爱，我们一定能做得更好！

曹 炜

2008 年 12 月 15 日凌晨

于苏州东大街寓所

时已夜深人静，耳边只有陪伴了我九年之久的电脑老伙计嗡嗡的运作声，听来如此亲切。窗外漆黑一片，没有任何取暖器件的书房内略显冷峭。但我的心里却充满了温馨——这黑沉沉的寒夜持续不了多久了，数小时之后，那红彤彤的太阳就将升起，和煦的阳光就将洒满我的书房。

词

目录

目录

目录

目录

xian DAI han yu CI YI XUE

第一章 词义的本质

第一节　什么是词义

词义是什么？什么是词义？语言学界至今没有一个清晰、统一的界定，不同的时代、不同的学派、不同的个人，均会有不同的表述。这是一个令词义研究者颇感头痛的难题，难怪乎美国人会感叹：谁能解决词义问题，谁就能获诺贝尔奖。尽管如此，数千年来，语言学（哲学）家们对此从来没有放弃过努力、停止过探讨，于是便出现了一种又一种关于词义的解说。①

一、词义就是该词所联系、指称的对象

这种解说，最早可以追溯到古希腊时期。当时的大哲学家柏拉图在其《对话录》中指出，词是客观事物的名称，这种名称是由客观事物的性质决定的，人们通过词这种名称反映客观事物。后来英国的语言学家加德纳（A. L. Gardiner）在其《言语和语言的理论》（*Theory of Speech and Language*）一书中发展了柏拉图的学说，认为词的意义就是该词所联系、指称的对象。这种关于词义的解说，在西方引起了极大的反响，有赞同的，也有反对的，还有认为不够全面而给予修订的。在国内，虽然没有理论意义上的讨论，可有些学者是把词的指称的多样性看作词的多义状态的，如有人认为“拖”既可指称“用力使前”的动作，又可指称“用力使不前”的动作，所以包含这两个迥然不同的词义。② 实质上也是把词义看作是词所指称的对象。

二、词义就是说话人的处境和听话人的反应

这是美国描写语言学派的代表人物布龙菲尔德关于词义的解说。布氏在其《语言论》一书中有这么一段独特的表述：

---

① 关于词义的解说，早在1923年新版的C. K. Ogden和I. A. Richards《意义的意义》（*The Meaning of Meaning*）一书中就罗列了22种，详见杰弗里·利奇（Geoffrey Leech）《语义学》对此的有关评说。

② 见魏建功：《同义词和反义词》，《语文学习》1956年第9期。

我们曾经给语言形式的意义（meaning）下的定义是：说话人发出语言形式时所处的情境和这个形式在听话人那儿所引起的反应。说话人的处境和听话人的反应是相互紧密地配合的，这是因为我们每一个人既会做一个说话的人，又会做一个听话的人。在下面的因果序列中：

说话人的处境→言语→听话人的反应

作为最先提出命题的说话人的处境，通常比听话人的反应呈现的情况要单纯一些，所以我们一般根据说话人的刺激来讨论和确定意义。①

很显然，布氏把词义看作是说话人的处境和听话人的反应的总和，其中尤以说话人的处境显得更为重要。而且布氏还对“说话人的处境”作了他个人的解释，即“包括人类世界中的每一件客观事物和发生的情况”。②

也许感到他的关于词义的解说存在缺憾，布龙菲尔德也不得不承认：“所以在语言研究中对‘意义’的说明是一个薄弱环节，这种情况一直要持续到人类的知识远远超过目前的情况为止。”③

三、词义就是词在不同的句子中的使用方式

这是当代英国伦敦语言学派的代表人物罗宾斯关于词义的解说。他在其《普通语言学概论》一书中是这样来阐述他对词义的理解的：

话语是有意义的，或是有表义作用的。儿童是这样来掌握词的意义的：他从别人的话语中听见许多的词，自己来练习说这些话语，由别人来纠正，并通过听他说话的人来证实能否被人理解。这种过程我们终身都在进行。我们不断地学习新词，并且当我们听见或看见已知的词出现在新鲜的话语中，其用法又跟我们所习惯的用法略微不同的时候，我们又扩大了有关这些词的知识。因此，一个词的意义可以看作是它作为不同的句子的一个基本成分而被使用的方式。词典的工作就是概括地诠释语言里每个词在某类句子中的使用方式。④

① 见布龙菲尔德著，袁家骅等译：《语言论》，商务印书馆，1980 年，第 166 页。

② 见布龙菲尔德：《语言论》，第 166 页。

③ 见布龙菲尔德：《语言论》，第 167 页。

④ 见罗·亨·罗宾斯著，李振麟、胡伟民译：《普通语言学概论》，上海译文出版社，1986 年，第 33、34 页。

罗宾斯把词义看作是词在不同的句子中的使用方式自有他自己的理由。罗宾斯认为，词用于句子才获得意义，有许多词，只有当它们同别的词组合在一起的时候才有专门的意义，离开了特定的组合，这些专门意义就无从获得。

罗宾斯在给出了他对词义的诠释之后，也对此前的其他解说予以了否定，其中包括曾一度在西方流行的由英国人 C. K. Ogden 和 I. A. Richards 提出的把词义“当作词、说话人或听说人与所指之间的三边关系”的理论。①

四、目前国内较为通行的解说

“词义就是某一语言的词汇系统中和词的语音形式相结合的、人们对客观对象的概括反映。”② 这是高名凯、石安石在其主编的《语言学概论》一书中对词义的解释，也是为国内大多数学者所普遍接受的一种解释，尽管大家在表述上略有差异。这种解释的真正出处是前苏联语言学家斯密尔尼茨基的词义理论。斯密尔尼茨基指出：“词义是事物、现象或关系在意识中的一定的反映（或在性质上类似的，由现实中的一些分散因素的反映构成的心理产物），它作为词的内在方面进入词的结构之中，对这个内在方面说来，语音则是物质外壳，它不仅是表达意义，将它转达到别人的时候不可缺少的，而且也是词义产生、形成、发展所不可缺少的。没有物质的语音外壳（它只是在一定场合下才用它的反映——语音形象——来代替），现实对意识的作用就不会产生我们所知道的词义这种结果。”③

在这段表述中，提到了两个问题：一个是词义的本质问题，词义是词的内在方面，是客观事物在人的意识中的反映；一个是词的语音形式的作用问题，词的语音形式是词义的载体，词义不可能离开它而赤裸裸地独自存在。应该说，斯密尔尼茨基关于词义的本质的阐述，在迄今为止出现的所有关于

---

① 见罗·亨·罗宾斯：《普通语言学概论》，第 38、39 页。关于语义三角图，可参阅符淮青：《词义的分析和描写》，语文出版社，1996 年，第 3、4 页。初版时，“英国人”误写成“美国人”，2001 年 9 月 8 日教师节前夕，突然接到张志毅先生一封信和随信所赠的《词汇语义学》一书，在信中他俏皮地写道：“尊著第 4 页，引符书说 Ogden 等是美国人，恐有疑点，拙稿第 145 页说他们是英国剑桥大学麦达林学院的两位哲学教授，不知可信不?”这是我同张志毅先生交往的开始。此番修订，修正了张先生所指出的这个初版时的瑕疵。

② 高名凯、石安石主编：《语言学概论》，中华书局，1963 年，第 113 页。

③ 见斯密尔尼茨基：《词的意义》，转引自符淮青：《词义的分析和描写》，第 5、6 页。

词义的本质的解说中，是比较经得起推敲的、漏洞也最少的一种。

当然也有人并不赞同。[①] 我们觉得，把词义看作是客观对象或事物在人的意识中的反映，最容易产生的误解就是：词义即概念，因为概念也来之于对客观事物的反映。而且，在语言学界，确实有相当一部分人将词义同概念扯在一块儿或干脆画等号。[②] 也有人认为"概念是词义的基础，词义是概念在语言中的表现形式"[③] 等等。因此，搞清楚词义同概念的关系，确实有助于我们更好地了解词义的本质。

第二节　词义和概念

词义同概念的关系问题，并不是一个新问题，从 20 世纪 50 年代起到 90 年代，一直受到人们的关注，不断有新的见解出现，其中最有影响的是北京石安石[④]和四川张永言两家的论述。

一、石安石论词义和概念

石安石早在六十年代初他的《关于词义与概念》一文中就针对当时高名凯、岑麒祥诸先生关于词义和概念问题的阐述[⑤]提出了自己的不同意见。[⑥] 他的见解实际上可分为两个部分：

（一）词义和概念的一致性

这种一致性表现在：

1. 词义和概念都同语音相联系，都是对客观事物的反映。

石安石指出："词义也好，概念也好，都能够是现实生活中实有的事物或

---

① 见戚雨村：《语言学引论》，上海外语教育出版社，1985 年，第 158 页。

② 见罗・亨・罗宾斯：《普通语言学概论》，第 35 页。

③ 见陆国强：《现代英语词汇学》，上海外语教育出版社，1983 年，第 3 页。

④ 为了简洁、便利，正文表述中在人名后一律不用"先生"、"同志" 等称呼，而采用直呼其姓名的方式，特此说明。

⑤ 见高名凯：《普通语言学》（增订本），新知识出版社，1957 年，第 266 页；岑麒祥：《论词义的性质及其与概念的关系》，《中国语文》1961 年第 5 期。

⑥ 见石安石：《关于词义与概念》，《中国语文》1961 年第 8 期；另见石安石：《语义研究》，语文出版社，1994 年，第 18 ~ 29 页。

现象的反映，都必须是一定客观对象的反映。从这一点看，词义与概念没有区别。”“词义也好，概念也好，它们从产生的时候起，就都与语音结下了不解之缘。不与语音相联系的词义或概念都是找不到的。从这一点看，词义与概念也没有区别。”因此“就与语音、客观对象的关系来说，词义和概念处在同一个地位上”。而不是像有的学者认为的：词义反映的是概念，而概念才是客观事物或现象在人的意识中的反映。[①]——这种观点直到20世纪80年代还有人坚持。[②]

2. 词义和概念对客观对象的反映不仅是高度概括的，而且是同样性质的概括。

石安石指出：“词义和概念的一致性还特别表现在，它们在反映客观对象方面都有概括性的特点。”但两者的概括是否是同样性质的概括，存在着不同意见。有学者认为：概念是对客观事物的本质以及一般特征的总的概括，而词义则可能只是对客观事物一般特征的概括。[③] 石安石对此持反对意见，他认为：词义的概括中必须包含客观事物的本质特征，不然就没有区别作用。甲词义正是依赖其本质特征才同乙词义相区别。如果“人”的词义中只包含人的一般特征“具有高级神经活动”、“有四肢”、“会哺乳”等，而没有“会说话”、“会制造并使用工具”等本质特征，那么“人”的词义就不能同“猿”、“猴”等词义相区别。

（二）词义和概念的区别

这种区别表现在：

1. 除了术语以外，词义和概念并不同等程度地反映客观对象。

虽然，词义和概念对客观事物的概括是同样性质的概括，但是在概括的程度上是有差异的。当然，这里所说的概念是指严格意义上的科学概念。概念概括反映的是客观对象的一切特征——一般特征和本质特征的总和，所以概念往往代表一定时代人们认识事物的最高水平。而词义则不必像概念那样面面俱到，它“只包括一些足以确定适合于该词的概念的外延的特征”。[④] 石安石指出：“‘会说话’、‘会制造生产工具’、‘会抽象思维’、‘经常直立行

---

① 见岑麒祥：《论词义的性质及其与概念的关系》。

② 见陆国强：《现代英语词汇学》，第3页，陆氏指出，“词是通过概念来反映客观事物或现象的”；又见戚雨村：《语言学引论》，第158页。

③ 见高名凯：《普通语言学》（增订本），第266页。

④ 详见德·高尔斯基：《论语言在认识中的作用》，转引自石安石《语义研究》，第25页。

走’都是人的本质特征，只需要揭示出其中任何一个，就已经对人的外延作了规定。人们完全可以从人的各个不同的本质特征去认识人这一客观对象，但是人们所指的人的外延是完全一致的。”

但是石安石又承认词义和概念的这种区别并不是绝对的。而且，非严格意义上的、日常生活意义上的概念同词义在对客观对象反映的程度上是等同的、无法区分的。

2. 词义属于语言范畴，而概念则属于思维范畴，语言与思维是两种不同的社会现象。

3. 词义具有民族性，而概念则是全人类的。

4. 概念单位同语言建筑材料的单位并不对等，语言中同概念单位相当的可以是词，也可以是词组，所以词义同概念也不对等。

5. 不同的词义可以对应同一个概念，这便是同义词现象；而不同概念又可以共一个词，这便是一词多义现象。这两类现象可以凸现词义的民族特点以及词义与概念的区别。

二、张永言论词义和概念

张永言在讨论词义和概念的关系时，基本没涉及两者的一致性、共通性，而是把重点放在了词义同概念的区别上，他从六个方面来阐述词义和概念的种种区别。①

1. 词是概念产生和存在的必要条件，每一个词都具有词义，但并非每一个词都有概念作为自己的基础。如感叹词，虽然也有意义，但不表达概念。

2. 概念是一个思维的范畴，不带感情色彩；与此相反，词义中有一部分带有感情色彩。

3. 概念是各民族共通的，而词义则具有明显的民族特点。

4. 一个概念可以由几个词义的组合（短语义）来表示；而几个彼此联系的概念则可以由一个词来表示，这便是多义词现象。

5. 由于各个词义的相互制约，一个词的意义范围可能同相应的概念的外延或内涵不相一致。如现代汉语中“短”的词义并不完全包括“长度小”这

---

① 见张永言：《词汇学简论》，华中工学院出版社，1982 年，第 43 ~ 46 页。

个概念的外延，因为人的“长度小”这个特征不包括在“短”的词义范围之内。

6. 许多概念本是界限分明的，但表达这些概念的词却可能把这些界限打破，使词义变成模糊的了。如触、听、视、味、嗅五种感觉在客观上和概念上本是界限分明的，但是语言中表达这些感觉的词却往往相通，不区别其间的界限——这就是所谓的“通感”。

三、初步的结论

石、张两家关于词义和概念的关系的讨论在词汇学界是极具代表性的，虽然其后武占坤、王勤（1983）①、符淮青（1985）②、葛本仪（1985）③、詹人凤（1997）④ 等诸位学者先后就这个问题展开过讨论，有的还很详尽，但总体上还是无法冲破石、张两家之说的藩篱。

从石、张两家的讨论来看，有互补之处，有一致之处，也有乖违之处，前两者是很明显的，后者则需要作一下展开和讨论。张永言认为，词义的内涵或外延同概念的内涵、外延有时并不一致。而石安石承认严格意义上的科学概念的内涵要比词义的内涵来得丰富，因为概念需要反映客观对象的一切特征，而词义则不必面面俱到；但是词义的外延同概念的外延是一致的；至于日常生活意义的概念，则无论是外延、内涵，都同词义一样。两家存在明显的分歧。究竟孰是孰非呢？抑或两家各有道理？我们来看张永言提供的例证：短。张永言认为，在现代汉语中，“短”的概念的外延要比“短”的词义的外延广，因为“短”的概念是“长度小”，外延包括一切事物（也包括人），而“短”的词义“长度小”，显然不包括人。“人”的长度短，现代汉语中由“矮”来表示。

这里涉及如何看待词义的适用范围的问题，即词义的适用范围同词义的外延有何联系的问题。外延，原是逻辑学用语，是指一个概念所确指的对象的范围。词义的外延，当也是指词义所确指的对象的范围。如此看来，词义的适用范围——即适用于哪些对象同词义的外延是密切相关的。

---

① 见武占坤、王勤：《现代汉语词汇概要》，内蒙古人民出版社，1983 年，第 35 ~ 37 页。
② 见符淮青：《现代汉语词汇》，北京大学出版社，1985 年，第 19 页。
③ 见葛本仪：《汉语词汇研究》，山东教育出版社，1985 年，第 98 ~ 103 页。
④ 见詹人凤：《现代汉语语义学》，商务印书馆，1997 年，第 28 ~ 34 页。

“短”的概念是“长度小”，其外延是指一切事物，而“短”的词义的适用范围并非一切事物，除了人之外，墙、树等均不包含其中，可见词义“短”的外延确乎比概念“短”的外延小。因此，张永言所述当不误。

人、树、墙的“长度小”在现代汉语中由“矮”来表示。这样，“矮”和“短”就构成近义词。如何看待近义词现象，也有助于我们进一步理解概念“短”的外延同词义“短”的外延的不一致性。石安石曾指出：“同义词（炜案：这里的同义词当指近义词），正确地说，应该是概念相同但词义有所不同的词。同义词间意义的差别，不能大到概念间的差别，只能是在同一概念的情况下的细微差别，或所谓‘补充意味’的差别，例如感情色彩上的、风格上的、运用范围上的，等等。”①作一下阐发，那就是，凡近义词，所表概念是一致的，“短”和“矮”的概念也是一致的，但在词义上是有差异的，这种差异有内涵上的，也有外延的，“短”和“矮”的词义在运用范围上是存在差异的，这种差异是属于外延的。

与“短”和“矮”类似的，还有“肥”和“胖”、“高”和“长”、“生日”和“诞辰”、“去世”和“逝世”等等，它们所表的概念是一致的，但作为词义，在外延上均存在差异，这些词所表概念的外延均要比词义的外延广。

此外，张永言认为，有些概念，如人的五种感觉，本是界限分明的，但表达这些概念的词却打破界限，使之相通，从而使词义变成模糊的了，如“尖”、“亮”等。这也是词义和概念的区别之一。

我们认为，这样的表述本身就存在问题，将其列为词义和概念的一大区别尤为不妥。

“尖”由单纯地表触觉（刀锋尖），发展为表视觉（眼光）、听觉（声音尖、耳朵尖）、嗅觉（鼻子尖）等，这原本是词义发展演变过程中一种极为平常的现象。作为词义历时演变的结果，呈现在现代汉语这个平面上的，是“尖”的一词多义，亦即由一个词表示彼此有联系的几个概念。将这种现象看作是“词打破概念的界限而使词义变得模糊”，这样的表述是有缺陷的，并进而认定，概念原本不模糊，而词义却模糊，这是概念同词义的一大区别，也是难以成立的。因为就“尖”等所表示的概念同词义的关系来看，应该是一一对应的，并不存在概念外延明确而词义外延不明确的问题。

整合一下石、张两家的观点，裁汰其中的一些粗疏之处，我们可以将词

① 见石安石：《关于词义与概念》。

义和概念的关系表述为：

1. 词义和概念都以语音为载体，都以客观对象为基础。

2. 词义和概念在内涵和外延上有一致的时候，也有不一致的时候。当不一致时，表现为两种状态：概念的内涵比词义的内涵丰富，或者概念的外延比词义的外延宽广。

3. 词义属于语言学范畴，概念则属于逻辑学范畴。所以：①词义具有民族性，而概念则具有全球性。②词义具有感情色彩等，而概念则没有感情色彩等。

4. 词义同概念有对应的时候，也有不对应的时候。词义同概念的不对应表现在：①有时同概念对应的是短语义。②有时同一个概念相对应的是几个有细微差别的词义，而不存在一个词义对应几个概念的情况。③有些词义没有与之对应的概念。

思考与探索之一

本章内容中值得探讨的还是“词义是什么”的问题。在思考这个问题之前，可以先看看前人对于这个问题的研究。建议先阅读一下张志毅、张庆云的《柏拉图以来词义说的新审视》一文，正如作者在该文“提要”中所说的：文章“总结了自柏拉图以来的2 000多年词义学说史，站在学说史的高度，用当代的语言哲学和语言语义学的有关词义的新视角，审视评论了指称说、观念说、用法说、关系说、行为反映说、因果说、概念说、反映说、四角说、五因素说等10种学说（炜案：原提要中无‘观念说’、‘行为反映说’，今据文中所列增补），提出了自己的七因素新说和新界定”①。

当然，对于广大研究生同学来说，要解决这个问题确实显得难度过大，但也并非做不到。向前推进可能比较困难，但理清每一种词义学说的历史演变或者对某一种词义学说提出自己的意见则并不是很难的事情。这种选题的好处是：①可以让自己学会如何围绕一个论题去收集古今中外的相关文献与资料；②训练自己如何从纷繁芜杂的文献资料中披沙拣金，寻找对论证有用的也是关键的材料；③培养自己用自己的表述语言不走样地

① 张志毅、张庆云：《柏拉图以来词义说的新审视》，《中国语文》2000年第2期。

概括、归纳前人成果的能力以及高屋建瓴地勾勒事物发展演变历史轨迹的能力。

此外，在关于词义和概念的关系问题的讨论中，虚词通常被认为没有与之对应的概念，也就是说虚词不表概念。周荐如下的表述是颇具代表性的："词语中的实词性单位，多是称说或表示事物或事物的性质特点、活动规律的，词语中的虚词性单位，却只是用以将实词性单位联系起来、表明实词性单位之间的关系或表示由实词性单位和虚词性单位组织起来的段落的语气的。因此，虚词性单位所表示的内容并不为概念所概括、反映。"①

周国光对此持不同意见。他指出："我们的思维活动不但需要实体性的概念，例如人和事物、动作行为、性质状态、数量属性等等，我们也需要关系概念。关系概念既可以用实词表达（如'相同'、'相反'等），也可以用虚词表达出来，诸如'因为……所以……'所表达的因果关系，'只有……才……'所表达的条件关系，'不但……而且……'所表达的递进关系，'（张三）把（李四）（如何）'，'（张三）被（李四）（如何）'，其中的'把'、'被'所表示的主动和被动、施动和受动的关系一目了然。'（张三）为（李四辩护）'，'（张三）对（李四很热情）'，其中的'为'、'对'所表示的'服务'、'对待'关系也清清楚楚。可以这样断言：所有的虚词都表达相应的意义——范畴意义或关系意义。"②

看来，虚词是否表概念，虚词有无概念意义，还值得我们进一步探讨。

本章可以着手的论题

（1）从荀子到孔颖达——中国词义指称说的发展演变
（2）从柏拉图到斯特劳森——西方词义指称说的发展演变
（3）布龙菲尔德词义反应说的来源、内涵及其缺陷
（4）罗宾斯词义使用方式说的来源、内涵及其缺陷
（5）奥格登、理查兹语义三角学说述评
（6）20 世纪欧美词义说综述

---

① 周荐：《汉语词汇研究史纲》，语文出版社，1995 年，第 172 页。
② 周国光：《现代汉语词汇学导论》，广东高等教育出版社，2004 年，第 47 页。

(7) 20 世纪俄罗斯词义说综述
(8) 目前国内通行的词义反映说述评
(9) 关于虚词与概念关系的再认识
(10) 关于虚词词义内容的表述

XianDAI
hanyu
CI
YI
XUE

第二章 现代汉语词义的构成及其基本类型

词义的构成同词义的类型原本应是两码事。前者是词义“向内看”的结果，关注的是词义内部所包含的各种意义成分，属于词义的分解；后者是词义“向外看”的结果，关注的是整个词义的类属、特征，属于词义的归类。可目前的不少论著，在讨论这两个问题的时候，往往是捆在一块儿一锅煮，在“词义的类型”的标目下，既谈词义的构成，如莱昂斯的词义三分法，利奇的词义七分法，也谈词义的类型，如前苏联学者戈罗文的所谓原义和派生词义、伏敏娜的自由和非自由义等等。[①] 由此给人一种错觉，似乎词义的构成同词义的类型是异名同指。其实不然。

第一节　现代汉语词义的构成

关于词义的构成，东、西方学者有种种不同的说法，有的失之繁琐，有的失之空泛。综合各家的意见，吸取其合理的成分，结合现代汉语的实际，我们认为现代汉语的词义大致可以分解出以下四种意义成分：理性义、色彩义、文化义和联想义等。

一、理性义

词的理性义又叫概念义，它是词义中的核心部分，是词义的众多成分中最重要的成分，它反映的是客观对象的主要特征，是甲词义区别乙词义的关键所在。我们现在通行的词义的定义，说白了，就是对词的理性义的概括说明。词义成分中，可以没有色彩义、文化义和联想义，但不可能没有理性义，它是其他词义成分的基础。

词的理性义可以分为内涵和外延两部分。如作为交通工具的“车”的理性义的内涵是“陆地上有轮子的运输工具”，而其外延则是包括汽车、火车、摩托车、自行车在内的一切车辆。如果说，理性义的外延部分会随着旧事物的消亡、新事物的出现而处在多变状态的话，那么理性义的内涵部分则相对比较稳定，短时期内不会轻易变化。

---

① 见沐莘：《浅谈语义及其类型》，《外国语》1985 年第 4 期；T. M. 阿加弗诺娃、那纯志：《词义与词汇意义类型》，《辽宁大学学报》1991 年第 4 期；符淮青：《词义的分析和描写》，第26～39页。

在词的理性义中有一种特殊的构成成分近年来引起了学者的关注，那就是所谓的结构义。

这里所说的结构义并不是指词在语法结构中呈现出来的语法意义①，也不是杰弗里·利奇所说的词在组合中获得的搭配意义（Collocative Meaning）②，而是指由词在语法结构中产生的逐渐融入词义中的组合义，如“平整、热、温、紧”等词，它们同名词组合时会产生“使”的组合义，久而久之，这种组合义渐渐融入它们的理性义中，成为词义的一部分，使它们即使不同名词组合时，也包含了“使”的意义。类似的，还有“大力、全力、死力、死劲儿”等词中的结构义“用”，“汆汆、喇叭”等词中的结构义“形状像××的”。③

此外，还有一种结构义没法从理性义中析出，但它确实是词义构成的一部分，如“配餐”一词中，“配”的意义只能是“按照一定的标准搭配”，“餐”的意义只能是“食品”，但“配餐”却有两个义项，一个是名词义项：“按照一定标准搭配的食物”；一个是动词义项：“按照一定标准搭配食物”。之所以会形成这两个义项，主要是因为“配”和“餐”的结构关系有两种，一种是修饰与被修饰的关系；一种是支配与被支配的关系。结构关系不同，词义就不同。类似的还有“包机、近战、撮要、结晶”等（参见第四章第一节“二”），这也是一种结构义，只不过它是隐性的，没法从理性义中离析出来。

需要强调的是，上文所述的“使”、“用”、“形状像××的”等结构义是从词的理性义中离析出来的，是理性义的一部分，而不是同理性义平行的一种词义构成成分。之所以要把它单列出来讲，是因为对它的认识有助于我们更清晰地把握理性义的形成状况，从而准确地理解和诠释理性义。

二、色彩义

色彩义是词义中不可忽视的一种成分，它附丽于词的理性义之上，表明说话人的态度、词的适用语域和风格特质以及词所引发的有关事物形貌的想象等。通常据此分为感情色彩义、语体色彩义和形象色彩义。

这里有两个问题需要澄清。

作为词义的构成成分的色彩义，是词本身固有的，它不需依赖具体语境，

---

① 有的学者所谓的语法意义，实际上是词的类别意义，如“名词”的类别意义是表示客观事物的名称。详见葛本仪《汉语词汇研究》，第97页。

② 见沐莘：《浅谈语义及其类型》。

③ 见谭景春：《词的意义、结构的意义与词典释义》，《中国语文》2000年第1期。

是一种在静态状况下就存在的词义成分。如“当道”的“掌握政权”一义，其所含的憎恶的感情色彩，是词本身固有的，并非一定要在哪个语境中才具备。所以，有的学者在讨论词义构成中的感情色彩问题时，大谈感情色彩的复杂性，如中性的“毛虫”可以呈现贬义，挖掘感情色彩的社会性——不同的社会语境可以使本没有褒贬义的词带有一定的感情色彩等等。这实际上谈的已不是作为语言符号的词的感情色彩义，而是言语中的词的色彩的变异问题。我们以为这是两个不同性质的问题，不应该放在一块儿谈。我们将在第三章“语言的和言语的感情色彩义”中分别讨论这两个问题。

另外一个需要澄清的问题是，词义中包含的对客观事物的臧否褒贬，是否均属感情色彩义。目前有两种观点，传统的看法认为应是色彩义，一种新的观点则认为应分别对待，如果理性意义本身已是对所评判的客观对象的褒贬，那就不是感情色彩义，如“好人”、“坏人”、“打击”、“好”、“坏”、“打”、“骂名”、“愤怒”、“干净”、“怏怏不乐”、“欣生恶死”等词语就不附带任何感情色彩。而有些词义，其理性意义并不带褒贬，但词义却具有褒贬倾向，这才算是色彩义，如“猎奇”、“滑溜”、“积习”、“交际花”、“嘴皮子”、“花花世界”、“明来暗往”等。另外，有些词义则属于理性义和色彩义均带有褒贬色彩的，如“纠合”、“酒鬼”、“得宠”、“阿谀”、“吹鼓手”、“故纸堆”、“如鸟兽散”、“佛头着粪”等。① 从理论上讲，似乎分别对待比笼统地一样看待要好，也比较符合辩证法。问题是怎么个分别对待法，还需要好好斟酌。词义中包含的对客观事物的态度，哪些是属于理性义的，哪些是属于色彩义的，哪些又是两属的，有许多时候恐怕是很难分得清、说得明的。就以上述所援引的“典型”词语为例，凭什么说，“积习”、“交际花”、“嘴皮子”的褒贬倾向来自于色彩义而非理性义，而“纠合”、“酒鬼”、“得宠”、“阿谀”、“故纸堆”的褒贬倾向却既来自于理性义又来自于色彩义呢？至于说“打击”、“打”、“骂名”、“愤怒”、“干净”等原本就不带有任何褒贬倾向，当然就没有什么感情色彩义了，而并不是其褒贬倾向已包含在理性义中了。

因此，我们认为，将褒贬倾向分作是理性义具备的还是色彩义具备的，抑或是两者均具备的，说起来简单，操作起来却有很大的麻烦、颇多的纠缠。比如像“伎俩”、“豢养”、“猥琐”、“聒噪”、“倨傲”、“咆哮”、“悭吝”、“谄媚”、“寡廉鲜耻”等的憎恶倾向在理性义中已昭然若揭，若据此就判定这些词没有色彩义，恐怕有悖常理，一般人也无法接受。《现代汉语词典》第

① 详见周荐：《词语表达色彩的性质和显映方式》，载首届全国现代汉语词汇学术讨论会选集《词汇学新研究》，语文出版社，1995 年。

5 版“狡”字头下的所有 9 个词条以及“骄”字头下的绝大部分词条，均含贬义①，词典在释义时均没有“以加附加语的方式表示感情上的评价”，② 但我们能说这些词义没有色彩义吗？说褒义词、贬义词均包含感情色彩义，这话大致没错，只是需要对褒义词、贬义词进行必要的把关，不要把一些根本没有褒贬倾向的词也归入褒义词或贬义词。

不过，相对于感情色彩义来说，形象色彩义似乎更难把握一些。形象色彩义其实是联想义的一种，不过是一种特殊的联想义。一般有形象感的语词，均具有形象色彩义，如“一溜烟”、“滚烫”、“爪牙”、“玫瑰紫”、“马蹄袖”、“问鼎”、“吊嗓子”等。

关于词的形象色彩义的确认，一直有从宽和从严两种处理方式，从严者，只把那些“词的理据是描绘性或比喻性的，或多义词用于它的比喻义时”的词义确认为有形象色彩的；③ 从宽者，则将包括上述词义在内的一切“能够直接唤起人们对客观事物形象的某些联想”的词义均确认为有形象色彩的④，如“狗、牛、车、山、水”等的词义也具有形象色彩。显然，这种分歧来源于对有“形象感的语词”的把握有异。这也是很正常的，因为我们在前面已说过，形象色彩义是一种联想义，既然是联想义，就会呈现某种飘忽不定的特质。尽管如此，也总得有个度。我们倾向于从严把握。

至于说，要区分哪些形象色彩是属于理性义的，因而不是形象色彩义，哪些形象色彩不属于理性义，从而真正是形象色彩义⑤，我们仍然认为没有必要，而且也是徒劳的，有些词语固然马马虎虎还说得过去，如说“热乎乎”、“香喷喷”、“扑通”、“慢条斯理”等的词义中有形象色彩义，因为其理性义中并不存在形象色彩义⑥。而更多的，如“吊钟”、“瓢虫”、“驼背”、“汗颜”、“玫瑰紫”等，这类词的理性义中究竟有没有形象色彩，就颇难说清楚，不少人可能选择肯定的答案，这样，就等于不承认它们有形象色彩义，而这又是大家所不愿认同的。

语体色彩义，一般比较明显，似乎不存在什么分歧，词义中具有典雅庄

① 见《现代汉语词典》（第 5 版），商务印书馆，2005 年，第 685、682 页。

② 有学者把《现代汉语词典》对词语释义的方式也作为判断有无色彩义的一条依据，认为词典“在释语正文中暗示出褒贬倾向而不再以加附加语的方式表示感情上的评价”的，就属于“除以理性意义表示褒、贬的倾向外不附带任何感情色彩”的词语，见《词汇学新研究》，第 57～58 页。

③ 详见武占坤、王勤：《现代汉语词汇概要》，第 62～64 页。

④ 见孙维张：《略论词义的形象色彩》，《吉林大学学报》1981 年第 5 期。

⑤ 见《词汇学新研究》，第 59～60 页。

⑥ 见《词汇学新研究》，第 59～60 页。

重风格特质的，称为书面语色彩；词义中具有通俗粗犷风格特质的，称为口语色彩。

相对于感情色彩义的褒贬，尤其是形象色彩义的对立而言，语体色彩义的对应性最强，这是现代汉语词义的一大特征，我们将在第十章“现代汉语词义的共性和个性特征”中展开讨论。

三、文化义

语言是文化的活化石，“全部文化依赖于符号。正是由于符号能力的产生和运用才使得文化得以产生和存在；正是由于符号的使用，才使得文化有可能永存不朽。”①因此，语言符号中的文化遗存应该是俯拾皆是的，事实也正是如此。其中蕴藏丰富的还是在词义层面。许多词语，设若只了解其理性义，而对其所蕴含的文化内涵——文化义一无所知，也就不可能洞彻它们的全部意义。如“争雁”的理性义是：作无意义、无原则的空谈和争论。这个词的背景是：从前有个人，见天空有一群大雁飞翔，挽弓搭箭准备射去，同时扬言射下的雁将煮来吃。他弟弟听后不同意煮来吃，认为应烤着吃。两人争持不下，只好去请乡吏评判。乡吏判为一半煮着吃，一半烤着吃。待兄弟两人喜滋滋地去寻找雁群时，大雁早已飞得无影无踪了。所以“争雁”除了上述理性义及贬义色彩外，还存在着嘲讽某种愚蠢荒唐行为的文化义。

我们这里讲的文化义是指游离在词的理性义之外的附加意义，而不是指因文化积淀而形成的理性义。如“红”有五个义项：①像鲜血或石榴花的颜色；②象征喜庆的红布；③象征顺利、成功或受人重视、欢迎；④象征革命或政治觉悟高；⑤红利。这里除了第一个义项外，其他四个义项均是由“红”这个色彩词的文化含义凝结、固定而成。类似的还有“黑”、“白”等词。不少学者一旦涉及词的文化内涵，马上就推出“红、黑、白”的种种象征义、色彩义，冠之以文化内涵的桂冠。这同我们说的文化义并不是一码事，因为这些色彩词的各种象征意义已形成理性义。

四、联想义

联想义是词义的所有构成成分中最飘忽不定、最具有多解性的一种词义

---

① 见 A. 怀特：《文化科学》，浙江人民出版社，1988 年，第 31 ~ 32 页。

成分。它是指词的理性义引发的人们对该词另一些理性义或别的词的理性义的联想。如“花”的“种子植物的有性繁殖器官”这个理性义可以引发人们联想到“花”的另一些理性义，如“形状像花朵的东西”、“花纹”、“年轻漂亮的女子”、“妓女或跟妓女有关的”等等；也可以引发人们联想到“草”、“香”、“果实”等词的理性义。

也许有人会质疑：联想义与前面所述的色彩义不是存在部分交叉吗？确实如此，我们在讨论色彩义中的形象色彩义时也承认“形象色彩义其实是联想义的一种，不过是一种特殊的联想义”。也就是说，色彩义和联想义在“形象色彩义”这一块是重合的，但是由于色彩义无法涵盖联想义，所以我们觉得把“联想义”单列为词义构成成分之一加以讨论还是有必要的。

从联想的过程看，有的属于辗转式的联想，如链条，由甲联想到乙，再由乙联想到丙……；有的属于辐射式的联想，多头同时展开，由甲分别联想到乙、丙、丁……。如图所示：

水→绿→植物→自然
（链条式）

火
↑
绿←水→柔情
↓
平
（辐射式）

第二节　现代汉语词义的基本类型①

关于词义的基本类型，正如张永言先生所言，“目前还没有一个统一的划分法”；② 至于现代汉语词义的基本类型，分歧则更大：分类角度的不同自不用说，对词的意义结构本身的认识存在分歧也是其中的一个极为重要的因素。

① 该章部分内容曾于1991年以论文的形式发表在《河池师专学报》上面，这次再版时作了修订，主要是在引例上面，因为当初讨论时只能看到1983年版《现代汉语词典》和《现代汉语词典补编》。

② 见张永言：《词汇学简论》，第49页。

一、本义和派生义

这是从历时的角度对词义所作的一种分类。当然这已不是什么新鲜的东西了。问题是，这种历时的分类法是否适合相对于整个汉语发展史只是一个横断面的现代汉语的词义系统，在目前的词汇学界还存在着似是而非的看法。任何一部讲词汇或词义的专著，凡涉及词的本义和派生义这个问题，几乎无例外地将它放在从先秦到现代的整个汉语发展的历史长河中加以考察、论证：作为词源义的本义往往是词在上古或中古时代的意义，本义之外的其他意义便是派生义。[①] 这就给人一种感觉：现代汉语的词义系统中是没有“本义”这个概念的。这种感觉，由严戎庚先生在他的《共时历时学说与现代汉语词汇研究》一文中直率而又清楚地表达了出来：现代汉语属于共时系统，词的本义和派生义则是历时的问题，若在讲现代汉语词义时大谈词的本义和派生义，则会超出共时的内容；即使要提本义、派生义，“也应该只是为了防止混淆，不必大做文章，以免同古代汉语重复”。[②] 这种看法在目前的学术界是有一定的代表性的。

要解决这个问题必须得澄清以下两点：①现代汉语词义这个共时的系统中存不存在历时的问题；②词的本义是否只存在于古代汉语的词义系统中。从理论上讲，现代汉语词义系统作为一个整体，相对于整个汉语词义发展的历史长河而言，只是其中的一个横断面，当然应属于共时的内容；但是，作为一个充满生命力的复杂多变的事物，它本身也是无时无刻不在发展、运动着的，从白话文运动到今天，它毕竟也走过了近一个世纪，这期间经历了许多重大的社会动荡和历史变革，几乎每一次都在它身上留下了痕迹，尤其是近 30 年来的改革开放、发展经济，使词义的发展极为迅速。所以撇开汉语的发展历史，就现代汉语词义系统这一发展、变化着的事物本身来说，它也存在历时的问题。从现代汉语词汇系统实际来看，它不是古代汉语词汇系统的翻版，其中有大量的只属于现代汉语的新词，主要是双音节词，这些新词产生之初的意义，从历时角度看，无疑应该是词的本义。例如“老化”最初的意义是指“橡胶、塑料等高分子化合物，在光、热、空气等的作用下变得黏

---

① 见 a. 张永言：《词汇学简论》；b. 朱星：《汉语词义简析》，湖北人民出版社，1981 年；c. 符淮青：《现代汉语词汇》，北京大学出版社，1985 年；d. 张斌主编：《现代汉语精解》，上海文艺出版社，1989 年。

② 见严戎庚：《共时历时学说与现代汉语词汇研究》，《新疆大学学报》1990 年第 2 期。

软或硬脆”[①]，由此派生出《现代汉语词典补编》收入的“老年人比重增长”和“知识等变得陈旧过时”[②] 这两个新义；又如“梯队”的初始义是“军队战斗或行军时按任务和行动顺序划分的部分”[③]，由此派生出《现代汉语词典补编》收入的“依次接替上一拨人任务的干部、运动员等”[④] 这个新义；再如“手臂”是《现代汉语词典补编》收入的一个词，初始义是“胳膊”，派生义是比喻“助手”[⑤]。这些词的初始义从历时角度看不是本义又是什么呢？翻开《现代汉语词典》及其《现代汉语词典补编》，这样的例子举不胜举。

当然，我们不否认现代汉语中有一部分词，以单音节词为主，如大家常引以为例的“兵”、“贼”、“关”等，它们的本义要追溯到先秦，显然不属于现代汉语词义系统的范围；何况作本义“兵器”、“伤害”、“门闩”解释的“兵”、“贼”、“关”在古代汉语中是词，到了现代汉语则已转为语素了，它们的本义也只是作为语素义存在于“兵戈”、“戕贼”、“关键”等合成词中。所以，在处理这部分词的本义时确实有一个把握分寸、适度的问题。但若据此而把“本义和派生义”问题从现代汉语词义系统中清除出去，则未免以偏概全了：在现代汉语词汇系统中，相对于大量的以双音节词为主的现代汉语新造词，那些本义可上溯到中古乃至上古的词的数量是相当有限的，也就是说，绝大部分词均可在现代汉语词义这个共时的系统中找到它们的本义。因此，“本义和派生义”也无疑应该是现代汉语词义的基本类型之一。

二、历史义和现存义

我们这里所说的“历史义”和“现存义”同古代汉语词汇所讲的“古义”和“今义”有本质的区别。后者是放在古今汉语这个大系统——历时的系统中给予界说的：古义是指词在古代汉语中的意义，今义是指词在现代汉语中的意义；在时间上，古义必早于今义；在源流关系上，今义是古义的派生义或假借义。而前者局限在现代汉语这个共时的系统中——也属共时系统中存在的历时问题，同前面的本义和派生义一样。历史义，是指词的多项意义中个别一般交际时不用，只是在叙述历史事物或现象时才使用的意义，现

① 《现代汉语词典》，商务印书馆，1983 年，第 679 页。
② 《现代汉语词典补编》，商务印书馆，1989 年，第 300 页。
③ 《现代汉语词典》，第 1126 页。
④ 《现代汉语词典补编》，第 487 页。
⑤ 《现代汉语词典补编》，第 458 页。

存义则是指词的多项意义中历史义以外的意义；在时间上，历史义未必早于现存义；在源流上，历史义也完全可能是现存义的派生意义。从其所反映的客观事物或现象是否还存在来看，历史义可以分为两类：

一类是其所反映的客观事物或现象在本民族的现实生活中已经消失了，例如：

(1) 正房：①四合院里位置在正面的房屋，通常是坐北朝南的。也叫上房。②指大老婆。

(2) 丫头：①女孩子。②丫鬟。

(3) 出身：①个人早期的经历或由家庭经济情况所决定的身份。②旧时做官的最初资历。①

以上三例中第二个义项均为历史义，其所反映的客观事物或现象随着旧制度的灭亡、新中国的诞生已成为历史陈迹。其中例（3）中的历史义——“做官的最初资历”在《现代汉语词典》第5版中已被删汰。

另一类是，历史义所反映的客观事物或现象虽未消失，但已隶属他词，例如：

(4) 出首：①检举、告发别人的犯罪行为。②自首（多见于早期白话）。

(5) 小生：①戏曲中生角的一种，扮演青年男子。②青年读书人的自称（多见于早期白话）。

(6) 先生：①老师。②对知识分子的称呼。③称别人的丈夫或对人称自己的丈夫。④医生。⑤旧时称管账的人。⑥旧时称以说书、相面、算卦、看风水等为业的人。②

例（4）中的②为历史义，在现在一般的言语交际中，这个意义已隶属“自首”这个词；例（5）中的历史义②现已改称“学生”或“我”；例（6）中的历史义⑤现已改称“会计”，历史义⑥则分属多词。

词的历史义和社会现实生活的关系极为密切，所以处于经常的变动之中：一些词的历史义经过一个阶段后可能会沉渣泛起，又成为现存义。

如例（6）“先生”中的义位③曾经是历史义，1983年版的《现代汉语词典》还释为“旧时称别人的丈夫或对人称自己的丈夫”；而到了1996年版的《现代汉语词典》中时“旧时”两字就已经去除了，也就是说该义已经成为

① 《现代汉语词典》（增补本），商务印书馆，2002年，第1606、1437、184页。

② 《现代汉语词典》（增补本），第184、1386、1361页。

现存义了。

尤其是改革开放以来，伴随着西方的一些先进技术和科学理念的引进，一些腐朽没落的东西也随之潜入。受其影响，一些在我国早已绝迹了的丑恶的事物和现象，如卖淫、绑票等等，又死灰复燃了，于是反映这些事物、现象的历史义便再度成为现存义。最明显的标志是，1983 年版《现代汉语词典》或 1989 年版《现代汉语词典补编》在诠释此类词的意义时均加“旧时”两字标明其历史义身份，而到了 1996 年版、2002 年版及第 5 版中“旧时”两字均已去除。如：

(7) 拉客：①（饭馆、旅店等）招揽顾客或旅客。②（三轮车、出租汽车等）载运乘客。③旧指妓女招引嫖客。[①]

(8) 肉票：旧时指被盗匪掳去的人，盗匪借以向他的家属勒索钱财。[②]

例（7）“拉客”一词 1983 年版《现代汉语词典》未收，《现代汉语词典补编》予以补收，释义时有“旧时”两字，到了 1996 年版的《现代汉语词典》及以后各版中“旧时”两字均已去除；同样例（8）“肉票”释义中的“旧时”两字到了 1996 年版的《现代汉语词典》及以后各版中均被去除。

三、基本义和一般义

我们这里所讲的这种“基本义和一般义（大家常用的术语是‘次要义’或‘转义’，为了体现与目前现代汉语词汇共时分类——两大块划分的一致性，这里用‘一般义’这个术语）”的分类是在现代汉语这个共时的平面上着眼于词义使用频率的一种分类：基本义是指词的多项意义中最常用的那个意义，基本义之外的其他意义便是一般义。这与大家通常所说的“基本义”和“转义”有些不同。关于基本义，学术界较为一致的看法是指“最常用的、基本的意义”，[③] 最常用固然是指使用频率最高，最基本又如何理解呢？不久以前出版的《现代汉语精解》说得可谓明确：基本义“有两个特点：一是最

① 《现代汉语词典补编》，第 294 页。

② 《现代汉语词典》，商务印书馆，1983 年，第 971 页。

③ 见 a. 孙良明：《词义和释义》，湖北人民出版社，1982 年；b. 符淮青：《现代汉语词汇》；c. 张斌：《现代汉语精解》；d. 黄伯荣、廖序东主编：《现代汉语》（增订本）；高等教育出版社，1997 年第 2 版；e. 胡裕树主编：《现代汉语》（重订本），1995 年第 5 版。

常用，二是其他意义都由此转化、发展出来”，[①] 可见，大家所说的基本义乃是指词的“使用频率最高而且最原始的意义”。对现代汉语词的基本义作这样的界说，我们以为不妥。首先，这种说法从理论上解释，未免扞格不通：人们要问，它着眼的是什么呢？常用不常用，着眼的是共时的平面；原始不原始，着眼的是历时的发展。若是把基本义作为共时的问题，就应排除“最原始”的说法；若是把基本义作为历时的问题，就应排除“最常用”的说法——不过这样的话，就与前面所讲的“本义”毫无二致了，显然没有意义。若两者并举，将共时、历时问题混为一谈，未免让人难于理解也无所适从。其次，更为重要的是，在现代汉语的一部分词身上，“最常用义”与“最原始义”往往相互抵触：常用义并不是原始义，原始义也并不是常用义。例如：

(9) 工读：①用本人劳动的收入来供自己读书。②指工读教育。

(10) 新星：①在短时期内亮度突然增大数万倍至数百万倍，后来又逐渐回降到原来亮度的恒星。②指新出现的有名的演员、运动员等。[②]

从历时的角度看，以上两例中的②均由①派生而来，①是它们最原始的意义；从共时角度看，这两例中的②的使用频率大大高于①，②应是它们最常用的意义。若依“最常用的、基本的意义”的说法，是①作为基本义呢？还是②作为基本义呢？恐怕是永远也确定不了。而按照我们的分类，立足于历时的发展，则①为本义，②为派生义；立足于共时的平面，则②为基本义，①为一般义。

当然，在现代汉语中，词的最常用的意义——基本义不少也是词的最原始的意义——本义，这种交叉重合的现象不独在词义系统中，在语言学的其他领域中也存在。但部分的交叉重合不等于完全一致，无限夸大这种重合，只会走向片面、走向笼统。

四、贮存义和使用义

这是在共时平面上对词义所作的分类，着眼于词义静态、动态情况下的联系和差异。贮存义是指各类现代汉语辞书所收集的词义，是静态的词义，比较固定；使用义是指出现在一定的语言环境中的词义，是动态的词义，比

---

① 见张斌：《现代汉语精解》，第175页。

② 《现代汉语词典》（第5版），商务印书馆，2005年，第468、1517页。

较灵活。贮存义和使用义关系十分密切，一方面，贮存义是产生使用义的基础，任何一个词的使用义均是对该词某贮存义一些义素的取舍或延伸或发展。例如“休息”是指“暂时停止工作、学习或活动”，这是“休息”的贮存义，而在“这里叫教条主义休息，有些同志却叫它起床”中“休息”产生了“废止”的使用义，很显然，这是对“休息”的贮存义中“停止”这个义素的延伸。另一方面，一部分使用义又可以充实贮存义，有些使用义由于经常反复地运用，久而久之为大家所普遍接受，于是便固定下来成为词的新的贮存义，例如大家熟悉的“包袱”的一个贮存义“比喻影响思想或行动的负担”便是从使用义转化来的。这两方面的相互运动，推动了词义的不断发展。但是，贮存义和使用义毕竟有着种种差异，具体表现为：

1. 贮存义和使用义大体对应，但个别义素发生了变化（参见第十三章第一节“一”）。

2. 贮存义与使用义基本一致，但感情色彩发生变化——贮存义中的褒（贬）义色彩到了使用义中则成了贬（褒）义色彩（参见第三章第二节）。

3. 使用义与贮存义相去甚远——假如说（1）、（2）两种情况，使用义基本上在贮存义所概括的范围之内的话，那么这种情况的使用义则超出了贮存义所概括的范围——它是在贮存义的基础上，借助超常的语义组合关系而产生的一个新的临时意义——修辞义（参见第十三章第一节“二”）。

五、源流义和平行义

这是就词义之间源流关系的有无对词义所作的一种分类。

通常情况下，多义词几个义位之间往往存在着一种源流关系，其中一个是本义，是源，其他意义或是由本义分别派生而来（辐射式），或是由本义辗转派生而来（连锁式），是流。具有这种源流关系的义位，无论是本义还是派生义，都可叫作源流义。

但是，词义现象是复杂的。有一部分多义词中的义位之间不存在明确的源流关系，这些不同的义位分别来自于多义语素的不同意义或语素间的不同组合关系，或者既来自于多义语素的不同意义，又来自于语素间的不同组合关系，或者来自于其他的因素。显然，这些义位之间的关系是一种平行关系，处于这种平行关系中的义位可叫作平行义。

现代汉语中的平行义现象先后为一些学者所关注[①]。综合大家的讨论并结合我们的观察，可以注意到，这种平行义的形成主要有以下五种情形[②]：

1. 多义语素的不同意义形成平行义。

如“解疑”包含两个义项：①消除疑虑；②解释疑难。这两个义项分别来自于多义语素“解”和“疑”：“解”既可表“消除”又可表“解释”，“疑”既可表“疑虑”又可表“疑难”。

有时候，个别语素的多义性也会形成平行义。如“配制”包含两个义项：①把两种以上的原料按一定的比例和方法合在一起制作；②为配合主体而制作（插图等陪衬事物）。这两个义位的差异主要同“配”的多义性有关，“配”既可表“按一定的标准或比例加以组合”，又可表“衬托，陪衬”。

类似的还有“敌台、错过、方子、班次、保管、配搭、近景、开票、宽厚、粗细、报单、畅游、炒面、飞快、卖力气”等。

这种情形也包括一部分多义缩略词。如“劳保”既是“劳动保险”的简称，又是“劳动保护”的简称；“高压”既是“高电压”的简称，又是“高气压”的简称；“化工”则分别是“化学工业”、“化学工程学”、“化学工艺学”等的简称。

2. 语素间的不同组合关系形成平行义。

如“包机”包含两个义项：①包租飞机；②包租的飞机。这两个义位间并不存在源流关系，因为它们的差异是来自于“包机”语素间不同的组合关系：前者为动宾关系，后者为偏正关系，至于语素义则完全相同。又如“酒菜”也包含两个义位：①酒和菜；②下酒的菜。这两个义位间也不存在源流关系，因为它们的差异是来自于“酒菜”语素间不同的组合关系：前者为联合关系，后者为偏正关系，语素义也完全相同。类似的还有“包车、近战、结晶、撮要、山水、饭菜、米面”等。这种情形以往常常被误解为一种普通的词义派生现象：②由①派生而来。

3. 多义语素的不同意义和语素间的不同组合的共同作用形成平行义。

如“包金”包含两个义项：①用薄金叶包在金属首饰的外面；②约定专用所需支付的酬金。这两个义位的差异不仅同多义语素有关，还同语素间的不同组合关系有关：一方面，“包”有“用纸、布或其他薄片把东西裹起来”

---

① 参见朱景松：《现代汉语中义项平行的多义复合词》，《语文建设》1992 年第 1 期；刘中富：《浅谈由多义词素造成的多义复合词》，《东岳论丛》1996 年第 5 期。

② 这部分的讨论基本采自曹炜：《现代汉语词汇研究》，北京大学出版社，2003 年，第 256～258 页。

和“约定专用”这两个语素义，“金”也有“黄金”和“钱”这两个语素义；另一方面，“包金”的语素间既存在着一种动宾关系——表现为①，又有一种偏正关系——表现为②。类似的还有“存疑、教养”等。

4. 相同的语素义和语素间相同的组合因为单纯的语素组合义性状的多面性而形成平行义。

如“一条龙”单纯的语素组合义为远古自然界的一种动物及其数量，其所包含的潜在的性状却具有多面性：一者是空间上具有不同于一般动物的长度，二者是前后上下关系上的整体性。正是着眼于这种性状的多面性，才形成了“一条龙”的“比喻一个较长的行列”和“比喻生产程序或工作环节上的紧密联系和配合”这两个义位。

有时候单纯的语素组合义意义很含混，但仍然不影响其潜在的性状的多面性。如“电老虎”单纯的语素组合义为“电的老虎”，比较含混，但其所包含的潜在的性状也具有多面性：一者是突出一个“大”——老虎是大型猫科动物，二者是突出一个“凶”——老虎是要啖人的。正是着眼于这种性状的多面性，才形成了“比喻用电量很大的单位”和“比喻凭借手中职权刁难、勒索用户的某些供电单位”这两个义位。类似的还有“一阵风、满天星、鬼画符、转弯子”等。

5. 相同的语素义和语素间相同的组合因为适用、指称的对象不同形成平行义。

如“接客”包含两个义项：①接待客人；②妓女接待嫖客卖淫。这两个义位间并不存在源流关系，但它们的差异既非由于“接”、“客”这两个语素的多义性，也非缘于这两个语素间不同的组合关系，而是由于词所适用的对象不同所形成的：义位①适用于普通人，义位②适用于妓女。又如“拔丝”，适用于金属制造业，指称一种工艺时，表“通常在不加热的情况下，把金属材料制成条状或丝状物”之义；适用于食品行业，指称一种烹调方法时，表“把油炸过的山药、苹果之类的食物放在熬滚的糖锅里，吃时用筷子夹起来，糖遇冷就拉成丝状”之义。类似的还有“车门、干果、薄脆、老大难、驴打滚”等。

这里讨论的平行义与第八章第一节我们所讨论的同载体不相关义在外观上颇为相似，但实际上两者却有着本质的区别（参见第八章第一节“二”）。

六、自源义和移植义

这是就词义的来源对词义所作的一种分类。

在现代汉语词义大家族中，绝大多数词义均是汉民族成员在使用民族语言的过程中自发产生的，这就是我们所说的自源义。自源义的产生，按照通行的理论，不外乎两种情形：一是新词词义，即随着社会的发展及交际的需要而出现的新词语的词义（义位），汉语中所有多义词中的本义及单义词的词义均属此类；一是派生义，即固有词通过词义的派生方式而产生的词义（义位）。

然而，在现代汉语的词义架构中，有一部分词义（义位）既不属于新词新义，也不属于派生义，而是在与外族语言的交往、接触过程中，从外族语言的词义系统中嫁接移植过来的词义（义位），这就是我们所说的移植义，也可叫嫁接义①。这种嫁接移植一般发生在汉外对应词之间，而且外语对应词一定是个多义词。嫁接移植所涉及的一般是外语对应词的个别义位，而不是全部义位。这种现象有别于传统所说的“借词”或“外来词”的词义。

外族语言词义的移植一般发生在汉外（以汉英最为常见）对应词之间。所谓汉外对应词，主要是指本义基本对应的词语，并非词义架构必须完全对等的词语。而正是在这些词义架构不完全对等的汉外对应词之间，个别汉语词义架构中所没有的外语对应词词义会被移植到汉语对应词的词义架构中，成为汉语对应词的义位——移植义。②

如“蒸发”，汉语中原本是个单义词，表“液体表面缓慢地转化成气体”③ 之义。英语中有个词“evaporate”的本义也表“液体表面缓慢地转化成气体”，但它是个多义词，除上述本义外，还有一个派生义，表“消失；不复存在（be lost or cease to exist）”，如：His hopes evaporated，ie he no longer felt any hope. 他的希望破灭了。④“evaporate”的这个派生义如今正作为“蒸发”的派生义而在汉语中频频使用，一般多用于人的突然消失：

（11）然而4年过去了，犯罪嫌疑人却像在人间蒸发了一样，音讯全无。（《人民日报》第五版，2004.04.21）

---

① 最初我们称为“嫁接义”，详见曹炜：《词义派生的新途径——词义的嫁接引申》，《学术交流》2005年第12期。后来，听从吴汉江同志的建议，改称“移植义”。

② 该部分讨论文字，曾经抽取一部分改写后，以我和我所指导的访问学者郑燕萍同志的名义发表在了《杨州大学学报》2007年第4期上，后被中国人民大学书报资料中心《语言文字学》2007年第11期全文转刊。

③《现代汉语词典》（第5版），商务印书馆，2005年，第1736页。

④ 霍恩比著，李北达译：《牛津高阶英汉双解词典》（第四版），商务印书馆，牛津大学出版社（中国）有限公司，1997年，第492页。

有时也用于人以外的事物，但一般都是具体的可以触摸的事物，如“钞票、汽车、保险箱、电视机”等等：

（12）这是一笔伊拉克人的救命钱，却不料在联军临时当局的手里“蒸发”掉了。（《人民日报》第三版，2004.08.25）

《现代汉语词典》第5版“蒸发”词条下便增添了“比喻很快或突然地消失”这个新义位，很显然，“蒸发”的这个义位是直接从“evaporate”那里嫁接移植过来的，属移植义。

又如“菜单”，汉语中原本也是个单义词，表“开列各种菜肴名称的单子”之义。英语中有个词“menu”的本义也表“开列各种菜肴名称的单子”，但它还有一个派生义，表“（荧光屏上显示的）项目单，选择单”。“menu”的这个派生义如今正作为“菜单”的派生义而在汉语中频频使用：

（13）接通电源，打开仪器，按一下“选择”按钮，屏幕上就会显示一个菜单，你就在菜单中选择你需要调试的项目。

很显然，汉语“菜单”的这个派生义也是直接从“menu”那里嫁接移植过来的，属移植义。2002年版的《现代汉语词典》（增补本）在后附的“新词新义”中收录了“菜单”的补义：

【菜单】［补义］选单的俗称：计算机屏幕上显示出操作～◇本届服装节亮出精彩～。

《现代汉语词典》第5版在“菜单”词条下增添了“选单的俗称”这个新义位。

当然，也有些移植义虽已广泛使用，但尚未被《现代汉语词典》第5版收录。

如汉语“磁性”的本义为“磁体能吸引铁、镍等金属的性质”，目前它有了一个极其常用的比喻义“声音富有吸引力的”：

（14）他的声音苍凉而又高昂，高音区雄劲刚烈，中低音区浑厚、坚实，略带沙哑，充满磁性……（《人民日报》第十四版，2003.10.21）

（15）江博在黑暗中继续用他嘹亮而略带磁性的声音为学生讲解着“新概念”的精华。（《人民日报》第十版，2001.12.04）

而在英语中与汉语“磁性”的本义对应的词是“magnetic”，该词除了本义外还有一个“有吸引力的”派生义。看来汉语“磁性”的比喻义本乎此，只是该词义在被嫁接移植到汉语中之后，词义范围有所缩小：由泛指变为专指（声音）。

这是一种情形：汉语中的单义词通过嫁接移植成为多义词。

还有一种情形是：有些汉英对应词虽然均为多义词，但两者的词义派生脉络则不尽相同，于是造成词义架构中的义位有同有异。英语对应词中具有的一些义位汉语对应中原本没有，于是汉语便直接从英语中移植过来，成为汉语中的新义位。

如“软”的词义架构一共包含 6 个义位：①物体内部的组织疏松，受外力作用后，容易改变形状（跟“硬”相对）；②柔和；③软弱；④能力弱，质量差；⑤容易被感动或动摇；⑥姓。[①] 而没有英语对应词“soft”词义架构中的“（指饮料）软的（不含酒精的）（of drink）not alcoholic”这个义位。（如：Would you like some wine or something soft ？你是喝葡萄酒呢，还是来点软饮料呢?）[②] 于是“软”便把“soft”的这个派生义位嫁接移植到了“软”的词义架构中，成为“软”的一个新的派生义位，如汉语“软饮料”中的“软”使用的就是这个移植义。

又如汉语“干”的英语对应词是“dry”。“dry”有一个派生义位为“（指酒等）干的（无甜味的或无水果味的）（of wines，etc ）not sweet or fruity”（如：a crisp dry white wine 清新可口的干白葡萄酒）。[③] 这个义位是汉语“干”的词义架构中所没有的，如今也被嫁接移植到了“干”的词义架构中，成为“干”的一个新的派生义位，如汉语“干红葡萄酒”中的“干”使用的就是这个移植义。

类似的还有“轻、新、牛、熊、峰、根、白、蓝、载、父、盘、读”等词的词义架构中，分别嫁接移植了英语对应词“light、fresh、bull、bear、summit、root、white、blue、load、father、disk、read”等的词义架构中汉语所没有的派生义位。

尤其值得关注的是，那些已经成为现代汉语词汇家族成员的音译词也存在“移植”派生义位的现象，只是这种移植有别于前面讨论的“蒸发、磁性、软、干”等的移植：因为这些音译词的外语源词原本就是个多义词，只不过在当初借用时只引进了其中的一个意义，后来随着交际的需要，外语源词的其他意义也被纳入了引进行列。这种现象有日益增多的趋势，我们只要将

---

① 《现代汉语词典》（第 5 版），商务印书馆，2005 年，第 1163 页。

② 霍恩比著，李北达译：《牛津高阶英汉双解词典》（第四版），第 1443 页。

③ 霍恩比著，李北达译：《牛津高阶英汉双解词典》（第四版），第 447 页。

《现汉》的几个版本作一番比较就会感受到这一点。

如“派司”：

【派司】<方>指厚纸印成的或订成本儿的出入证、通行证等。[英 pass]（“1983 年版”）[①]

【派司】①指厚纸印成的或订成本儿的出入证、通行证等。②指通过；准予通过（检查、关卡、考试等）[英 pass]（“2002 年版”）[②]

“派司”一词的新增义位（动词义位）依然来自于其英语源词“pass”：

pass n. ①及格；②（a）通行证，许可证；（b）（公共汽车或火车的）乘车券。v. ①前行，穿行，越过（某人[某物]）；②越过，经过（某人[某物]）；③（a）考（试）及格；测验合格；（b）考核（某人[某事物]）后宣布合格或通过。[③]

又如“泵”：

【泵】吸入或排出液体的机械，能把流体抽出或压入容器，也能把液体提送到高处。平常按用途分气泵、水泵、油泵。也叫帮浦、唧筒。[英 pump]（“1983 年版”）[④]

【泵】①吸入或排出液体的机械，能把流体抽出或压入容器，也能把液体提送到高处。平常按用途分为气泵、水泵、油泵。也叫帮浦、唧筒。②用泵压入或抽出：~入｜~出｜~油。[英 pump]（“2002 年版”）[⑤]

“泵”一词的新增义位（动词义位）也依然来自于其英语源词“pump”：

pump n. ①泵，唧筒，抽水机，打气筒；②抽吸。v. ①a.（用泵）抽空[注满]（容器）；b.（用泵）抽出[注入]（液体、气体等）；②操作泵。[⑥]

又如“拷贝”：

【拷贝】用拍摄成的电影底片洗印出来供放映用的胶片。也叫正片。[英 copy]（“2002 年版”）[⑦]

【拷贝】①用拍摄成的电影底片洗印出来供放映用的胶片。也叫正片。②复制（音像制品、计算机文件等）。③复制出的音像制品、计算机文件等。

---

① 《现代汉语词典》，商务印书馆，1983 年，第 847 页。

② 《现代汉语词典》（增补本），商务印书馆，2002 年，第 943 页。

③ 霍恩比著，李北达译：《牛津高阶英汉双解词典》（第四版），第 1071 页。

④ 《现代汉语词典》，商务印书馆，1983 年，第 53 页。

⑤ 《现代汉语词典》（增补本），商务印书馆，2002 年，第 62 页。

⑥ 艾迪生·维斯理·朗文出版公司辞典部编，朱原等译：《朗文当代高级英语辞典》，商务印书馆 & 艾迪生·维斯理·朗文出版社中国有限公司，1998 年，第 1216 页。

⑦ 《现代汉语词典》（增补本），商务印书馆，2002 年，第 709 页。

[英 copy]（“2005 年版”）①

当2002 年版《现汉》依然将“拷贝”处理为单义词——只具有名词义位时，“拷贝”的新用法——动词义位实际上已经频繁出现在书面语和口语中：

（16）为了发稿，他先请人将稿件录入电脑，拷贝到软盘上，然后跑到一家网吧发邮件。（《人民日报》第十四版，2003. 07. 03）

（17）对于电子书的数字版权保护技术，需要解决以下几方面的问题：通过加密等技术保证电子书的安全性、对电子书进行合理的授权后才能阅读、电子书不能被非法拷贝……（《人民日报》第八版，2003. 04. 04）

“拷贝”一词的新增义位（动词义位）其实也来自于其英语源词“copy”：

copy n. ①复制件，副本；②（杂志、图书、报纸等的）一份，一册；③准备排印的书面材料。v. ①复制，抄写；②模仿，仿效；③抄袭。②

前面已经提及，外族词语的义位之所以能顺利“移植”到现代汉语词义架构中，并能存活下来，主要是因为现代汉语词义架构中存在着合适的空位，这种空位的形成主要有以下三种情形：

1. 汉外对应词词义架构的不完全对应导致了汉语词义架构中这种催迫义位移植的词义空位的产生。

从理论上讲，汉外对应词在意义上有完全对应和不完全对应两种情形。而实际上，汉外对应词中词义完全对应的词语不多，最常见的还是词义不完全对应的词语。后者的这种同中有异、异中有同的交叉关系正是语言接触中词义交互影响的前提，它造成了在汉外语言接触中汉语词词义空位的产生。而随着汉外交流的不断增加，汉外语言间接触的日益频繁，尤其是语言翻译的需要，更是呼唤着汉语词词义空位能尽早得到填补，于是，外来词义的移植便应运而生了。

“绅士”一词在《现汉》第 5 版中依然为单义词：

【绅士】指旧时地方上有势力、有功名的人，一般是地主或退职官僚。③

但“绅士风度”、“绅士做派”等说法已经存在了不短的时间，这里的“绅士”拿《现汉》给出的意义显然是解释不通的。

在英语中与“绅士”相对应的词是“gentleman”：

---

① 《现代汉语词典》（第 5 版），商务印书馆，2005 年，第 767 页。

② 艾迪生·维斯理·朗文出版公司辞典部编，朱原等译：《朗文当代高级英语辞典》，第 331 页。

③ 《现代汉语词典》（第 5 版），商务印书馆，2005 年，第 1209 页。

gentleman ①彬彬有礼的男士，绅士，君子；②男人，先生。[1]

英语“gentleman”的词义架构中“彬彬有礼的男士”的意义是汉语“绅士”一词的词义架构中所没有的，显然，汉语“绅士”一词的词义架构中存在词义空位，这样“绅士”的英语对应词“gentleman”的“彬彬有礼的男士”之义便能够乘“虚”而入了。而“绅士风度”、“绅士做派”等说法中的“绅士”所使用的正是这个移植而来的义位。

“登录”在2002年版的《现代汉语词典》中也是个单义词：

【登录】登记：~在案。[2]

这是“登录”的本义。而随着信息技术的普及，“登录”的词义架构已发生了变化，增加了一个新义——“进入（网站、服务器等）”。如：

（18）从今年起，硕士研究生招生在全国范围全面试行网上报名。考生在规定的时间内通过登录中国研究生招生信息网……（《人民日报》第二版，2004.08.20）

（19）如何看待公务员“带薪下海”，欢迎广大读者来稿或登录人民网参与讨论。（《人民日报》第十三版，2004.08.24）

“登录”这个新义来自于其英语对应词“enter”的词义架构：

enter v. ①（较正式）进入，进来；②参加，报名参加；③使参加；④成为（尤指某专业的）成员；⑤把…编入（收入，记入）；⑥（正式）［在簿子上］登记（姓名、钱数等），登录。[3]

很显然“登录”的新义“进入”也是从其英语对应词“enter”的词义架构中移植而来的。而且，可以预言，由于“登录”与“enter”的词义架构的明显不对应，“登录”对“enter”义位的移植远没有结束，“enter”的其他义位均有可能被移植到“登录”的词义架构中来。

《现代汉语词典》第5版增补了“登录”的这个新义。

“黑色”一词《现代汉语词典》未予收录，可能是考虑到“黑色”的意义已经体现在“黑”的词义架构中了——“像煤或墨的颜色……”。先不去说这样的处理是否合理，即使以其所收的所有“黑”的5个义项都无法去合理解释“黑色幽默、黑色喜剧、黑色信函、黑色七月（2004年以前中国高考

① 艾迪生·维斯理·朗文出版公司辞典部编，朱原等译：《朗文当代高级英语辞典》，第632页。

② 《现代汉语词典》（增补本），商务印书馆，2002年，第264页。

③ 艾迪生·维斯理·朗文出版公司辞典部编，朱原等译：《朗文当代高级英语辞典》，第491~492页。

都安排在七月）”中的“黑色”的意义。而“黑色”的这个意义在其英语对应词“black”的词义架构中得到了体现：

black n. ①黑色；②黑色衣物或材料；③黑色皮肤种族的人，黑人。adj. ①（a）黑的，黑色的；（b）（几乎）没有光亮的，完全黑暗的；（c）（指水、云等）昏黑的，幽暗的；②（a）黑肤色人种的；（b）黑人的；③很脏的，有污垢的；④（fig 比喻）毫无希望的，感伤的，忧郁的；⑤恼怒的，怨恨的；⑥邪恶的，不义的，非常有害的；⑦荒诞、恐怖而有趣的。①

同样，汉语“黑色”一词的词义架构中存在着词义空位，这样“黑色”的英语对应词“black”的“毫无希望的；感伤的；忧郁的”、“荒诞、恐怖而有趣的”等意义便有了移植的前提和条件。

值得注意的是，一些被移植而来的新义在进入现代汉语词义系统后，还会引起其他相应类义词（语素）义的多米诺骨牌式的系列变化。如“黑色”一词因赋予“暗淡的，忧郁的，毫无希望的”的新义而致使汉语词汇系统中其他颜色词也随之产生新义，如“灰色幽默”（反映小市民心态的幽默）、“白色幽默”（对当代诗人拒绝和蔑视严肃思考的概括）、“黄色幽默”（内容淫秽的幽默）中“灰色、白色、黄色”等的新义等。

2. 汉外对应词中外族词新义的产生也会导致汉语词词义空位的形成。

一些汉外对应词原本词义架构是基本对应的——一般是些单义词。但随着高科技的发展，汉外对应词中的外族词派生出了新的词义，这些新义的产生将导致双方平衡的打破；同时在全球一体化的背景下，要融入国际大家庭中，在国际事务中争得一席话语权，汉语词语也有主动与国际接轨的愿望与要求，如此，也会导致汉语词义空位的形成。而对这些外族词语新义的移植便是汉语词语填补自己词义空位的最便捷的途径。

如“病毒”：

【病毒】比病菌更小、多用电子显微镜才能看见的病原体。一般能通过滤菌器，所以也叫滤过性病毒。天花、麻疹、脑炎、牛瘟等疾病就是由不同的病毒引起的。②

在2002年版《现代汉语词典》后附的“新词新义”中，收录了“病毒”的补义：

【病毒】［补义］指计算机病毒。③

---

① 霍恩比著，李北达译：《牛津高阶英汉双解词典》（第四版），第132~133页。

② 《现代汉语词典》（增补本），第92页。

③ 《现代汉语词典》（增补本），第1691页。

相对于固有义来说，“病毒”的新义发生了转移。而我们不难看出，现代汉语“病毒”一词的新义是将英语对应词“virus”在信息领域中的新生义直接移植过来所致，并非是汉语词义自身派生的产物。我们可以比较一下《牛津高阶英汉双解词典》新旧版关于“virus”的解释：

virus n. 病毒；滤过性病毒：the flu，rabies，AIDS，etc virus 流感、狂犬病、艾滋病等病毒。①

virus n. （计算机）病毒。②

《牛津高阶英汉双解词典》（第四版增补本）在“新词补编”部分作为信息产业术语收录了“virus”的“（计算机）病毒”这个新义。

《现代汉语词典》第5版正文中也增补了“病毒”的这个新义。

有些词，如“冲浪”的“浏览”义的使用频率一点也不亚于“病毒”、“菜单”等的新义：

(20) 网上信息量大，虚拟空间幻真幻假，如同色彩缤纷的大千世界，令触网的青少年尽情地在网海冲浪。（《人民日报·华南新闻》第三版，2000.09.06）

(21) 当今社会信息发达并且传播渠道多元，网吧冲浪渐成时尚，许多青少年课余泡在网上。(《人民日报》第七版，2002.06.10)

但《现代汉语词典》还未来得及将“冲浪”的这个新义予以收录，而《牛津高阶英汉双解词典》等英语辞书已捷足先登：

surf v. (computing fig 计，比喻）冲浪；浏览：surfs the Internet 在互联网上冲浪。③

可以预见，“surf”的这个新义被移植到汉语“冲浪”的词义架构中，成为“冲浪”的新义位的日子不会久远。

3. 外来词语直译所带来的汉语固有词或语素（以单音节为主）意义的变化也会形成汉语固有词或语素的意义空位。

在汉外语言接触的过程中，汉语往往采用自己的固有词或语素来直译外语词语中的词或语素，由此使得一些汉语固有词或语素增添了原本没有的意义，这些意义显然是外来词或语素的意义，在直译之初，它们还是“黑户口”，但它们的存在显然对这些汉语固有词或语素的意义架构带来了冲击，从

① 霍恩比著，李北达译：《牛津高阶英汉双解词典》（第四版），第1693页。
② 霍恩比著，李北达译：《牛津高阶英汉双解词典》（第四版增补本），第2012页。
③ 霍恩比著，李北达译：《牛津高阶英汉双解词典》（第四版增补本），第2002页。

而客观上造成了这些意义架构的意义空位，用这些被“黑”下来的词义或语素义去填补意义空位便是早晚的事了，如此便完成了外族词义或语素义的移植。对于那些直译过来后已经具有全民性和常用性的词语，这种移植更是刻不容缓的事情了。令人略感遗憾的是，《现代汉语词典》等辞书在收录了直译的外族词语的同时对这些因直译而被移植过来的意义未能及时地补收，从而导致了词语释义体系中的缺位①，这个问题应当引起我们的关注。

如“处女”：

【处女】①没有过性行为的女子。②比喻第一次的：～航｜～作。

但是《现代汉语词典》第5版中还收释了这样的词条：

【处女地】未开垦的土地。

无论是用哪个义位去解释“处女地”中的“处女”显然都是说不通的。而在英语对应词的词义架构中我们可以找到合适的义位：

virgin n. 未发生过性行为的人，（尤指）处女。adj. ①无性经验的，贞洁的，处女的；②新鲜的，未玷污的，未被破坏的，未开发的，原始的。②

事实上汉语的“处女地”一词是对英语词语“virgin land”的直译，其中“virgin”用的正是其“未开发的”之义，而这恰好是《现代汉语词典》第5版“处女”一词所未予收录的义位，该义位的移植显然迫在眉睫。

类似的还有如《现代汉语词典》第5版收释了“软饮料”一词：

【软饮料】不含酒精的饮料，如汽水、橘子水等。③

同“处女地”一样，这也是对英语词语“soft drink”的直译，“软”因为直译了“soft”而增添了一个“不含酒精的”的意义，而在《现代汉语词典》第5版单字条目“软”的词义架构中却没有增补该新义位（详见前面讨论）。

显然，《现代汉语词典》第5版在收词与释义问题上不同步，导致“软”的词义架构中的缺位，而“软”的“不含酒精的”这个新义位的增加自然也是刻不容缓的事情。

“干酒”也是《现代汉语词典》第5版收释的词条：

【干酒】一种不含糖分的酒，多用葡萄酿成。④

这是对英语词语“dry wine”的直译，“干”因为直译了“dry”而增添了

---

① 吴汉江、曹炜：《单音节意译语素与辞书释义问题初探》，香港《语文建设通讯》2004年第79期。

② 霍恩比著，李北达译：《牛津高阶英汉双解词典》（第四版增补本），第1692页。

③ 《现代汉语词典》（第5版），第1164页。

④ 《现代汉语词典》（第5版），第439页。

一个“无甜味的、不含糖分的”的意义，而同样在《现代汉语词典》第5版单字条目“干”的词义架构中却没有增补该新义位（详见前面讨论）。

其他的还有如“白”、“读”、“父”、“根”、“新”等，它们由于直译外来词语所增加的新义位目前均有待在《现代汉语词典》等辞书的释义体系中得到反映。

从理论上讲，与汉语词本义相同的英语词的所有汉语中所没有的派生义都有可能被嫁接引申到汉语中来，因此都是汉语词的潜在的派生义。像“soft”的另一些派生义“轻松的，容易的”、“软性的（处理意见、观点等而非数字和事实的）”等等，“dry”的另一些派生义“无黄油的”、“（幽默）装成正经的”等等，都是汉语的“软”、“干”所没有的，它们都有可能被嫁接到汉语中来成为“软”、“干”的新引申义。下列句子不久的将来很有可能出现在汉语文本中：

（22）由于上面有人关照，她们很快地就有了一份软工作。

（23）在他们看来，文艺学是一门典型的软科学。

（24）女孩们早已习惯了去三楼车间吃干蛋糕。

（25）他的干幽默在苏州大学是出了名的。

例（22）中的“软工作”指的是“轻松的工作”；例（23）中的“软科学”指的是“软性的科学，准科学”；例（24）中的“干蛋糕”指的是“无黄油的蛋糕”；例（25）中的“干幽默”指的是“冷面幽默”。

发生在汉语与英语之间的这种义位的嫁接移植比较明显，容易惹人关注。其实，早在此前，这种对外语词义的嫁接移植就已存在，只不过它们是以另一种面目出现的，被另一种现象所覆盖，那就是所谓的“借形词”现象。

借形词是作为外来词现象中的一种比较特殊的现象为人们所关注的。尽管对借形词的外来词身份尚存在分歧，尽管一些我们通常认可的借形词的身份还有待于鉴别，但是一部分借形词所表示的意义是原本汉语词义系统中所没有的，这个事实则是确凿无疑的。其中最典型的是下面这些词。

如“博物”，在古代汉语中是指“通晓众物”，如《左传·昭公元年》：“晋侯闻子产之言，曰：‘博物君子也。’”汉桓宽《盐铁论·杂论》：“桑大夫据当世，合时变，推道术，尚权利，辟略小辩，虽非正法，然巨儒宿学，恶然大能自解，可谓博物通士矣。”宋欧阳修《笔说·博物说》：“草木虫鱼，《诗》家自为一学，博物尤难。”清徐发《〈蚓庵琐语〉序》：“姬公多艺，子产博物，自古而然。”等中的“博物”便是。可到了现代汉语中，“博物”的意义起了很大的变化，指的是“动物、植物、矿物、生理等学科的总称”。通行的观点认为现代汉语中的“博物”是个借形词——来自于日语词汇系统的词，同古代汉语中的“博物”不是一码事，没有源流关系，实际上是不相干的两个词，就如表“稻米”的“米”同表“长度单位”的“米”是两个不相干的词一样。

其实，这也是一种词义的移植形式，不过它利用的不是像汉语中的“蒸发”同英语中的“evaporate”的本义的一致性，而是汉语的“博物”与日语的“博物”的书写形式的一致性。其过程大概是这样的：19世纪中叶，汉语的“博物”一词嫁接了日语中“博物”的“动物、植物、矿物、生理等学科的总称”之义；渐渐地，“博物”祖传的“博学多识，通晓众物”之义淡出社会交际圈，而嫁接而来的“动物、植物、矿物、生理等学科的总称”之义则不断走俏，到了20世纪便逐渐成了“博物”的基本意义。

又如“法庭”，在古代汉语中是指“孔庙正殿”，如唐柳宗元《柳州文宣王新修庙碑》：“十月乙丑，王宫正室成。乃安神栖，乃正法庭……”中的“法庭”便是。而在现代汉语中“法庭”的意义则是指“法院所设立的审理诉讼案件的机构”。后者也是嫁接移植了日语中“法庭”的意义，并逐渐置换了“法庭”的最初意义。

类似的还有如“发明、反对、分子、封锁、机关、经济、理事”等词。①

这种嫁接移植还有可能发生在一种语言的不同变体中。如普通话词义系统的扩容、发展的一个重要途径就是从方言词义系统中选取、嫁接它所需要的词义。这种情形是屡见不鲜的。

如“猫”，在普通话中原本是个单义词，指的是一种哺乳动物。而在一些方言中，“猫”则是个多义词，除了“一种哺乳动物”这个意义外，还有“躲藏”的意义。“猫”的“躲藏”这个方言意义现在也被嫁接移植到了普通话“猫”的词义架构中了。

又如“精灵”，在普通话中原本也是个单义词，表“鬼怪”之义。而在一些方言中，“精灵”也是个多义词，除了表“鬼怪”之义外，还可表“机警聪明；机灵”的意义。“精灵”的“机警聪明；机灵”这个方言意义现在

---

① 2004年11月7日应邀去北京大学中文系（五院）出席北京大学汉语语言学研究中心主持召开的“汉语词汇语义研究的现状与发展趋势学术研讨会”，在会上与出席会议的20多位代表交流了关于“嫁接义（案：后来改称‘移植义’）”的部分思考。会后，陆俭明先生到我下榻的北京大学勺园宾馆的房间内看我，闲话间谈起我交流的“嫁接义”问题，陆先生不赞成将“借形词”问题纳入“嫁接义”现象中来讨论，他说的话是：“那不一样。”可我认为很类似。此番修订也还是放了上去，姑且就作为一种观点吧，供大家讨论。

也被嫁接移植到了普通话的“精灵”的词义架构中了。

又如“大娘”，虽然在普通话中原本就是个多义词，但它原本只有“伯母”和“对年长妇人的尊称”这两个意义，而没有“大老婆”之义——这个意义是后来从方言中“大娘”一词的词义架构中嫁接移植过来的。

于是乎，就会出现这样一种情况：有时候不同来源的移植会集中在一个词身上。如“熊”，在普通话中原本只指一种哺乳动物，后来从方言中移植了“熊”的两个方言义“斥责”和“怯懦，没有能力”。英语中与汉语“熊”本义相同的词“bear”有一个派生义为“以证券价格下跌为特征的”，这个意义目前已成为汉语“熊”的常用意义了，中国绝大多数的城市市民都知道“熊市”指的是什么意思了，其使用范围早已越出证券行业范围，几乎适用于一切商业领域，如房地产销售、汽车销售、家电市场、集邮市场等等。这里，来自于其他语言与其他语言变体的词义被堆砌移植在一个词上头，呈现出移植的多源性和复杂性。

以上，我们就现代汉语词义的基本类型作了粗浅的探讨。其中有的在此之前似乎尚未见有人讨论过；有的前人及时贤虽有所涉及或作过研究，但多少还存在一些有待澄清的问题。但愿我们的探索能对现代汉语词义基本类型的科学划分有所裨益。

思考与探索之二

本章内容中有不少热点问题。

在词义的构成部分，值得研究的问题颇多。

关于理性义中的结构义问题，谭景春曾经提取了“平整、热、温、紧”等理性义中的“使”、“大力、全力、死力、死劲儿”等理性义中的“用”等结构义。至于谭景春讨论的那些“只有在结构中才能显示，一般不能脱离结构而存在”的结构义，如“铁、木头、黄金、钢种”等的“用……做成”、“密切、坚定、严肃、清洁”等的“使”等结构义[①]并不是我们这里所讨论的作为理性义的构成成分之一的结构义。但是，研究生同学们对这两类结构义均可以作深入探讨。

与结构义相关的还有词的功能义的讨论，苏宝荣近几年写了一系列文

① 谭景春：《词的意义、结构的意义与词典释义》，《中国语文》2000 年第 1 期。

章对词的功能义进行了系列而深入的研究:《词的语境义与功能义》(《辞书研究》2001 年第 1 期)、《词的功能的游移性与功能词义研究》(《语文研究》2003 年第 4 期)、《词的功能对词义的影响与语文辞书编纂》(《语言文字应用》2004 年第 2 期)、《词的功能义的层次分析》(《语文研究》2006 年第 1 期)、《词的非常规功能义释义模式探析》(《江苏大学学报》2007 年第 3 期)等。按照苏宝荣的解释,所谓词的功能义指的是:"由词性(或语法功能)不同导致词义变化而形成的不同的词义"①。

关于词的功能义需要进一步研究的问题还有很多,如词的功能义形成的主要途径是什么,词的功能义在现代汉语词义家族中所占的份额是多少,词的功能义有哪些表述方式,《现代汉语词典》第 5 版在功能义处理上的得与失等等。

关于色彩义的问题,分歧依然很大。其中感情色彩义的讨论可参见第三章"思考与探索之三"中的介绍。

形象色彩义是三种色彩义中学者们观点分歧最大的一种。在形象色彩义的研究历史上,充满了论争。1980 年,《中国语文》发表了刘叔新的《词语的形象色彩及其功能》② 一文。翌年,孙维张在《吉林大学学报》发表文章,对刘叔新文章中的观点提出不同意见③。两者的分歧在于:"刘先生认为,形象色彩是词语所含的一种意义成分,而这成分是由词语形象地反映事物对象的某些特点产生的;孙先生则认为,形象色彩是客观世界的具象事物等在人脑中的映象,这映象能被指称该具体事物的词语所唤起,因而是词义的形象色彩。"④ 按照刘叔新的意见,"须眉、佛手、吊钟、鹅黄、缘木求鱼、狼吞虎咽、抽搐、蜷伏、胀鼓鼓、沉甸甸"等八大类词语是具有形象色彩的;而按照孙维张的意见,"牛、人、车、山、水、飞机、海洋、走、看、说、坐、来、去、大、小、长、短、红、白、轻、重、方、圆、直、曲"等也是具有形象色彩的词语。

1989 年,吉林教育出版社出版了孙维张的《汉语熟语学》一书,孙维张在书中讨论词语的形象色彩义的时候依然坚持其 8 年前的主张⑤;翌

① 苏宝荣:《词的功能义的层次分析》,《语文研究》2006 年第 1 期。
② 刘叔新:《词语的形象色彩及其功能》,《中国语文》1980 年第 2 期。
③ 孙维张:《略论词义的形象色彩》,《吉林大学学报》1981 年第 5 期。
④ 周荐:《也谈词语的形象色彩问题》,《南开学报》1992 年第 5 期。
⑤ 孙维张:《汉语熟语学》,吉林教育出版社,1989 年。

年，刘叔新的《汉语描写词汇学》问世，在书中刘叔新也同样坚持其10年前关于词语形象色彩的观点①。

在这种情形下，周荐发表了《也谈词语的形象色彩的问题》，主动参与论战，对孙维张的观点逐一进行了反驳②。这是一篇非常精彩的驳论文章，值得一读。

自20世纪80年代以来，国内关于形象色彩义的争论之声就从来没有停止过，即使到了现在，关于形象色彩义的界定依然是一件悬而未决的公案，讨论、争议还将持续下去。

因此，感情色彩义究竟怎么确定，形象色彩义到底如何界定等等，均还值得进一步的讨论。

关于作为一种附加意义的文化义的考察，国内的研究极为薄弱，已经发表的为数不多的以“文化义”为标题的论文，所讨论的大多是因文化积淀而形成的理性义。马清华的《文化语义学》是一部“研究人类基本文化结构对语义的作用规律”（作者语）的著作，所讨论的也不是我们这里所说的“文化义”③。因此，这方面要做的事情很多，可以一类词一类词地做，也可以搞些汉英比较研究。

汉语中词的联想义有一些并非来自词本身，而是来自记录词的汉字。由于汉字构造的形象性，便给所记录的原本抽象的词带来联想义。如“忍”这个词的意义很抽象，就词本身而言，它不像“绿、水”等会给人以丰富的联想。但是记录“忍”这个词的汉字却意象丰赡：上面是个“刀刃”的“刃”，下面是个“心口”的“心”，心口上面硬是横着一把刀，可见“忍”是多么不易、多么“伤心”的一件事。中国人在劝别人“忍”的时候也常这么说：“心字上面一把刀，你就忍一忍吧！”中国人把“酒色财气”作为人生的四大戒忌，其中戒“气”说的就是这个“忍”。由汉字的形象性所带来的词语的联想义现象很值得研究。

关于词的联想义，国内论著中讨论最为精彩的还数马清华的《文化语义学》。该书第七章“联想”用了17 000多字的篇幅讨论了四个问题：联想类型，联想意义类型，语义测量，联想对语义的作用。在“联想类型”这一节作者讨论了词的文化联想、词义关系联想、同音联想等现象；在

---

① 刘叔新：《汉语描写词汇学》，商务印书馆，1990年。

② 周荐：《也谈词语的形象色彩的问题》，《南开学报》1992年第5期。

③ 马清华：《文化语义学》，江西人民出版社，2000年。

“联想意义类型”这一节作者又依次讨论了形象、象征、意象、意味、态度和情感、典型感受等六种联想意义；在“语义测量”这一节作者讨论了如何运用“语义微分法”去测量一个词所具有的联想意义状况及强度情况，如何运用“语义微分法”去进行联想意义的跨文化的研究，并“发现词义关系联想上的一些普遍规律”；在“联想对语义的作用”这一节作者讨论了禁忌对语义的影响。① 在论证分析过程中，作者往往能博采古今中外的文化现象和语言事实作为援引材料，因此引例格外丰赡，文字表述的可读性很强。

在词义的基本类型部分，值得研究的问题也颇多。

关于词的本义和派生义问题，应该算是老生常谈了，可近来偏偏话题不断，新的现象不断被发现，从而一次又一次地颠覆着原有的理论。这里，我们把脉络理一理，让研究生同学们有个完整的了解。

20 世纪 90 年代以前，学界讨论多义词的词义架构状况时，往往是在“本义——派生义”框架内来立论的，以下的结论被认为是天经地义的：①多义词的几个义位间具有源流关系；②在多义词的词义架构中，必然有一个本义，其余则是派生义；③本义只有一个，而派生义则可以有若干个；④本义与派生义间关系的差异仅仅在于：派生义是由本义直接派生而来还是由本义辗转派生而来，前者叫做“辐射式”派生，后者叫做“链条式”派生，两者必居其一。

20 世纪 90 年代以后，陆续有学者发现，一些多义词的几个义位之间并不存在源流关系，即一个或几个义位并非由某一个义位直接或辗转派生而来，义位的差异竟是由语素的多义性以及语素间组合关系的多样性造成的，几个义位之间竟然不存在源流关系。如此一来，就会得到这么一个结论：①多义词的几个义位之间可以没有源流关系；②并不是每个多义词的词义架构中都有本义或派生义；③从理论上讲，一个多义词的词义架构中可以有两个本义甚至更多（有关情况可参见第八章“思考与探索之八”中的讨论）。

21 世纪初，移植义的发现再一次颠覆了“本义——派生义”框架理论：在一个本义、派生义原本井然有序地分布排列着的多义词的词义架构中，个别派生义位可以迥异于它的伙伴而与本义不存在源流关系。也就是

① 马清华：《文化语义学》，第 202 ~ 224 页。第七章前三节精彩，最后一节相对略微逊色一些。

说，派生义位可以既不属于“辐射式”派生，也不属于“链条式”派生，而属于移植式派生。

这里，又一次证明了一个古老的命题：任何一个看似天经地义的命题或结论并不是如我们想象的那样无懈可击的，尤其是在人文社会科学领域中。

词的“历史义”是我们于1991年提出的一个新概念，参见本章第二节“二”。

关于词的历史义和现存义问题，近年来苏新春等进行了有益的探索。苏新春通过对1983年版与1996年版《现代汉语词典》中标注为“旧时指、旧称、旧作、旧社会指、旧俗”的“旧词语”在释义表述上的差异的计量比较，获得了一些可靠而又珍贵的数据，如“旧词语”在1983年版《现代汉语词典》中排列前五位的依次是：称谓、金融商业经济、礼俗宗教、行政司法、文化艺术语言文学等；1996年版《现代汉语词典》删除“旧时指、旧称、旧作、旧社会指、旧俗”等标注用词的共有246个，占总数的26.1%。[①] 其中不少均是由历史义转为现存义的。

苏新春比较的是1983年版和1996年版的《现代汉语词典》，那么第5版对1996年版保留旧词语标注的那611个词义是怎么处理的，同样值得关注。

词的“移植义”（最初叫“嫁接义”）是我们于2004年提出的一个新概念。

关于词的移植义，一些问题还有待于深入探讨。如关于“借形词”的问题是否属于移植义范畴，确实值得讨论。此外，外族词语词义架构中的义位一旦被移植到了汉语对应词的词义架构中，是否会发生一些变化，会发生哪些变化等等，也值得作进一步的考察。

关于词义的类型，可以说是说不尽的。如苏新春在《汉语词义学》中还从“词义的独立与依赖”角度将词义分为“独立义”与“结构义”，他这里所说的结构义与我们本章所讨论的作为词的理性义的一部分的“结构义”有别，他指的是非独立的意义，即“词的意义必须靠一定的词语组合，在一定的词语搭配结构中才能显示出来的意义，故又称为词的搭配义。词的概念义和色彩义都是凭借词的语音形式就可以独立表示的意义。临时用法义是一个词在具体的上下文中临时演变出来的意义，它是一个词在具体环境中的灵活运用，脱离了这个环境就不复存在了。而词的结构义

① 苏新春：《当代汉语变化与词义历时属性的释义原则》，《中国语文》2000年第2期。

则是该词与词语结构组合起来的产物，它本身并不能单独地显示这个意义，必须依赖于一定的词语组合条件。但它在这个词的意义系统中又是固定的，只要具备了那样的词语组合，它的出现就很自然”。如“香”的“流行”义，“黑”的“坏、丑、恶”义，“红”的“受到尊重、欢迎”义等都是结构义。①

本章可以着手的论题

(1)《现代汉语词典》第5版对词的结构义的处理
(2) 词的结构义与汉语作为第二语言的词汇教学
(3) 词的理性义中的结构义的提取
(4) 词的功能义研究述评
(5) 词的功能义形成的主要途径
(6) 词的功能义在现代汉语词义体系中的分布考察
(7) 词的功能义的表述方式和辞书编纂
(8)《现代汉语词典》第5版在功能义处理上的得与失
(9) 词的形象色彩义所分布的词群考察
(10) 汉字结构与词语的联想义
(11) 汉语动物词的联想义考察
(12) 汉语植物词的联想义考察
(13) 汉语物象词的联想义考察
(14) 汉语物色词的联想义考察
(15) 汉语典故词的文化义考察
(16) 汉语动物词的文化义考察
(17) 汉语植物词的文化义考察
(18) 英汉动物词的文化义比较研究
(19) 英汉植物词的文化义比较研究
(20) 从联想义看汉英禁忌语的差异
(21)《现代汉语词典》第5版关于“旧词语”标注的修订计量考察
(22) 汉语移植义的汉化现象考察

① 苏新春:《汉语词义学》，广东教育出版社，1992年，第58页。

Xiandai Hanyu Ciyixue

第三章 语言的和言语的感情色彩义①

① 本章曾以论文的形式发表在《镇江师专学报》1991年第3期，此番修订依然保留当年的原貌。

现代汉语的词汇研究一向比较注重静态的（语言的）研究而忽视甚至排斥动态的（言语的）研究①。20世纪80年代以来，一些学者成功地把动态研究引入现代汉语语法研究中，并取得一系列的成果。而词汇学界对此的反应实为冷漠，依然是静态研究一统天下，能注意把静态研究同动态研究有机地结合起来，去分析解决词汇学中有关问题的人和科研成果还是不多，这无疑阻碍着现代汉语词汇研究的深入发展。本章所要探讨的语言的感情色彩义和言语的感情色彩义问题便是从静态及动态的角度分析考察词义现象的一种尝试。

第一节 关于语言的感情色彩义

语言的感情色彩义是指词义在静态情况下所具有的一种色彩意义，它是不借助任何语境而独立地、固定地存在于词义中的。目前一般所讲的感情色彩便是指这种色彩意义，如“团结”为褒义，“勾结”为贬义等等，但这种语言的感情色彩义究竟是怎么产生的呢？

世界上任何事物均非凭空产生，语言的感情色彩义也不例外，据我们考察，它的形成主要有以下一些情况：

1. 词的构成成分——语素的意义带有感情色彩，从而使词义具有感情色彩。

第一，构成词的每个语素的意义均有感情色彩，例如：

（1）草率：草，不细致，含贬义；率，不慎重，含贬义。因此，草率也含贬义。

（2）娟秀：娟，美丽，含褒义；秀，秀丽，含褒义。因此，娟秀也含褒义。

第二，构成词的个别语素的意义有感情色彩，例如：

（3）花点子：花，用来迷惑人的，不诚实的，含贬义。因此，花点子也含贬义，虽然点子并不带有贬义色彩。

（4）耍笔杆：耍，施展，表现出来，含贬义。因此耍笔杆也含贬义，虽

① 详见刘叔新著：《词汇学和词典学问题研究》，天津人民出版社，1984年，第33页。

然笔杆也不具有贬义色彩。

(5) 贼眼：贼，不正派，含贬义。因此，贼眼也含贬义。

一般来说，凡是含有“慧、丰、伟、赞、喜、秀”等语素的词，多为褒义；而凡是含有“蛮、丑、秽、淫、窃、劫”等语素的词，多为贬义，虽然与它们搭档的另一个语素往往并不具有感情色彩。

2. 词的本义并不具有感情色彩，由本义派生出来的比喻义却带着强烈的感情色彩。所以，同一个词，作为本义解时并无色彩，而作比喻义解时却具有褒贬色彩。例如：

(6) 草鸡：①母鸡；②比喻懦弱畏缩。
(7) 皮囊：①皮袋；②比喻人的身体。
(8) 草包：①用稻草等编成的袋子；②比喻没有才干的人。
(9) 结晶：①物质从液态或气态形成晶体；②比喻珍贵的成果。
(10) 园丁：①从事园艺的人；②比喻教师。

以上诸例中，本义①均无感情色彩，比喻义②均有感情色彩：(6)、(7)、(8) 为贬义，(9)、(10) 为褒义。所以，我们不能轻率地认定“草包”等是贬义词，“园丁”等为褒义词，而要根据不同的情况区别对待。

3. 有些词的词义之所以具有感情色彩，几乎没什么理据，而完全是词义系统的内部分工，同时也是一种约定俗成。例如：

(11) 果断（褒）——决断（中）——武断（贬）
(12) 成果（褒）——结果（中）——后果（贬）
(13) 十足（贬）——实足（中）
(14) 争斗（贬）——斗争（中）
(15) 把持（贬）——控制（中）[①]

例 (11) 中“果断”的褒义是相对于“决断”、“武断”而言的，若没有贬义的“武断”、中性的“决断”，“果断”也就无褒义可言；例 (13) 中的“十足”之所以含有贬义，同语素“十”和“足”无关，同“十足”的派生义也无关，它的贬义，既是相对于“实足”而言的，同时也是一种约定俗成——人们习惯于把“十足”用于表否定的事物。例 (12)、(14)、(15) 也

① 此处语素及词的感情色彩的确定均依据《现代汉语词典》及张志毅：《简明同义词典》，上海辞书出版社，1981 年。

同此。由于这一种情形的无理据，所以有一些词的感情色彩义并非像前文述及的“草率”、“花点子”等那样稳定确凿，而多少带有一些灵活性、可变性。例如“鼓动”，“多用于褒义，少用于贬义”，而与之对应的“煽动”则“多用于贬义，有时用于褒义”①。

一般来说，词义的感情色彩同词义关系密切，“词意为肯定的，感情色彩为褒，词意为否定的，感情色彩为贬”②。但也不尽然，有些词的词义为否定的，而其感情色彩却是褒义的。例如，“后进”的词义同“落后”一样是否定的，“落后”是个贬义词，而仿“先进”而造的同“落后”基本同义的“后进”，相对于“落后”而言是个褒义词。

第二节 关于言语的感情色彩义

我们这里谈的言语感情色彩义是指出现在特定的语境中的词所具有的一种色彩意义，是词在动态情况下所具有的一种临时的色彩意义。例如：

（1）别看他相貌凶恶，却有着一副菩萨心肠。

（2）不怕红脸关公，就怕抿嘴菩萨。

“菩萨”在例（1）中含褒义，在例（2）中含贬义，前者指善良的、仁慈的人，后者指笑里藏刀、外善内恶的人。这便是言语的感情色彩义。它与语言的感情色彩义有联系，也有差异。联系表现在：不少言语的和语言的感情色彩义是一致的，例（1）中的“菩萨”的言语感情色彩义同它的语言的感情色彩义是一致的，均为褒义③。又如：

（3）英勇的志愿军战士打退了敌人一次又一次的疯狂进攻。

“英勇”的语言的感情色彩义为褒义，“疯狂”则为贬义，它们在例（3）中的言语感情色彩义也分别为褒义和贬义。

但更多的情形是，言语的和语言的感情色彩义并不一致。具体表现为：

---

① 见张志毅编著：《简明同义词典》，第95页。

② 详见符淮青：《现代汉语词汇》，第30页。

③ 这里的“菩萨”并非泛指佛和某些神，而是喻指心肠慈善的人，有些同志认为这里的“菩萨心肠”是比喻，则把“菩萨”解作前者，乃误。

1. 褒词贬用，即语言的感情色彩义为褒义，而言语的感情色彩义却为贬义。例如：

(4) 穆可言收回了他的礼物，为我留下了一句温文的赠言："看来我们也许真的要较量一回呢!"(《人民文学》，1991 年第 1 期第 57 页)

(5) 此时许医生又哼起鼻音对我说，"全区才选派两名医生，就选上了你，真光荣。"(《人民文学》，1991 年第 1 期第 57 页)

(6) 总之，活人替代了古董，我敢说，也可以算得显出一点进步了。(鲁迅《拿来主义》)

例 (4) 中的"温文"本是个"褒义词"，但这里用在"我"所鄙视的一个暂时得势的小人身上，则表示了一种极为明显的讥讽，含贬义。例 (5) 中的许医生因一次诊断失误对"我"耿耿于怀，所以当"我"由于穆可言的"神通广大"被调去郊区参加救灾工作时，便用"光荣"来嘲讽"我"，这里的"光荣"无疑是含贬义的。例 (6) 中的"进步"实际上是一种辛辣的讽刺，应是贬义，可它的贮存义却是褒义的。

2. 贬词不贬，即语言的感情色彩义为贬义，而言语的感情色彩义不是贬义。又可分为两类：

第一，贬词褒用。例如：

(7) 几个女人有点失望，也有些伤心，各人在心里骂着自己的狠心贼。(孙犁《荷花淀》)

(8) 我们全党全民要把这个雄心壮志牢固地树立起来，扭着不放，"顽固"一点，毫不动摇。(邓小平《目前的形势和任务》)

例 (7) 中的"狠心贼"就语言感情色彩义来说是贬义的，但在这里却是指自己日夜牵挂、今日又憋不住冒着危险出来寻找的丈夫，实为褒义。例 (8) 中的"顽固"也同样，作为邓小平同志的一种倡导，它实际表示的是"坚定、执著"的意思，应为褒义，虽然它的语言色彩义为贬义。

第二，贬词无贬义。例如：

(9) 岂料一个心眼儿护着连长、指导员的兵们并不买她的账，只狡黠地对她笑笑：你不懂。(《人民文学》，1991 年第 1 期第 8 页)

(10) 我从大师的眼里，看到一种十分古怪而复杂的神情。(《人民文学》，1991 年第 1 期第 35 页)

(11) 王火冲李怀仁诡谲地眨眨眼睛，说："喏，有人等着你哩，去吧。"

（《北方文学》1991年第1期第7页）

“狡黠”的语言感情色彩义为贬义，可在例（9）中用在康藏线上人民解放军的筑路官兵身上，显然已无贬义。同样，“古怪”是个贬义词①，可在例（10）中描述“我”素来敬重、爱戴的大师的神情，显然也不表贬义。例（11）中的“诡谲”形象地表现了游击队小队长王火的机敏、幽默，应是褒义，而它的贮存义却是贬义的。

3. 大量的情况是，有些词本无所谓褒贬，即语言的感情色彩义处于零状态，而言语的感情色彩义则相当鲜明。从其不同的产生途径来看，主要有以下三类：

第一，借助某些修辞格产生的言语感情色彩义。这种情形的感情色彩义多半比较强烈、鲜明。例如：

（12）有缺点的战士终究是战士，完美的苍蝇也终竟不过是苍蝇。（《鲁迅《战士和苍蝇》）

（13）前一些日子，有一口白母猪，一胎下了12个猪娃，像一团白绒球，好看极了，谁见了都喜欢。（马峰《韩梅梅》）

（14）至于香港的电影和电视，他们讥之为不是“拳头”，就是“枕头”，并不着迷。（报刊）

（15）梅雨潭闪闪的绿色招引着我们；我们开始追捉她那离合的神光了。（朱自清《绿》）

（16）刘闯：秋菊，快走！洪湖就要天亮了。（《洪湖赤卫队》）

（17）她猜想这讲究的穿着不免成为一些人攻击的口实：还不是为了招引男人。（《当代》，1990年第1期第110页）

例（12）的“苍蝇”本无所谓褒贬，但在这里借喻作“反动政府所豢养的奴才们”，所以含有较强的贬义色彩；例（13）把刚生的猪娃比喻为“白绒球”，透露出作者强烈的喜爱之情，为褒义；例（14）包含了一个借代格，“拳头”借代指“武打”，“枕头”借代指“色情、性爱”，其间蕴含的鄙视、讥讽是不言而喻的，为贬义；例（15）是个比拟格，“招引”一词把静态的“绿”动态化了，写出了梅雨潭的“绿色”的娇美、可爱，为褒义；例（16）中的“天亮”一语双关：字面上指的是自然界中的“太阳露出地平线前夕天空发出的光亮”，而真正的深层含意是指“洪湖人民的翻身解放”，为褒义；

① 见张志毅编著：《简明同义词典》，第94页。

例（17）中，“招引”被用来作为女主人公猜想中的街坊长舌妇们的一种攻击之辞，其贬义色彩是十分明显的。

第二，借助词形变化产生的言语感情色彩义。这里讲的词形变化主要是指单音节形容词的重叠，如“红红”、“高高”、“长长”等。目前有些书在形容词重叠问题时总以为单音节形容词重叠“带有喜爱的感情色彩”①，其实不然。经过考察比较，我们认为，在没进入特定的语境之前，单音节形容词重叠后同不重叠一样，并不具有什么感情色彩；而进入语境后，它们往往带有感情色彩，但也并不只是带有喜爱的感情色彩，也可带有憎恶、讨厌的感情色彩，两者的机会是均等的。例如：

（18）他比我高，比我结实，比我勇敢，红红的脸膛，特别明亮的眼睛。（《人民文学》，1991 年第 1 期第 64 页）

（19）那个鬼子军官，两眼红红的，像刚吃过死人的野狗。（管桦《小英雄雨来》）

（20）他一边摸一边说：“高高的前额，怪不得这么聪明，眉毛又弯又长，眼睛很大。”（航鹰《明姑娘》）

（21）屋里走出来一个三十多岁的女人，高高的颧骨，薄薄的嘴唇，两个小眼珠骨碌碌地来回扫视着站在门口的三个过路客。（田中禾《坟地》）

（22）一只小小的蠓虫扇动着透明的翼翅，驻足在他宽宽的额上。（《人民文学》，1991 年第 1 期第 35 页）

例（18）中的“红红”、（20）中的“高高”、（22）中的“宽宽”分别用来描写“我”一直思念着的小哥哥、他（赵灿）的恋人“明姑娘”及“我”的恋人“秦森”，因而带有喜爱的感情色彩；而例（19）中的“红红”、（21）中的“高高”、“薄薄”则分别用来描写可憎的鬼子军官及势利的女店主，因而带有憎恶、讨厌的感情色彩。而一旦把它们从例句中提取出来，单单的“红红”、“高高”、“宽宽”等是没有什么感情色彩的，就如同单音节形容词“红”、“高”、“宽”等没有什么感情色彩一样。

第三，纯粹是借助于上下文产生的言语感情色彩义。例如：

（23）我发现我的大声喧哗已惊动了邻座的人们，他们向我们投来异样的目光。（《人民文学》，1991 年第 1 期第 51 页）

① 详见刘月华等：《实用现代汉语语法》，外语教学与研究出版社，1983 年，第 126 页；黄伯荣、廖序东：《现代汉语》（修订本）下册，甘肃人民出版社，1988 年，第 341 页。

(24) 她从没见过大（即爸爸）奇怪的眼神，异样的哀戚和温柔，嘴里喃喃着一个人的名字。（许淇《守旺夜面馆》）

(25) 当儿子第一次把妈妈煮给他的鸡蛋又送回到她的嘴边时，她激动了，满足了。（《北方文学》，1991 年第 1 期第 54 页）

(26) 喜旺激动地想着，觉得背包轻了许多。（《北方文学》1991 年第 1 期第 46 页）

例（23）中“我”在西餐馆用餐时的大声喧哗影响了他人的正常用餐，这里的“异样”显然包含着责难、不满的意思，是贬义的；例（24）中柳叶子夜半醒来，听见她爸爸在呼唤她妈妈的名字，这里的“异样”包含着“格外的、加倍的”意思，是褒义的；例（25）中儿子的这一举动是这个含辛茹苦拉扯遗腹子长大的少妇自丈夫死后所得到的第一次抚慰、关怀、体贴，这里的“激动”无疑是一种欣喜、快慰，是褒义的；例（26）中的“激动”，是一种不健康的心理，喜旺同福娃、秋生是同时入伍的老乡，都想在这次长途“奔袭”中成为火线党员，可途中福娃不慎掉崖退出拉练，作为文书的喜旺受命起草一份事故报告，他便想着如何借报告显示自己的水平，同时把事故的原因与秋生联系起来。这里的“激动”带有一点讽刺的意味，是贬义的。

总之，语言的感情色彩义同言语的感情色彩义是两码事，前者是静态分析的结果，后者是动态考察的结果。它们之间有联系，也有区别；有一致的地方，也存在着差异。因此，对任何一方的偏重或排斥，均不是实事求是的科学的态度。

思考与探索之三

关于感情色彩义的讨论是词语色彩义研究中的一个热点话题，究其因，主要是：形象色彩义比较空灵，难于把握，就连《现代汉语词典》也不标注；语体色彩义虽然比较明确，《现代汉语词典》也予以标注了，但在具体运用中变数不大，难以展开；而感情色彩义就不同了，它的明确性介于形象色彩义与语体色彩义之间，《现代汉语词典》予以标注但不够彻底，尤其是它在具体运用中充满变数，凡此种种都给研究者留下了不少的切入口和展开的空间。但是，即便如此，关于感情色彩义的讨论，泛泛介绍的多——一般见于各种词汇学书籍和现代汉语教材，而深入研讨的则比较少见。

杨振兰曾经对词语色彩义进行了比较深入的系列讨论，其中也包括对感情色彩义的讨论。她的《现代汉语词彩学》一书“主要从静态的角度研究色彩意义问题”，她的《动态词彩研究》一书则是“从动态角度研究色彩意义的共时动态变化和历史演变问题”，①前者是她的硕士论文，后者是她的博士论文。研究生同学可能会认为，既然有了上述成果，话都说尽了，关于感情色彩义的讨论可能也就没话可说了，其实不然。

杨振兰的《动态词彩研究》力求从独特的视角来考察处于运用与变化状态的色彩义的种种特点以发前人之所未发的愿望与意图比较强烈地流露在了字里行间，其积极探索、勇于创新的胆识与魄力每每成为我课堂上激励我的研究生们在学术道路上不断前进的典型案例与美谈。但是，囿于种种局限，也由于该领域可资借鉴的前人成果的匮乏，该书的立论问题也不少。

该书第一章“色彩意义与语境的关系”的前三句话就存在一些问题，兹引如下：

本书的“色彩意义”是指词的色彩意义而言，是词义内容的一个组成部分。它表现为词义中所蕴含的某些独特的情调、倾向、韵味、气息等相对空灵而又独具特色的内容，与词汇意义、语法意义一起共同形成词义的整体内容。但是由于色彩意义反映客观对象的非本质属性的形成特点及依附于词汇意义存在蹬存在形式，导致其历来被词汇意义的重要性所掩盖，较少受到研究者的关注，从动态的角度研究色彩意义的应用和发展问题更是一页空白。

这段表述中存在以下的问题：①“词汇意义”所指为何？按照通常理解，“词汇意义”是应该包括色彩义的，否则就必须对“词汇意义”给予新的诠释，可文中没有；②第三句话第一个逗号前一分句估计有打印错误②，所以无法了解作者想要表达的意思，而第一个逗号后一分句“导致其历来被词汇意义的重要性所掩盖”虽没打印错误，但表述也有问题：色彩义怎么可能被词汇意义的重要性所掩盖？颇说不通。

此外，该书一些章节的讨论有“为赋新诗强说愁”之嫌。一种表现是不管什么现象，都往色彩义身上拉，如认为“清明快乐”、“在词汇意义不

① 杨振兰：《动态词彩研究》“后记”，山东人民出版社，2003 年。

② 杨振兰：《动态词彩研究》一书的校对可能有些粗疏，就连葛本仪先生短短的序言中也错将“词彩”打成了“此彩”。

相搭配的同时，也出现了感情色彩的不协调，从而违背了色彩意义搭配的‘和谐原则’”[1]。另一种表现是，为了增强理论色彩，建立新的生长点，生搬硬套一些西方的理论，难免有些牵强附会，如第五章“动态色彩意义的语用研究”的讨论，不少地方理论与语言事实脱节。尤其是拿格赖斯的“合作原则”和利奇等的“礼貌原则”来归纳“色彩义”的语用原则，从而找到了“色彩信息的适量准则”、“色彩信息的真实准则”、“色彩意义的得体准则”、“色彩意义的鲜明性准则”、“色彩意义的赞誉准则”、“色彩意义的谦逊准则”等等，更显得削足适履，很难让人认同。

当然，该书提供的一些考察思路与视角，如第二、三章的关于动态色彩意义的运动形式、特点等的讨论，第七、八、九章的关于色彩意义的历时演变模式、过程及特点的讨论等，也颇给人以启发。

事实上，感情色彩义的研究还有许多事情可做。

有些词语的感情色彩义是一目了然的，如“勾搭、狡诈、叫嚣、巧立名目”之属，有些词语的感情色彩义则比较隐晦，需要做一些语言调查。我给苏州大学文学院对外汉语专业2007届的学生徐婕出了一个学士学位论文题目《〈现代汉语词典〉第5版色彩词语计量研究》，她在实施的过程中试图探究《现代汉语词典》第5版所收录的235个色彩词语的褒贬归属，得到如下结论：褒义词（红彤彤、皎洁、金灿灿、雪白等）48个，贬义词（苍白、枯黄、煞白、黑不溜秋等）26个，中性词（草灰、豆绿、橘红、毛蓝、肉红、驼色等）130个，中性偏褒（湛蓝、墨绿、嫩红、嫩黄等）12个，中性偏贬（桃色、黄色、灰白、黑糊糊等）19个。当我问她得到上述结果的依据时，她说是主要依据词典中的释义用例及自己的语感，因为词典在色彩词语的感情色彩义这一块是不置可否的。我建议她去做一些语言调查，统计一下上述这些色彩词语在具体运用中究竟呈现出什么感情色彩，或以什么感情色彩为主。当然，这是一项浩繁的工作，对一个本科生来说，可能要求高了一些，后来她利用北京大学的CCL语料库去调查了“桃色”和“嫩红”两个词，得到如下结果：

在CCL语料库中，“桃色”一词共出现168次，其中有48次感情色彩义是中性的，其余的“桃色”均为贬义。

“嫩红”一词共出现20次，其中有16次感情色彩义是褒义的，而感

① 杨振兰：《动态词彩研究》，第135页。

情色彩义为中性的仅有4次。

于是她认为，“桃色”为中性偏贬的色彩词语，“嫩红”为中性偏褒的色彩词语。①

如果将《现代汉语词典》第5版收录的235个色彩词语全部放到CCL语料库中去考察，那得到的结论还能支持徐婕同学上述的关于褒贬词语分布数据的结论吗？显然，这是一项很有意义但也很花时间的工作。

徐婕所讨论的应该属于语言的感情色彩义。

关于语言的感情色彩义和言语的感情色彩义，需要补充说明的是：语言的感情色彩义是稳定的、主流的、常态的，而言语的感情色彩义则是不稳定的、非主流的、临时的。以“狡诈”为例，在CCL语料库中，“狡诈”共出现341次，其中体现贬义色彩的有330次，体现中性色彩的有11次。这就表明，“狡诈”的稳定的、主流的、常态的感情色彩义是贬义色彩，是为语言的感情色彩义，其不稳定的、非主流的、临时的感情色彩义是中性色彩，是为言语的感情色彩义。后者是对前者的偏离。

关于感情色彩义的历时演变，杨振兰归纳了“褒转贬”、“贬转褒”、“中转褒”、“褒转中”、“中转贬”、“贬转中”等六种模式。这种归纳的意义远不如对一种词汇类聚感情色彩义的历时演变轨迹的全程跟踪扫描，哪怕是断代的描写也好。如“黄色”、“桃色”等的感情色彩义究竟经历了怎样的一种历时演变，又如动物词语、植物词语的感情色彩义的演变轨迹是怎样的等等。

本章可以着手的论题

(1)《现代汉语词典》第5版对词的感情色彩义的处理
(2)《现代汉语词典》第5版颜色词语的感情色彩义计量考察
(3) 现代汉语植物词语感情色彩意义的计量考察
(4) 现代汉语动物词语感情色彩意义的计量考察
(5) 汉英植物词语感情色彩意义比较研究
(6) 汉英动物词语感情色彩意义比较研究

① 徐婕：《〈现代汉语词典〉第5版色彩词语计量研究》，苏州大学文学学士学位论文，2007年。

(7) 汉英颜色词语感情色彩意义比较研究
(8) 现代汉语动物词语感情色彩意义的历时演变
(9) 现代汉语植物词语感情色彩意义的历时演变
(10) 现代汉语颜色词语感情色彩意义的历时演变
(11) 新中国成立以来现代汉语感情色彩义的研究
(12) 部分词语感情色彩义的演变轨迹

Xian DAI Han yu CI YI XUE

第四章 词义和语素义及短语义

第一节　词义和语素义

词是由语素构成的，那么词义就是由语素义构成的——两者是整体与部分、分子同原子的关系。这话总体上讲是不错的，但失之笼统、粗率，因为词义和语素义的关系远没有上面所说的那么单纯、清晰，里面存在着不少盲点和黑洞，有的还要设专门章节来讨论。

一、词义和语素义的一致性和不一致性

从最简单的角度——两者是否具有同一性来看，我们便会注意到词义同语素义的两种最基本的关系：一致性和非一致性。

站在词的立场看语素，语素可分两大类，一类是最小的能够独立运用的音义结合体，如学、斗、陪、响、徘徊、参差、绸缪、滂沱等，它们的意义既是词义，又是语素义，在它们身上，词义和语素义体现出最大的一致性。另一类是最小的不能独立运用的音义结合体，如目、习、纲、隧、朴、肃、邦、靖等，它们的意义只是语素义，不是词义。这些语素义同词义的关系仍然可分为一致性和不一致性两种。

这些不能独用的语素义同词义的一致性主要表现为以下几种情形：

1. 这些语素作为词根担纲词的全部理性意义。如：

袖——袖子　　芽——芽儿
虎——老虎　　锐——锐气
师——老师　　额——额头

2. 这些语素与同义语素组合。如：

穴——孔穴　　邃——深邃
旋——旋转　　澈——清澈
端——端正　　遁——逃遁
遏——遏止　　愕——惊愕

3. 这些语素同属于其属概念的语素组合。如：

隧——隧道　　非——非菜
饵——饵食　　厢——厢房
朽——朽烂　　绚——绚丽
翔——飞翔　　项——颈项①

当然，还可能有其他情形。这些语素义同词义是一致或基本一致的。

当然，应该强调的是，在现代汉语这个平面上，语素义同词义的不一致性表现得更为常见，这一点已为许多学者所提及，这里就不再展开了。

二、词义和语素义的同步连动和非同步连动

换一个相对复杂些的角度，从词义和语素义的相关性来看两者关系，我们会发现词义和语素义的另两种关系：同步连动和非同步连动。

如前所述，词义同语素义的不一致性要比一致性更为常见。尽管如此，词义毕竟是由语素义构成的，从词义中，我们或多或少可找到语素义的影子，所以语素义的各种变化均会带来词义的变化，这便是语素义同词义的同步连动。可以这么说，在现代汉语中，由于词义同语素义有极大的相关性，语素义同词义的同步连动便成了较为常见的现象。如：

（1）配制：①把两种以上的原料按一定的比例和方法合在一起制造；②为配合主体而制作（插图等陪衬事物）。

（2）配搭：①跟主要的事物合在一起做陪衬；②按一定的要求安排分配。

（3）解疑：①消除疑虑；②解释疑难。

（4）近景：①近距离的景物；②当前的景象。

（5）卖力气：①尽量使出自己的力量；②靠出卖体力来维持生活。

例（1）中两个词义的不同是因为“配”的语素义不同，①中的“配”的语素义是“按一定的标准或比例加以组合”；②中的“配”则指“衬托，陪衬”。例（2）同例（1）刚好相反，①中的“配”指“衬托，陪衬”，②

① 同前面几组不同的是，“飞翔”和“颈项”均属属概念在前而种概念在后的。翔，是盘旋地飞；项，是颈的后部。

中的“配”指“按一定的标准或比例加以组合。”例（3）中，“解”的语素义有两个：消除和解释，“疑”的语素义也有两个：疑虑和疑难，于是便出现了①、②两个词义。例（4）中，“近”既指“空间距离短”，又指“时间距离短”，所以便有了①、②两个词义。例（5）中，①的“卖”的语素义指“尽量用出来”，②的“卖”是指“拿东西换钱”，所以词义便有了差异。

但是，我们也发现，有相当一部分词义同语素义并非同步连动，主要表现为：语素义并没丝毫的变化，而词义则有区别和不同。例如：

（6）包机：①包租飞机；②包租的飞机。

（7）近战：①近距离作战；②近距离的战斗。

（8）结晶：①物质从液态或气态形成晶体；②物质从液态或气态形成的晶体。

（9）撮要：①摘取要点；②摘取的要点。

（10）盆栽：①在盆里栽种花木；②在盆里栽种的花木。

（11）接客：①接待客人；②妓女接待嫖客卖淫。

这里有结构的因素，如例（6）、（7）、（8）（参见第二章第一节“一”）；也有其他暂时还道不明的因素，如例（9）、（10）。[①]

有时候，同步连动和非同步连动还杂糅在一起，即语素义的变化自然带来词义的变化，可词义的变化幅度大大超过了语素义，这其中还有语素义之外的因素。如：

（12）包金：①用薄金叶包在金属首饰的外面；②约定专用所需支付的酬金。

（13）教养：①教育培养；②长期受良好教育所形成的修养。

（14）存疑：①对疑难问题暂时不做决定；②存在心中的疑虑。

例（12）中①、②词义的变化有一部分是由语素“包”的意义变化引起的：“包”一义为“用薄片等把东西裹起来”，另一义为“约定专用”；另一部分则是由词的结构关系变化引起的：①义的“包金”为动宾结构关系，②义的“包金”为偏正结构关系。与此类似，例（13）中“养”有两个语素

---

① 像例（10）这种情况，有学者解释为借代式的引申，即词义由指称一种动作行为引申为指称同动作行为相关的事物（施事或受事）。详见葛本仪：《汉语词汇研究》，第116页～117页。这不失为一种说法。

义：“培养”和“修养”；“教养”有两种结构关系，①为联合结构关系，②为偏正结构关系。例（14）中“存”有两义：一为“保留”，二为“心里怀着”；“疑”也有两义（前面已讲过）；“存疑”也有两种结构关系，①为动宾结构关系，②为偏正结构关系。

三、辞书中词义、语素义的杂处以及两者的转化

目前国内的各种辞书中，词义和语素义往往是杂处在一块儿的，难分伯仲，这种状况连权威的《现代汉语词典》也不能避免。如“墨”共有10个义项：①写字绘画的用品（一块墨）；②泛指写字、绘画等用的颜料（墨水、油墨）；③借指写的字和画的画（墨宝）；④比喻知识学问（胸无点墨）；⑤木工打直线用的墨线，借指规矩（绳墨、矩墨）；⑥黑（墨镜）；⑦贪污（贪墨、墨吏）；⑧古代的一种刑罚，也叫黥；⑨指墨家；⑩姓。其中除了①常作词义使用，⑧、⑩偶尔也作词义使用外，其余均为语素义——这些语素义远比上述词义来得常用，更为人所熟知。所以，“墨”与其说是个多义词，倒不如说是个多义语素，这样会更切合它的实际身份，虽然，从习惯上来说，多义词的认定要优先于多义语素的认定，“墨”有了①、⑧这两个相互有联系的词义项，多半会被判为多义词。

对国内辞书中词义、语素义的杂处现象，学界有颇多微词，有的认为词义同语素义是两种具有不同特征的现象，不能混为一谈，不然会模糊两者的区别；有的认为词典应对词义项作出标记，让人们区分出词义和语素义而不至于误用。我们认为，词义和语素义并没多少本质上的区别，因为现代汉语中的那些不能成词的语素在古代汉语中曾经是词，也就是说，在古代汉语中，它们的意义是词义，具备词义的一切特征。它们在现代汉语中，只是由原来的造句功能转化为构词功能，其他的很难说有多少变化。我们比较倾向于误用一说：辞书中词义同语素义的杂处，确实会给一些使用者带来麻烦，他们可能会因为区分不了词义和语素义，从而将一些语素义误用为词义。我们对下面的一些句子不会太陌生：

（15）苏州市最近评选出了十杰青年、八杰民营企业家。

（16）十佳军嫂同二十佳拥军模范一起参加了联欢。

（17）他在咏什么？哦，咏他自己写的诗。

（18）他的小腿上长满了痈。

（19）他与其偶双双来到富华苑，同恩师话别。

（20）这头猪净的重量就达二百一十斤。

这些常见诸报纸杂志的句子都犯了一个同样的错误，那就是误把语素义当作了词义。

但是，语素义同词义又并非是两条平行的直线，永远井水不犯河水，它们在一定条件下也会相互转化，具体表现为：

1. 在对举语句中，语素义可以转化为词义。如：

（21）鲁迅不愧是文坛之英，民族之魂。

（22）此人言不过桑拿休闲，语只是宝马豪宅，有何大志？

（23）这女孩不但貌压群芳，而且技盖众丽，所以捧走了大奖的桂冠。

例（21）中的同词“魂”对举的语素“英”，例（22）中两个对举的语素“言”同“语”，例（23）中两个对举的语素“貌”同“技”等，这些语素义均转化为了词义。

2. 在一些离合词中，语素义可以转化为词义。如：

（24）由于工作忙，他几个月来没洗过一次澡。

（25）海岛的战士们决心站好这最后一班岗。

（26）市长被深深地感动了，走到曹老师面前恭恭敬敬地鞠了一个躬。

（27）你贸然闯进去，搅了他的局，他不恼火？

例（24）～（27）中“洗、澡、站、岗、鞠、躬、搅、局”等，均由语素义转化成了词义。

3. 在复杂的合成词中，一些词义转化为了语素义。如：

细胞→细胞壁、细胞核、细胞膜、细胞器、细胞质。

印刷→印刷品、印刷体、印刷业、印刷费、印刷量。

阴阳→阴阳历、阴阳人、阴阳生、阴阳水、阴阳头。

艺术→艺术性、艺术品、艺术家、艺术界、艺术系。

文化→文化层、文化宫、文化馆、文化人、文化衫。

工作→工作服、工作面、工作日、工作证、工作间。

这些词义转化为语素义后，无论是内涵或外延上都有或多或少的变化。

正如我们在本小节开头就曾坦言的，词义和语素义的关系并非我们想象的那么简单。不少问题尚没搞清，我们上面讨论的几个问题中，有的我们已坦言尚无可奉告，有的则谈了一些不成熟的想法，疏漏之处难免。在词义同语素义的关系诸问题中，有一个问题极为重要，即语素义在词义的形成中起了怎样的作用。关于这个问题，我们将在第五章中展开详细的讨论。

第二节　词义和短语义

一、词义和短语义的区别

就个别情况而言，有的时候，词义和短语义的区别似乎还真说不出什么来，比如，一定要区分“说明”的词义同“说透”的短语义的特征上的差异，一定要揭示“留言”的词义同“留人”的短语义的本质区别，都是很难的。但是就整体而言，就典型的词义和典型的短语义而言，两者的区别还是很明显的。试以“心疼、新房”和“胃疼、新车”为例，谈谈这种区别。

（1）从理论上讲，词的意义是一个有机的整体，它不是其构成成分——语素的意义的简单加合；而短语的意义是一个松散的构成，它的意义就是构成它的词的意义的简单加合。“心疼”不是指“心脏部位疼痛”这种疾病状态，而是指“疼爱、舍不得”，它的意义不是“心”的意义和“疼”的意义的简单加合，是词义；同样“新房”也不是“新”的意义同“房”的意义的简单组装，指“新的房子”，而是指“新婚夫妇的卧室”——这个卧室可能已经不“新”了，也是词义。与此相反，“胃疼”的意义就是“胃”的意义同“疼”的意义的简单加合，“新车”就是“新”的意义同“车”的意义的简单组装，均为短语义。

（2）词义所依附的结构体，不能扩展，而短语义所依附的结构体可以扩展，这可能也同短语的意义是一个松散的整体，中间可以插入别的意义成分，而词的意义是个有机的构成，中间不可以插入别的意义成分有关。作为“舍不得”解释的“心疼”中间是不能插入别的成分的；若一定要插入，如插入“有点、很”等词，那么这个“心疼”就不是词了，它的意义是指“心脏部位疼痛”，就同“胃疼”一样，是短语义了。同样，作为“新婚夫妇的卧室”

的“新房”，也不可以扩展；若可以扩展，如扩展为“新盖的两间房”，那也不是词了，同一样可以扩展的“新车”同类，是短语义了。

二、词和短语同形引出的纠葛

在印欧语系诸语言中，词和短语在结构上是很不一样的，可在汉语中，词的构成方式同短语的构成方式基本一致，乃至于出现词和短语同形的现象，这更是给词义和短语义的辨识和区分带来种种困难。

词和短语同形是指词的写法同短语的写法完全一样。《现代汉语词典》对这种现象的处理方式有三：

1. 将词义和短语义分别单立，以示区别。如：

（28）上天$_1$：上升到天空。（短语义）
　　　上天$_2$：迷信的人指主宰自然和人类的天。（词义）
（29）下场$_1$：演员或运动员退场。（短语义）
　　　下场$_2$：人的结局（多指不好的）。（词义）
（30）说话$_1$：用语言表达思想。（短语义）
　　　说话$_2$：说的话。（词义）
（31）烧纸$_1$：迷信的人烧纸钱等，认为可供死者在阴间使用。（短语义）
　　　烧纸$_2$：纸钱的一种，在较大的纸片上刻出或印上钱形。（词义）
（32）化名$_1$：为了使人不知道真实姓名而用别的名字。（短语义）
　　　化名$_2$：为了使人不知道真实姓名而用的假名字。（词义）
（33）画图$_1$：画图形（多指图样或地图）。（短语义）
　　　画图$_2$：图画（多用于比喻）。（词义）[①]

这些词义和短语义似乎都有联系，有的比较密切，如例（30）、（32）、（33），类似于多义词的两个义项；有的一般，如例（31）；有的则相对疏远一些，如例（28）、（29）。

2. 将词义和短语义作多义词的几个义项处理，立在一块儿。

（34）甩手：①手向前后摆动；
　　　　　　②扔下不管（多指事情、工作）。

① 见《现代汉语词典》（修订本）（下面所引诸例同此，不再说明）。

（35）水土：①土地表面的水和土；
②泛指自然环境和气候。
（36）烧香：①拜神佛时把香点着插在香炉中；
②比喻给人送礼，请求关照。
（37）无奈何：①表示对人或事没有办法；不能把……怎么样。
②无可奈何。
（38）上坡路：①由高处通向低处的道路；
②比喻向衰落或灭亡的方向发展的道路。

上述诸例中，我们认为：①为短语义；②为词义。理由是：①的意义均是其构成成分意义的简单加合，而②不是；①所依附的结构均比较松散，中间可以插入多种其他成分，而②不可。

3. 将词义和短语义立在一个义项中，或干脆不立短语义。

（39）伸手：伸出手。比喻向别人或组织要（东西、荣誉等）。
（40）头痛：头部疼痛。比喻感到为难或讨厌。
（41）收篷：降下船帆。比喻结束或收场。
（42）手大：指花钱不在乎。
（43）洗手：比喻盗贼等改邪归正。

例（39）~（41）显然是将词义和短语义立在一个义项中了。其中“伸出手”、“头部疼痛”、“降下船帆”是这些结构体的短语义，作这种意义解释时，这个结构体的扩展比较自如，“伸”与“手”、“头”与“痛”、“收”与“篷”之间可以插入多少词语啊！例（42）《现代汉语词典》将它作短语义看待，我们觉得不妥，“手大”的标准短语义是“人体上肢前端能拿东西的部分在体积、面积、重量等方面超过一般”，作此义的“手大”是“手”义和“大”义的简单组合，而且扩展自如；而喻“指花钱不在乎”，则为词义。例（43）则干脆不立短语义“用水等去掉手上的脏东西”，而只列了词义。

我们以为，第一种处理方式是可取的。第二种处理方式则将词义和短语义混杂一处，已欠严谨。第三种处理方式随意性很大，相对前两种来说，无疑是一种缺漏。

三、词义和短语义的相互转化

正如词义和语素义可以相互转化一样，词义和短语义同样存在相互转化问题。像前面提及的离合词问题，如“洗澡”，就其构成成分而言，是由语素义转化成了词义（详见本章第一节“三”），而就其整体而言，则是由词义转化成了短语义。这里，我们谈谈短语义转化成词义的现象。

无论在哪种语言中，都有这么一种造词方法，叫减缩法，减缩的对象是短语，由此形成的词叫缩略词。缩略词，汉语中也大量存在，例如：

高知——高级知识分子

流脑——流行性脑脊髓膜炎

股市——股票市场

化疗——化学疗法

影视——电影电视

微机——微型计算机

武警——武装警察

消协——消费者协会

左边的这些缩略词均是对右边这些短语的浓缩。但浓缩的只是形体结构，而词义则是全盘继承。于是乎，右边这些短语意义一下子全部转换成了左边这些缩略词的词义。由于这些词义是由短语义转化而来，所以其意义保留着短语义松散的特点，词义往往就是其构成成分意义的简单加合，只是其依附的结构体，同词一样，不能扩展。关于这种现象，我们还将在第五章中从另一个角度展开讨论。

思考与探索之四

陆俭明指出：现代汉语词汇研究长期以来“不注重或者说不太注重语素义、词义的研究，包括释义的研究”，而这恰恰“是更为重要也更为需要的”，因此应该“继续对汉语语素义和词义做深入细致的研究”。[①]这个

① 陆俭明：《现代汉语词汇研究·序》，北京大学出版社，2003年。

意见无疑是极为中肯的。

诚如陆俭明所言，关于语素义的研究，成果寥寥，主要原因恐怕还是找不到好的切入点。国内对语素义有比较深入的研究的唯杨锡彭的《汉语语素论》一书。该书是在作者同名博士学位论文的基础上修改而形成的。该书第五章“语素意义·语法功能”分别讨论了以下五个方面的问题：①语素义的特点；②语素义的特点与汉语词汇双音化倾向；③语素义和词义的关系与词语结构分析；④语素义与语素的语法功能；⑤语素义的发展与语素功能、语素之间的结构关系[①]。作者将语素义的特点概括为：多义性，模糊性，复杂性。这是继詹人凤之后第二位概括语素义特点的学者。詹人凤将语素义的特点概括为：语素义不能直接作用于句义，也不能直接构成词义；语素义也具有词义所具有的事物对应性、模糊性、社会性等，但语素义的这些特点具有潜在的和朦胧的性质[②]。

在其他关于语素义研究的成果中，王艾录、孟宪良对语素入词后意义的变化现象作了比较细致的考察，[③] 切入口还是比较独特的，而且很有新意，值得一读。

关于语素义和词义的关系，已有过不少论述，除本章的讨论之外，杨志伟（1992）、王树斋（1993）、王玉鼎（1994）、吴仁甫（1995）、张联荣（2001）、仲崇山（2002）、杨锡彭（2003）等均先后专门撰文加以讨论[④]，但泛泛而谈的多，富有创见的少。

对语素义和词义关系研究用力最勤的是符淮青和周荐。

早在1981年，符淮青就在《词义和构成它的语素义的关系》一文中对语素义和词义的关系进行了初步探讨[⑤]；后来，在他的《语素“红”的

---

① 杨锡彭：《汉语语素论》，南京大学出版社，2003年，第174～193页。

② 詹人凤：《现代汉语语义学》，商务印书馆，1997年，第17～20页。

③ 王艾录、孟宪良：《语素入词所发生的意义偏移现象》，《山西大学学报》1996年第1期。

④ 杨志伟：《汉语语素义与词义的关系》，《韩山师专学报》1992年第2期；王树斋：《汉语复合词词素义和词义的关系》，《汉语学习》，1993年第2期；王玉鼎：《论名词性并列复合词的词义与语素义之关系》，《阜阳师院学报》1994年第1期；吴仁甫：《语素和词义》，《华东师大学报》1995年第3期；张联荣：《词典释义中的词义和语素义》，载李如龙、苏新春编：《词汇学理论与实践》，商务印书馆，2001年；仲崇山：《词义和构成词的语素义的关系补论》，《佳木斯大学学报》2002年第2期；杨锡彭：《汉语语素论》，南京大学出版社，2003年，第179～181页。

⑤ 符淮青：《词义和构成它的语素义的关系》，《辞书研究》1981年第3期。

结合能力分析》[①]、《“打”义分析》[②]、《汉语表“红”的颜色词群分析》[③]和《现代汉语词汇》一书中对这个问题均有深入的讨论[④]。符淮青的这些讨论及其结论代表了20世纪80年代国内关于语素义与词义关系研究的最高水平，所以引用率极高。前不久他还应本人之邀在《江苏大学学报》由本人主持的“词汇语义学论坛”上撰文讨论“语素的同一意义所表示的语义范畴，随着构成的合成词指示对象的不同，随着同它组合的另一语素意义的不同，其间语义关系的不同而发生变化”的现象以及词的词位义所表示的语义范畴“在组合中在一定条件下可能发生变化”的现象[⑤]。

周荐关于语素义与词义之间关系的研究稍迟于符淮青，但后劲很足，有不少富于独创性的见解。1991年，周荐发表了第一篇关于语素义与词义关系探索的论文《复合词词素间的意义结构关系》，在讨论中采用了计量统计的方法，使定量统计与定性分析相结合，从而使结论扎实可信。此后，他发表了一系列从各个角度来考察语素义与词义关系的论文，如《几种特殊结构类型的复合词》、《比喻词语和词语的比喻义》、《复合词构成的语素选择》等等。[⑥] 这些论文的发表直接推动了20世纪90年代汉语语素义与词义关系研究的深入。周荐的上述研究代表了20世纪90年代国内关于语素义与词义关系研究的最高水平。

语素义与词义之间的关系复杂，需要解决的问题很多，决非三言两语或者一篇文章所能了断。作为研究生来说，可以先做一些外围的、基础的工作。

---

① 符淮青：《语素“红”的结合能力分析》，《语文研究》1983年第2期。

② 符淮青：《“打”义分析》，载《词典和词典编纂的学问》，上海辞书出版社，1985年。

③ 符淮青：《汉语表“红”的颜色词群分析》，《语文研究》1988年第3期，1989年第1期。

④ 符淮青：《现代汉语词汇》，北京大学出版社，1985年，第52~55页；符淮青：《词义的分析和描写》，语文出版社，1996年。

⑤ 符淮青：《组合中语素和词语义范畴的变化》，《江苏大学学报》2007年第1期。收到该文手稿后我立刻将其输入电脑并发给《江苏大学学报》芮月英主编，由于联系不便、时间仓促等客观原因，该文发表时200多字的摘要及关键词均分别由本人根据文章内容代为撰写、确定，如有差错，概由本人负责，特此说明。

⑥ 周荐：《复合词词素间的意义结构关系》，载《语言研究论丛》第六辑，天津教育出版社，1991年；《几种特殊结构类型的复合词》，《世界汉语教学》1992年第2期；《比喻词语和词语的比喻义》，《语言教学与研究》1993年第4期；《复合词构成的语素选择》，《中国语言学报》1995年第7期。

关于短语义的特点的讨论，仅见于詹人凤的《现代汉语语义学》一书中，作者在讨论了句义和词义的特点之后，讨论了短语义的特点：一方面表现为“短语义与词义性质相近之处”，因此具有词义所具有的事物对应性、模糊性、社会性等特点；另一方面表现为“短语义与句义相近之处”，因此具有句义所具有的自由性和临时性等特点，但一般不具有现实性。这些观点无疑是具有独创性的，只是展开得不够充分，感觉作者在这个问题上欲言又止，话刚开头就打住了。

关于短语义的研究需要做的事情还有许多。

本章可以着手的论题

(1)《现代汉语词典》第5版“名名型”复合词语素义与词义关系研究

(2)《现代汉语词典》第5版“动动型”复合词语素义与词义关系研究

(3)《现代汉语词典》第5版“形形型”复合词语素义与词义关系研究

(4)《现代汉语词典》第5版“名动型”复合词语素义与词义关系研究

(5)《现代汉语词典》第5版“动名型”复合词语素义与词义关系研究

(6)《现代汉语词典》第5版“形名型”复合词语素义与词义关系研究

(7)《现代汉语词典》第5版“名形型”复合词语素义与词义关系研究

(8)《现代汉语词典》第5版“动形型”复合词语素义与词义关系研究

(9)《现代汉语词典》第5版“形动型”复合词语素义与词义关系研究

(10)《现代汉语词典》第5版“名量型”复合词语素义与词义关系研究

(11)《现代汉语词典》第5版“前缀型”派生词语素义与词义关系研究

(12)《现代汉语词典》第5版“单音后缀型”派生词语素义与词义关系研究

(13)《现代汉语词典》第5版“双音后缀型”派生词语素义与词义关系研究

(14) 词义与短语义的联系与区别。

(15) 词义与独词句的句义的本质区别。

(16) 语素义与词义的性质差异。

(17) 新中国成立以来语素的研究

(18) 新中国成立以来语素义的研究
(19) 新中国成立以来语素义与词义关系的研究
(20) 新中国成立以来词义与短语义关系的研究

xian DAI han yu CI YI XUE

第五章 现代汉语词义的理据性和非理据性

所谓词义的理据，是指词义形成的缘由，它是从发生学角度来探求词义的来源的。就合成词而言，可以通过寻找、挖掘词义同其构成成分（语素）的意义之间可能存在的种种源流关系来展现词义的理据；就单纯词而言，则可以通过钩沉、清理词义同其载体之间可能存在的种种因果联系来揭示词义的理据。我们将词义具有理据这种状态称为理据性，不具有或目前找不到理据这种状态称为非理据性。

第一节　合成词词义的显理据性和潜理据性①

张永言曾断言，合成词词义的理据“是明显的”②，这话虽然有道理，但稍欠周密。确实，现代汉语合成词的词义一般均具有理据性，但并非都明显，有一部分词义的理据非常清晰，而也有一部分词义的理据则较隐晦，从而形成词义的“显理据性”和“潜理据性”两种情形。

一、合成词词义的显理据性

合成词词义的显理据性表现为词义同构词语素义的联系很密切、直接、一目了然，人们对词义的把握、确定是完全建筑在对语素义的理解、分析的基础之上的。具有显理据性的词义在汉语的词义体系中占有极大的比重，可以说是反映了汉语中词义同语素义的基本面貌。主要有以下几种情况：

1. 词义：语素义的泛化、升级。例如：

A 组：根源、汇集、治理、牵引、贫穷

B 组：价值、疾病、寻找、选择、美丽

这两组词的共同特征是：①两个语素的意义相同或相近，且呈并列的构成方式；②词义同语素义基本相同，了解语素义便可推知词义。稍有不同的是：A 组中词义由语素义结合后泛化而形成，试以“根源”为例，“根”的本义为树根，是树生长的起点，“源”的本义为江河的源头，是江河运行的起

① 该部分曾于1994年发表于日本国《中国语研究》上。

② 详见张永言：《词汇学简论》，第28页。

点，两者结合后泛化为一切事物发生的起点。B组中词义同语素义的联系则要直接得多，因为两个语素义中的任何一个均与词义相同，词义实际上可以看作是语素义的升级。

2. 词义：语素义的简单组合。例如：

A组：知青、军工、外事、公廉、科技
B组：平地、昏君、良机、公敌、心悸
C组：是非、彼此、遐迩、公私、胜负

这三组词的共同特征是：①两个语素的意义各不相同，有的彼此没有联系，有的虽有联系，但意义刚好相反；②一般来说，词义不是它的构成成分意义的简单相加，这正是词同词组的重要区别之一，而该三组词的意义恰恰基本上是由语素义简单组合后形成的。其中A组均为“减缩造词法”造的词（参见第十一章第一节），由短语缩减而成，语素义实际上是词义的浓缩，如“知青”是由“知识青年”缩减而成，“知”和“青”的语素义实际上是词“知识”和“青年”意义的浓缩，也就是说，一个语素代表的实际上是一个合成词。所以《现代汉语词典》在解释“知青”这类词时，往往将它们还原成原形：“知青”便释为“知识青年”，“军工”释为“军事工业”，“外事”释为“外交事务”，“公廉”释为“公正清廉”，“科技”释为“科学技术”[①]，这样处理，应该说是抓住了这些词义的本质特征，既巧妙又妥帖。在由语素义简单组合形成词义的词中，B组词实际上是最具代表性的一种，数量也最多。该组词的意义是由两个彼此无任何联系的语素的意义组合后形成的，如“平”的意义是“平坦”，“地”的意义为“土地”，所以“平地”可以释为“平坦的土地”，以此类推。我们在翻阅词典时发现，主谓式和偏正式复合词不少就属于这种情形，尤其是前者，试以“心×”式词为例，如“心爱、心烦、心浮、心服、心怀、心慌、心急、心静、心切、心酸、心疼、心细、心秀、心仪、心照”等等，分别可以用“心中”、“内心”等加上“喜爱、烦躁……”等等格式去一一给予解释。[②]同B组词不同，C组词中的两个语素只存在一种并列关系，两个语素的意义有联系，但相反或相对，词义便由这两个相反或相对的语素义相加后形成：“是非”即“正确和错误”，“彼此”即“那个和这个”，“遐迩”即“远近”，“公私”即“公家和私人”，“胜负”即

---

① 参见《现代汉语词典》，1983年，第1481、622、1180、639页。
② 参见《现代汉语词典》，1983年，第1278～1281页以及第1053、58、1239、1046、1030页。

“胜利和失败”。[1]

3. 词义：语素义的部分失落。例如：

A 组：忘记、窗户、动静、干净

B 组：帽子、老师、傻乎乎、乐滋滋、广为、深为

这两组词的共同特征是：构成词的两个语素有一个意义脱落或虚化了，在词义的形成中几乎不起或很少起作用，词义实际上由另一个语素升级后形成。其中 A 组最典型，内中一个语素的意义完全脱落了，如“忘记”中的“记”、“窗户”中的“户”，它们在词义形成中根本不起作用，“忘记”即“忘”，“窗户”即“窗”。B 组词均为附加式合成词，其中的一个语素，即人们通常说的词缀，只标明词的表意范围、类别，有时也附带一些感情、形象色彩或其他的功用，而不表具体、实在的意义，所以在词义的形成中所起的作用微乎其微。如“帽子、老师”中的“子、老”只标明该词所属的是表示人或事物的词；“傻乎乎、乐滋滋”中的“乎乎、滋滋”除了标明该词所属的是表示性状的词之外，还附带感情色彩和形象色彩；[2]“广为”、“深为”中的“为”则除了是副词的标志外，还具有强调的功用，类似的还有“大为、颇为、尤为、更为”等等中的“为”。[3] 在 B 组词中，对词义起决定作用的是表示具体、实在意义的那个语素的意义，如例中的“帽、师、傻、乐、广、深”等。

4. 词义：语素义的互补、推演。例如：

谢幕、盘菜、协作、通史、快报、剪票

在现代汉语词汇大家族中，最常见的、数量最多的也就是这一类词，它们的特点是：①词义同词素义的因果联系虽然很明显，但不如前面几类词来得简洁；②由于语素义在形成词义的过程中经历了一个互补、推演的曲折过程，所以虽然人们对语素义能够十分准确地把握，然而要据此全面地、科学地确定、揭示词义却绝非易事，没有一定的词汇学理论知识，不花上一定的时间去钻研、探求，恐怕是不可能的。试以“谢幕”为例，“谢”为“答谢”之义，“幕”为“幕布”之义，这是稍有文化知识的人都了解的。然而两者

---

① 参见《现代汉语词典》，商务印书馆，1983 年，第 1278 ~ 1281 页以及第 1053、58、1239、1046、1030 页。

② 详见拙作《ABB 式叠音后缀》，《中国语文天地》1989 年第 5 期。

③ 详见拙作《一个新兴的副词后缀“为”》，《山东师大学报》1988 年第 1 期。

的组合却绝对不是“谢幕”的科学完整的词义。《现代汉语词典》是这样表述该词的意义的：“演出闭幕后观众鼓掌时，演员站在台前向观众敬礼，答谢观众的盛意。”① 这样的表述同“谢”、“幕”两个语素的意义可谓相去甚远，然而其中的源流、因果关系是非常清楚的，词典的释义正是紧扣“谢”、“幕”的语素义，经过互补、推演后产生的。其他的如“盘菜、通史、剪票”等也如此，从语素义到词义都经历了这么一个互补、推演的曲折过程。

二、合成词词义的潜理据性

合成词词义的潜理据性是词义理据的又一种存在形式，它表现为词义同语素义虽然有联系，但这种联系十分隐晦、间接，转弯抹角，不易察觉，若仅仅依照语素意义直接去推求、理解词义，往往会不得要领，从而不能科学、准确地把握词义。

具有潜性理据的词义大多属于修辞式派生义（参见第九章第二节）。例如：

A 组：股肱、笔墨、唇舌、滥觞
B 组：园丁、桥梁、心脏、小儿科
C 组：红色、黄色、红豆、白色
D 组：丧胆、倾倒、销魂、一溜烟

其中 A 组的具有潜性理据的词义为借代式派生义，B 组为比喻式派生义，C 组为象征式派生义，D 组为夸张式派生义。虽然它们具体的产生途径有所差异，但有一点是共同的：在语素义组合形成词义的过程中，曾经历了一次大的跳跃，这次跳跃所依赖的是人们的类比、联想，而跳跃的支点、跳板则是由语素义组合后直接形成的具有显性理据的词义。该过程可以图示为：

语素义 + 语素义→形成显性理据词义……→跳跃为潜性理据词义

例如 A 组中的“股肱”，“股”即“大腿”，“肱”即“胳膊”，它的显性理据词义为“胳膊和大腿”，胳膊和大腿是人类生活、劳作的重要器官，不可或缺，由此类比、联想，便产生了潜性理据词义“左右辅助得力的人”。“笔墨”、“唇舌”等与此同。“滥”之义为“浮”，“觞”之义为“酒杯”，“滥觞”即“浮起酒杯”，而人们更多地知道的是它的借代义“事物的起源”。原

① 参见《现代汉语词典》，商务印书馆，1983 年，第 1277 页。

来江河发源的地方水很少，不能行船，而只能浮载着小小的酒杯，于是人们便巧妙地借用这种具体的情景“浮起酒杯”来借代一种抽象的意义“事物的起源”，从而构成了潜性理据词义。B、C、D各组词的潜性理据词义的产生过程与A组相同，这里不再展开分析了。需要指出的是，在A组、D组词中，那个一般由语素义简单组合后形成的显性理据词义，如“股肱”的“胳膊和大腿”之义，如今已很少用甚至不用了，所以《现代汉语词典》对此也不另立义项，而只是在解释潜性理据词义时稍带提示一下而已；而在B组、C组词中，显性理据词义和潜性理据词义并存，两者使用频率也均等，如“小儿科”，人们常用来指“医疗机构中诊治小儿疾病的一科”，也常用来比喻“被人瞧不起的行当或价值不大、不值得重视的事情”，所以词典将它们分列为两个义项。

最典型的属于潜性理据词义的，恐怕要数由典故演化而来的词了。例如：

A组：问鼎、临池、染指、四知金
B组：桑梓、涂鸦、先鞭、妃子笑

说它们典型，是因为它们不像“股肱”、“园丁”等，在语素义同潜性理据词义之间还有一个显性理据词义作为纽带，人们的类比、联想还有一个触发点、落脚处。而“问鼎、桑梓”等，或者是对古代人物掌故的简要记录，或者是古诗文词句的浓缩，不需要类比联想，也类比不起来，联想不开去，只需要了解出典，就能理解词义。在这里，语素义只是提供了一点线索。其中A组词的背后都潜伏着一个故事，如“四知金”的出典是：东汉名臣杨震赴任东莱太守，路经昌邑，昌邑令王密以往曾得到杨震举荐，故夜间送十斤黄金给杨，说夜晚无人知晓，杨震则回答：“天知，神知，我知，子知，何谓无知！”不接受王的馈赠。后人便用“四知金”指称非义之赠。“四知金”三个语素只是简洁、含糊地记录了这个故事的中心内容，在“四知金”三个语素义的组合同“非义之赠”这个词义之间，如果说也有一个纽带的话，那就是它们背后的那个关于杨震拒收黄金的故事。其他如“问鼎、临池、染指”等也如此。B组词则是古诗文词句的浓缩，如“桑梓”取自于《诗·小雅·小弁》：“维桑与梓，必恭敬止。”说的是：家乡的桑树和梓树是父母种的，对它要表示敬意，后人便用“桑梓”指称自己的故乡。其他的如“涂鸦”取自于唐代卢仝的《添丁诗》：“忽来案上翻墨汁，涂抹诗书如老鸦。”后人以之形容字写得很坏；“先鞭”取自于《世说新语·赏誉》注引《晋阳秋》：“刘琨与亲故书曰：‘吾枕戈待旦，志枭逆虏，常恐祖生先吾著鞭。’”后人用之表示占先一著；“妃子笑”则取自于杜牧的那首著名的《过华清宫》诗：“一骑红尘妃子笑，无人知是荔枝来。”后人用之指称一种优质荔枝。与A组词不同，B组词背后起纽带作用——联结语素义和词义的是古诗文，而不是某个具体的故事。所以《现代汉语词典》在解释A组、B组词时采取的方式略有差异：前者往往简述故事梗概，后者则抄录原诗文，有时也用“语出”标明，以示区别，其编风可谓严谨，一丝不苟。

第二节　单纯词词义的理据性

单纯词词义的理据只有从词义的载体中去寻找。对印欧系语言来说，词义的载体只有一个，那就是词的语音形式，因为它们所使用的文字也是记音的表音文字——词的书面载体同口头载体具有最大的一致性。所以印欧系语言中一些单纯词的理据只能从词的语音形式中去寻找。而汉语就不同了，词义的载体有两个，一个是词的口头载体——语音形式，另一个是词的书面载体——汉字。汉字是表意文字，它的表意性使得它在记录汉语中的词的时候，并非像表音文字那样，只管忠实、机械地做好自己的记录工作，而是积极干预词义，对词义的形成施加影响，并且往往起着重要的作用。所以现代汉语单纯词义的理据既可从词的语音形式中去考求，又可从汉字的形体结构中去探寻。

一、单纯词词义的语音形式理据

现代汉语中，有一部分单纯词的词义可以在词的语音形式中找到自己形成的缘由，从而得到解释，这便是词义的语音形式理据。

具有语音形式理据的单纯词主要有以下几种情况：

A组：知了、布谷、蛐蛐、轱辘

B组：当啷、滴答、噼里啪啦、轰隆

C组：叽里咕噜、叽里呱啦、哜哜嘈嘈、叽叽嘎嘎

D组：唉、呸、哼、嘻、呦

A组中，“知了”是蚱蝉的别名，它的意义同“知”和“了”的意义均无关，倒是同“知”和“了”组合而成的读音有关，因为这个读音颇像蚱蝉的叫声；其他的，“布谷”的表杜鹃鸟义、“蛐蛐”的表蟋蟀义、“轱辘”的

表车轮义等均属此类。

B组的各个词均是模拟事物声音的词，这些词的意义也同其整体的读音有关："当啷"颇像"金属器物磕碰的声音"，这也便是它的词义；同它一样，"滴答"是指"水滴下落及钟摆摇动的声音"，"噼里啪啦"是"连续不断的爆裂、拍打的声音"，"轰隆"是"打雷、爆炸、机器转动的声音"。

C组的各个词均是模拟人类说话的声音的词，这些词的中心意义是"话多，听不清楚"。其中"叽里咕噜"除了这个中心意义外，还含有"听不懂"的意思，"叽里呱啦"则另含有"声音大"的意思，"哜哜嘈嘈"还含有"声音急而乱"的意思，"叽叽嘎嘎"则含有"间杂说笑声"的意思。

D组的各个词是展示人类喜怒哀乐的表感叹的词，这些词所表意义也同其读音有关："唉"表伤感或惋惜，"呸"表唾弃或斥责，"哼"表不满意或不相信，"嘻"表惊奇、感慨，"呦"表惊异、揶揄等。

二、单纯词词义的汉字形体理据

现代汉语中的单音节单纯词的词义绝大部分可以从汉字形体结构中找到理据。这便是词义的汉字形体理据，理据的清晰和笼统、明白和模糊同汉字的形体构成极有关系。

由象形字、指事字和会意字作为载体的单纯词，相当多的一部分，其词义理据非常清晰、明白。

A组：雨、山、水、牙、网、火

B组：三、上、下、末、本、刃、寸

C组：戒、弄、败、尖、歪

其中A组均为以象形字作为载体的单纯词，其词义便来源于字形所示的内容。

B组均为以指事字作为载体的单纯词，其词义有的直接来源于字形所示的内容，如"三"，有的则由字形所示的内容发展而来，"上"、"下"的一切意义均由字形所示的"位置的高和低"发展而来，"末"的一切意义均由字形所示的"树梢"发展而来，"刃"的一切意义均由字形所示的"刀口"发展而来，"寸"的一切意义均由字形所示的"寸口"——距人手一寸处的经脉部位发展而来。

C组均为以会意字作为载体的单纯词，其词义来源于字的初始义、字形义，如“戒”的词义来源于字的初始义“两手握着兵器（警戒）”，“弄”的词义来源于字的初始义“两手玩玉”，“初”的词义来源于字的初始义“裁剪衣服——做衣的开端”，“败”的词义来源于字的初始义“手拿棍棒毁坏财物”，而“尖”、“歪”之属，其词义更是在其字形中一目了然（参见第七章第三节“一”）。

由形声字作为载体的单纯词，有一部分词义理据清晰，而大部分则比较笼统。如：

A 组：鰕、鹤、浅、娶、酌
B 组：敲、想、盆、疗、钼

其中 A 组的理据清晰。这是一组以声旁也表意的形声字作为载体的单纯词，其中前三个形旁表示意义类属，声旁除表读音外，还表意义特征（参见第七章第三节“二”）：“鰕”（虾）的形旁“鱼”表“鰕”的意义类属，而声旁“叚”则表意义特征“红色”，“鹤”的形旁“鸟”表“鹤”的意义类属，而声旁“隺”则表意义特征“白色”，[①]“浅”的形旁“水”表“浅”的意义类属，而声旁“戋”则表意义特征“小，少”，后两个则有所不同，词义来源于字的初始义，类似于前面所讲的由会意字记录的单纯词：“娶”的词义来源于字的初始义“获得女子”，“酌”的词义则来源于字的初始义“用勺子舀酒”。

B 组的理据则比较笼统、模糊。字的形体只能提供词义的部分信息：“敲”的词义可以从“攴”的意义（小击）中找到部分理据；“想”的词义可以从“心”的意义中找到部分理据——古人认为心脏是思维的器官；“盆”可以从“皿”的意义中找到部分词义的理据；“疗”可以从“病”的意义中找到部分词义的理据；“钼”则可以从“金（属）”的意义中找到部分词义的理据。

第三节　词义的理据域和词义的非理据性

一、词义的理据域

所谓词义的理据域，是指词义理据的寻找区域限制。如汉语词义的理据

① 引自张永言：《词汇学简论》，第 28、30 页。

域，就是汉语中词义理据的寻找区域限制。讨论词义的理据性必须遵守词义的理据域，即讨论汉语词义的理据性必须遵守汉语词义的理据域，必须在汉语语言系统中寻找，而不能在别的语言系统中获取。这样做，可以避免一些无谓的不平等的争论。

比如，像“密佗僧”、“乡歌”、“海波”、“南无”、“弥撒”等词的词义，有人认为它们是有理据的，有人认为它们既可说有理据性又可说无理据性，当然也有人认为是无理据的。认为它们有理据的，是因为这些词若放在别的语言中去考察均是有理据的：“密佗僧”是梵语 mudarasingu 的音译，是指一种重要成分为氧化铅的无机化合物；“乡歌”是朝鲜语［hiaŋka］的音译，是指朝鲜在创制自己的拼音文字之前用汉字书写的朝鲜语；“海波”是英语“hyposulphife of soda”的缩略形式 hypo 的音译，指大苏打；“南无”是梵语 namas 的音译，为佛教用语，表皈依、信从之义；“弥撒”是拉丁语 missa 的音译①，指的是天主教徒举行的晚餐礼或礼拜仪式。但是，这些理据均不是在汉语语言系统中获得的，也就是说，在寻找理据的过程中没有遵守词义的理据域，因而并不能证明它们是有理据的。恰恰相反，这些音译外来词，作为现代汉语单纯词的一种，它们的意义既同其语音形式无关，又同记录它们的汉字形体无关，所以是属于无理据性的。

二、词义的非理据性②

词义的非理据性，是指一部分词义的理据由于种种原因已消失或者它压根儿就没存在过——只是人们的一种习惯约定，我们已无法（至少是目前无法）寻找到词义形成的缘由。诚如前面所言，现代汉语中，大多数词的意义均具有理据性，这是不争的事实，但同时我们也不能回避另一个事实：现代汉语中确也有一部分词的意义无理据可寻，具有非理据性。

具有非理据性的词义除了前面提到的音译外来词之外，还有以下几种情况：

1. 一部分联绵词的词义。如：

婵媛、蘑菇、伶俐、秋千、望洋、琉璃

“婵媛”一同“婵娟”，词义为“美好”；一为“牵连、相连”之义。这

① 以上音译分别见于刘正琰等《汉语外来词词典》第240页、371页、132页、251页、237页，上海辞书出版社，1984年。

② 该部分曾于1994年以论文的形式发表于日本国的《中国语研究》。

是同音同形的两个词，我们例中所指的显然是后者。“蘑菇”的情形与“婵媛”相似，例中所指的不是指植物之一种的蘑菇，而是指含“故意纠缠”之义的蘑菇。“伶俐”又作“伶利”，“望洋”又作“望羊”，“琉璃”又作“流离”，字的写法尚不定型，可见词义同字的初始义（字形义）的关系之清白。“秋千”指的是一种运动和游戏用具，既与“秋季”无干，也同“千”字无涉。我们这里之所以在联绵词前加上限制语“一部分”，是因为不少被公认为是联绵词的词，其实不是联绵词，而是复合式合成词，如“琵琶、玛瑙”等，《现代汉语词典》列举的6个典型的联绵词中也有几个并非联绵词。因为这是另一个问题，且谈起来也非三言两语就能完事，故这里就不讨论了。

2. 一部分方言词、口语词的词义。例如：

埋汰、盘川、嘎巴、刮打扁儿等

作为现代汉语一般词汇的方言词、口语词，其词义绝大部分也是有理据的，但确实也有一部分是无理据性的——可能是一种习惯约定。如“埋汰”所表示的“脏”义是无法从“埋”和“汰”的语音形式和字形结构中寻求的；“盘川”非指交叉的河川，而是指路费，又可写作“盘缠”；“嘎巴”是指黏的东西干后附着在器物上；“刮打扁儿”是指尖头蝗，它们的词义的形成仍是一个谜。

3. 一部分专有名词的词义。例如：

知母、狗毒、石南、女青、豆娘、天牛

其中“知母、狗毒、石南、女青”均为植物，“豆娘、天牛”则为昆虫。“知母”又名“蚳母”、“蝭母”，是一种草药，有清热生津之功效，若理解为“知识母亲”（同“知青”）或“了解母亲”（同“知人”）则闹大笑话了；“狗毒”又叫“白蒿”，一种味苦的草，若按“虎毒（不食子）”去理解为“狗毒辣”则大错特错了。

4. 一部分假借而来的字所记录的词义。如：

易、它、又、其、而、求、族、难等

现代汉语中的“易”的词义是“不难”，而记录该词义的字“易”是个假借字，它原本的字形义是一种叫作蜥蜴的爬行动物，词义同字形义风马牛不相及；“它”的词义是“称人以外的事物”，而它原本的字形义是被称作长虫的蛇；“又”的词义是“表重复或继续”，而它原本的字形义是指右手；

“其”的词义是“他（她、它）的”，而它原本的字形义是指用来装物的簸箕；“而”的词义是“连接各种谓词性成分”，而原本的字形义是“胡须”；“求”的词义是“请求、追求、需要”，而原本的字形义是“皮衣”；“族”的词义是“家族、种族”，而原本的字形义是“箭头”；“难”的词义是“不易”，而原本的字形义是指一种叫“难鸟”的飞禽。①

词义的理据性问题是词义学中的又一个比较复杂的问题，一些词义是否具有理据性，各家的看法不一，分歧较大。但这未必不是好事，因为没有一门学科的学术发展史不是一部学术争鸣史。随着研究的深入，我们将会有更多的发现和认同。

思考与探索之五

关于词义的理据问题的讨论，学术界可以说是一片混乱。混乱的缘由是把词义的理据与词的理据完全等同起来。

词义的理据不同于词的理据。按照张志毅的说法，“词的理据（motivation），是指用某个词称呼某事物的理由和根据，即某事物为什么获得这个名称的原因。它主要是研究词和事物命名特征之间的关系”。② 而词义的理据就如本章章首所说的“是指词义形成的缘由，它是从发生学角度来探求词义的来源的”。可是不少学者在讨论这两个问题时，是并不加以分辨的。国内讨论词的理据最有影响的是王艾录，他先是在1995年推出了《汉语理据词典》，继而在2001年与司富珍合作推出了《汉语的语词理据》。在王艾录看来，“词的理据亦称词的内部形式（innerform）”，“指的是词音表达词义的理由或根据，词义发展的逻辑依据和词内诸语素之间的深层语义关系”。也就是“词中某字或诸字的字义与该词的词义（理性意义）”之间的“直接的和直观的联系”。③ 在这种理念指导下，他的《汉语理据词典》中有时揭示的是词的理据，有时揭示的是词义的理据。而他的《汉语的语词理据》一书更是在“语素义的被认识”、“造成语素义不对号的原因”、“通过语素义探求内部形式”、“语素义、内部形式同词义挂钩”、“内部形式与结构方式”、“语词的理据元分析”、“复合词理据的类

① 这八个字的字形义采自（清）段玉裁《说文解字注》，上海古籍出版社，1981年。
② 张志毅：《词的理据》，《语言教学与研究》1990年第3期。
③ 王艾录编著：《汉语理据词典》“弁言”，北京语言学院出版社，1995年，第1页。

别”、“复合词理据的性质”等八个章节（全书总共十二个章节）中讨论汉语复合词的词义理据。[①]

类似这样在讨论词的理据的名目下讨论词义理据的文章不计其数。

当然，在分析词义理据的时候往往也会涉及词的理据，因为词的理据可以为词义理据的钩沉提供线索或基础，尤其是汉语中为数众多的复合词词义理据的提取，更是要依赖构词理据的协助。但两者毕竟不是一回事，应该加以区分。

在大量讨论汉语词义理据的文章中，还不时会涉及汉字的构形理据问题；同时，在大量讨论汉字理据的文章中，也会不时与词义理据联系起来。这里就涉及一个汉字构形理据与汉语词义理据的关系问题。我们初步的想法是，由于汉字是意音文字的独特性，使得它不同于西方诸语言使用的表音文字。西方的表音文字本身不存在任何意义，它只是记录语言中词的语音形式和意义内容。而汉字则不同，它本身（即字符）往往是有意义的，那就是字形义，这种字形义来自于汉字的构形理据。汉字在记录汉语中词的语音形式和意义内容的时候，它的字形义往往也会干预词义，或者成为汉语词的本义（或叫词源义）的源头，或者为词义的诠释和理解提供依据或启示。因此，在讨论汉语词义的理据问题的时候，尤其是单音节单纯词词义的理据，往往会从汉字的字形义入手，从汉字的构形理据入手，因为这是一条颇为有效的获取部分词义理据的途径。

此外，20世纪80年代以来，在外语教学、翻译及研究界出现了一批探讨汉外词语理据差异的文章，典型的如李冬的《汉英词语理据比较》[②]，许高渝的《俄汉词语理据比较》[③]，孙淑芳的《词语的理据性与俄汉构词法对比分析》[④]，曹勇的《英汉词汇理据性差异及其构词体现》[⑤]，范丽君的《蒙、汉语中“父亲”称谓语词源理据比较》[⑥] 等，研究者清一色为从事外语教学、翻译或研究的学者，研究的重点也几乎都放在了揭示外语词汇的理据、阐述外语词汇理据与汉语的对应词汇理据的差异上了，所以，名为汉外词语理据比较，实为以汉语作为参照物的外语词汇理据独特性展

① 王艾录、司富珍：《汉语的语词理据》，商务印书馆，2001年。
② 李冬：《汉英词语理据比较》，《外国语》1988年第6期。
③ 许高渝：《俄汉词语理据比较》，《外语与外语教学》1997年第1期。
④ 孙淑芳：《词语的理据性与俄汉构词法对比分析》，《外语学刊》2004年第3期。
⑤ 曹勇：《英汉词汇理据性差异及其构词体现》，《郑州大学学报》2007年第1期。
⑥ 范丽君：《蒙、汉语中“父亲”称谓语词源理据比较》，《满语研究》2007年第1期。

示。这一领域需要汉语学界的加盟，真正将比较推向深入——通过比较既能揭示外语词汇理据的独特性，也能揭示汉语词汇理据的独特性，从而真正反映不同语言中对应词汇理据的多样性。

在讨论汉语词义理据问题之前，以下的论著建议依次阅读：张志毅的《词的理据》，伍铁平《论词义、词的客观所致和构词理据》①，王艾录、司富珍的《汉语的语词理据》，王希杰《复合词的深层结构和表层结构及其理据性》②。

本章可以着手的论题

(1) 汉语中“名名型”复合词的词义理据或构词理据
(2) 汉语中“动动型”复合词的词义理据或构词理据
(3) 汉语中“形形型”复合词的词义理据或构词理据
(4) 汉语中“名动型”复合词的词义理据或构词理据
(5) 汉语中“动名型”复合词的词义理据或构词理据
(6) 汉语中“形名型”复合词的词义理据或构词理据
(7) 汉语中“名形型”复合词的词义理据或构词理据
(8) 汉语中“动形型”复合词的词义理据或构词理据
(9) 汉语中“形动型”复合词的词义理据或构词理据
(10) 汉语中“名量型”复合词的词义理据或构词理据
(11) 汉英植物词词义理据或构词理据的比较研究
(12) 汉英动物词词义理据或构词理据的比较研究
(13) 汉英颜色词词义理据或构词理据的比较研究
(14) 汉英物色词词义理据或构词理据的比较研究
(15) 汉英物象词词义理据或构词理据的比较研究
(16) 汉英方位词词义理据或构词理据的比较研究
(17) 新中国成立以来的汉语词义理据的研究
(18) 新中国成立以来的汉语构词理据的研究
(19) 改革开放以来汉英词义理据的比较研究
(20) 新中国成立以来汉字构形理据与汉语词义关系的研究

① 伍铁平：《论词义、词的客观所致和构词理据》，《现代外语》1994年第1期。
② 王希杰：《复合词的深层结构和表层结构及其理据性》，《扬州大学学报》2002年第3期。

第六章 现代汉语词义和（语）素序及内部屈折

第一节　现代汉语词义和（语）素序

现代汉语是一种分析语，也是一种孤立语，所以语序就显得特别重要。对这种重要性的认识往往被局限在语法领域内，人们一直是把语序作为重要的语法手段来看待的，因为语序的不同会导致语法关系、语义关系乃至语用含义的差异，而很少会注意到语序——在词的结构中就叫（语）素序，同词的意义有什么联系。

一、同素逆序词意义差异中素序以外的干扰

要考察词义和素序的关系，最好是放在两个只有素序不同而其他一切均相同的、没有外来干扰、相对“真空”的结构体中去观察，才能说明问题，这让我们很快想到了选择同素逆序词作为考察的环境。可是当我们搜集了数百个同素逆序词后，发现有一部分同素逆序词并非是理想的“真空”环境，而是存在着不少其他干扰：

1. 多义语素的干扰。

现代汉语中，一个语素往往含有几个相互有联系的意义，形成多义语素，这些语素分布在不同的词中便会产生不同的意义，从而引起词义的变化，而同素逆序词中有一部分就属这种情况，于是便很难测出素序在其中所起的作用，这一部分词应当被清除。如：

（1）案犯——犯案：“犯”的意义有别，一指“罪犯”，一指“发生”。

（2）地基——基地：“地”的意义有别，一指“地层”，一指“地区”。

（3）人工——工人：“工”的意义有别，一指“一个人一个工作日的劳动”，一指“工作”。

（4）敌情——情敌：“情”的意义有别，一指“情况”，一指“爱情”。

（5）盘存——存盘：“盘”的意义有别，一指“清点”，一指“计算机硬、软盘”；“存”的意义也有别，一指“余留”，一指“保存”。

类似的还有：

产房——房产　　次等——等次　　沿岸——岸沿

道人——人道	手鼓——鼓手	背后——后背
鱼白——白鱼	电机——机电	号称——称号
动机——机动	刀尖——尖刀	习见——见习
法师——师法	年成——成年	酒花——花酒
头顶——顶头	感动——动感	世面——面世
道路——路道	图版——版图	干才——才干
质地——地质	灵机——机灵	直径——径直
风门——门风	沿边——边沿	工分——分工
形成——成形	清冷——冷清	分等——等分
法约——约法		

2. 同音语素的干扰。

现代汉语中，有一部分语素写法相同、读音相同，可意义却没有联系，有的是因历史来源不同，有的是因语素义的分化。原本有联系的，渐渐也就看不清其中的联系了，还有的则属来源不明。实际上，这是两个完全不同的语素——“异素”而非“同素”。如：

（6）带领$_1$——领带$_2$：带$_1$ 是指“领导”，带$_2$ 是指“带状物”。

（7）面生$_1$——生面$_2$：面$_1$ 是指“面貌”，面$_2$ 是指“面条”。

（8）风采$_1$——采风$_2$：采$_1$ 是指“精神”，采$_2$ 是指“搜集”。

（9）结巴$_1$——巴结$_2$：巴$_1$ 来源不明，意义隐晦，巴$_2$ 是指“紧贴”。

（10）阀门$_1$——门阀$_2$：阀$_1$ 来源于英语 valve 的音译，指一种调节、控制装置，阀$_2$ 指“有权势的家族”。

类似的还有：评剧——剧评；法语——语法；地下——下地；花雕——雕花；白道——道白；里巷——巷里等。

将上述两种有其他干扰的同素逆序词清理出去之后，我们就可以来比较观察素序在词义的形成中是否起作用、起什么作用了。

二、同素逆序词意义的同异和（语）素序

在余下的这些同素逆序词里，我们发现，有将近一半的词义并不受词序的影响，它们构成一对对严格意义上的等义词（参见第八章第二节“一”）：

A 组：

逃窜——窜逃	储存——存储	配搭——搭配
替代——代替	道地——地道	引导——导引
效仿——仿效	托付——付托	腹心——心腹
豪富——富豪	改悔——悔改	情感——感情
伤感——感伤	缓和——和缓	护卫——卫护
润滑——滑润	汇聚——聚汇	魂灵——灵魂
士兵——兵士	聚积——积聚	累积——积累
惦记——记惦	妒忌——忌妒	笨拙——拙笨
举荐——荐举	援救——救援	呈递——递呈
保举——举保	叨念——念叨	绒毛——毛绒
胞衣——衣胞	闪避——避闪	吞并——并吞
巡查——查巡	唱酬——酬唱	通畅——畅通
延迟——迟延	离别——别离	策划——划策
察觉——觉察	星辰——辰星	裁剪——剪裁
沉浸——浸沉	语词——词语	时常——常时
撒播——播撒	洁白——白洁	抚爱——爱抚
堤岸——岸堤	积蓄——蓄积	到来——来到

B 组：

渡轮——轮渡	防空——空防	用费——费用
退后——后退	石刻——刻石	棒冰——冰棒

其中 A 组诸例均为联合式合成词，共有 51 例。B 组情况比较复杂：“渡轮”是偏正（定中）式，“轮渡”是主谓式；“防空”是动宾式，“空防”是主谓式；“用费”是动宾式，“费用”是主谓式；“退后”是补充式，“后退”是偏正（状中）式；“石刻”是偏正（状中）式，“刻石”是动宾式；“棒冰”是偏正（定中）式，“冰棒”也是偏正（定中）式。

我们同时也发现，另有一半同素逆序词的意义则同素序有关，即素序不同，会带来词义的差异，这种差异有大有小，可以分成几种情况：

1. 所包含的词义项不同。

即素序变更后，其中一个词在共同的义项外，会多出一、二个义项，形成同中有异。如：

(11) 管保——保管：后者除了前者的意义外，还有“保藏和管理”的意思。

(12) 报酬——酬报：后者除了前者的意义外，还有“用财物或行动来报答”的意思。

(13) 药草——草药：后者除了前者的意义外，还有“用植物做的药材”的意思。

(14) 得了——了得：后者除了前者的意义外，还有“不平常”的意思。

(15) 好友——友好：后者除了前者的意义外，还有“亲近和睦”的意思。

(16) 合适——适合：后者除了前者的意义外，还有“符合、适应”的意思。

(17) 眼红——红眼：后者除了前者的意义外，还有“发怒、发急”的意思。

(18) 红火——火红：后者除了前者的意义外，还有“像火一样红”的意思。

(19) 论理——理论：后者除了前者的意义外，还有“系统的知识法论”的意思。

(20) 花菜——菜花：后者除了前者的意义（花椰菜）外，还有“油菜花”的意思。

(21) 夜半——半夜：后者除了前者的意义外，还有“一夜的一半”的意思。

2. 词义有所变化。

即素序变化后，词义有了一定的变化，无论是内涵还是外延。有的变化较小，如“恋爱——爱恋”、“开展——展开”、“歌唱——唱歌”等，不过这种情形不多，绝大多数的变化还是很明显的，如：

嘴快——快嘴	议和——和议	约稿——稿约
到达——达到	会意——意会	正方——方正
报警——警报	害虫——虫害	发刊——刊发
经久——久经	救急——急救	查考——考查
相面——面相	接连——连接	回驳——驳回
喜报——报喜	世传——传世	发挥——挥发
头领——领头	絮棉——棉絮	气煤——煤气
地产——产地	斗车——车斗	船民——民船

席草——草席	枣红——红枣	油灯——灯油
客房——房客	斗争——争斗	门房——房门
收回——回收	眼白——白眼	炮火——火炮
内海——海内	油灯——灯油	议会——会议
向导——导向	事后——后事	运河——河运
草荒——荒草	马车——车马	贺电——电贺
脉动——动脉	城府——府城	样稿——稿样
定规——规定	花茶——茶花	牛黄——黄牛
前面——面前	赞礼——礼赞	脑后——后脑
皮毛——毛皮	奶牛——牛奶	

其中有一些词义的变化相当大。

上述所引的56例中，各种结构之间的转换都有，其中最为常见的是偏正式同偏正式之间的转换，共有29例；联合式同联合式之间的转换次之，共有11例。其他的，动宾式同偏正式之间转换共有6例；动宾式同联合式之间的转换共4例；动宾式同主谓式之间的转换共2例；至于主谓式同动宾式、偏正式之间的转换以及联合式同补充式、偏正式之间的转换，均只有1例。

三、初步的结论

从以上的分析可以看出，现代汉语词义与素序的关系比较微妙，似乎还同词的构成方式纠缠在一起。同素逆序词中联合式的词“免疫力”似乎要强一些，绝大部分的意义可以不受素序变化的影响，而偏正式词的“免疫力”要差一些，有相当一部分的意义对素序的变化比较敏感。问题的复杂性还不在这里，而在于也有一部分联合式词的意义对素序的变化会作出相应的变化，也有一部分偏正式词的意义并不受素序变化的影响，至于其他结构类型的词的意义同素序的关系显得更无章法，缺乏主流面和非主流面。但不管怎样，从整体上讲，词义同素序还是有联系的，素序的变化，给将近一半的同素逆序词的意义带来或多或少的变化，这是不争的事实。因此，初步的结论是：素序会给不同类型的词的意义带来不同程度的影响，现代汉语词义的形成中应该有素序的因素。

第二节　现代汉语词义和内部屈折[①]

一、两种内部屈折都会带来词汇意义的变化

内部屈折原本是一种语法手段，它是利用词根语素语音形式的部分变化来表示不同的语法意义的。但从词义学的角度来看，它其实也是一种词义手段，因为“内部屈折”之后，词音乃至词形变化了，词的语法意义变化了，而词的词汇意义也变化了。内部屈折主要有两类：一类是因表示不同的语法意义，从而带来不同的词汇意义的，可记作I类，试以英语为例，英语中这种因改变语法意义从而改变词汇意义的内部屈折可谓品种齐全，主要有以下模式：

I类：

A. 重音的变化如：
export [eks'pɔːt]：动词，输出，出口；
export ['ekspɔːt]：名词，输出物，出口物品。
digest [dai'ʤest]：动词，消化，领会，做摘要；
digest ['daiʤest]：名词，摘要，汇集。
B. 音素的变化如：
estimate ['estimeit]：动词，估计，估算；
estimate ['estimit]：名词，估价，估计数。
mouth [mauθ]：名词，口，嘴，口腔；
mouth [mauð]：动词，说出，清楚地读出。
C. 音素的脱落如：
covert ['kʌvət]：形容词，隐藏的；
covert ['kʌvə]：名词，隐藏处。
D. 重音及音素的变化如：
inland ['inlənd]：形容词，内地的，内陆的；
inland [in'lænd]：副词，在内地，到内地。

① 该节曾以论文的形式发表在了香港《语文建设通讯》2001年第68期上。

另一类是主要表示不同的语法意义的，或者说，语法意义的变化比较明显，而词汇意义的变化比较隐晦，可记作 II 类，同样以英语为例：

II 类：

goose ［guːs］→geese ［giːs］（鹅）

tooth ［tuːθ］→teeth ［tiː θ］（牙齿）

foot ［fut］→feet ［fiːt］（脚）

woman ［ˈwumən］→women ［ˈwimin］（妇女）

I 类，语法意义、词汇意义的改变均比较明显，而 II 类，除了语法意义的变化——由单数变为复数外，词汇意义的变化似看不出。其实变化也是有的，那就是个体概念经内部屈折后成了集合概念，词义的内涵、外延均已有所改变。

二、现代汉语中的“内部屈折”

一向认为“内部屈折”是印欧系语言的专利，汉语是无形态语言、分析性语言，不存在内部屈折问题，这是典型的以印欧系语言律汉语。不错，汉语没有印欧系语言那样的“内部屈折”；但汉语有自己的“内部屈折”——因为内部屈折的核心内涵是通过词的语音形式的部分变化来表示不同的语法意义，从而也带来词汇意义的相应变化。在汉语中，语法意义的变化同词汇意义的改变是同步的，所以总体上属于印欧系语言（如英语）中的 I 类模式，而不同于 II 类。

就形式而言，现代汉语的内部屈折采取的是英语 I 类“A” export 模式，而非 II 类“goose” 模式，即只在语音形式上作局部调整而词形不变，那是因为记录汉语的汉字是表意文字，不像印欧系诸语言所使用的表音文字，除重音外，任何语音变化均会在词形上有所表现，即词形变化同词音的变化是同步的。

现代汉语中的“内部屈折”主要有以下三种情况：

1. 声调的变化。如：

担（dān）——→担（dàn）

钉（dīng）——→钉（dìng）

量（liàng）——→量（liáng）

冲（chōng）——→冲（chòng）

难（nán）⟶难（nàn）
磨（mó）⟶磨（mò）
种（zhǒng）⟶种（zhòng）
凉（liáng）⟶凉（liàng）
空（kōng）⟶空（kòng）
数（shù）⟶数（shǔ）
缝（fèng）⟶缝（féng）
叉（chā）⟶叉（chá_1 或 chǎ_2）
把（bǎ）⟶把（bà）

上述诸例中，声调的变化不仅引起词性的变化，同时也使词汇意义有了相应的改变。“担”由动词“挑担子”转化为名词“挑的担子”；“钉”由名词“钉子”转化为动词“钉钉子”；“量”由名词“数量”转化为“确定……的数量”；“冲”由动词“直闯”转化为形容词“劲头儿足、力量大”；“难”由形容词“不容易”转化为名词“灾难”；“磨”由动词“用工具磨物”转化为名词“磨碎粮食的工具”；“种”由名词“种子”转化为动词“播种子”；“凉”由形容词“温度低”转化为动词“使温度低”；“空”由形容词“不包含什么”转化为动词“使不包含什么”；“数”由名词“数目”转化为动词“查点数目”；“缝”由名词“缝隙”转化为动词“补缝隙”；“叉”由名词“叉子”转化为动词（$叉_1$）“卡住”和动词（$叉_2$）“分开成叉形”；“把”由动词“用手握住”转化为名词“器具上便于手握的部分”。

2. 声调的脱落。如：

多少（duōshǎo）⟶多少（duōshao）
过去（guòqù）⟶过去（guòqu）
扑棱（pūlēng）⟶扑棱（pūleng）
受用（shòuyòng）⟶受用（shòuyong）
邪行（xiéxíng）⟶邪行（xiéxing）
开通（kāitōng）⟶开通（kāitong）

“多少”由声调脱落前的名词“数量的大小”转化为脱落后的代词“询问数量”；“过去”由动作动词“离开说话人所在地”转化为趋向动词“用在动词后，表离开说话人所在地”；“扑棱”由象声词“形容翅膀抖动的声音”转化为动词“抖动或张开翅膀”；“受用”由动词“享受，得益”转化为形容词“身心舒服”；“邪行”由名词“不正当的行为”转化为形容词“特殊，特别”；“开通”由动词“使原来闭塞的思想等不闭塞”转化为形容词“思想等不守旧，不固执”。

3. 声母、声调和韵母中个别音素的变化。如：

传（chuán）——→传（zhuàn）
重（chóng）——→重（zhòng）
粘（nián）——→粘（zhān）
臭（chòu）——→臭（xiù）

有的是声母、声调发生了变化，如“传”、“重”，前者由动词“由一方（代）交给另一方（代）”转化为名词“传记”；后者由副词“重复”转化为形容词“重量大”；有的是声母和韵母的个别音素发生了变化，如“粘”，它由形容词“用粘水等具有的性质”转化为“动词”用胶水等把物件连接起来；又如“臭”，它由形容词“气味难闻”转化为名词“气味”。

上述三种情形中以声调的变化最为常见。

三、初步的结论

从以上的分析中，我们可以得出初步的结论：

1. 内部屈折在带来语法意义的改变的同时也或多或少会引起词汇意义的变化。

2. 现代汉语中存在“以语音形式的改变来表示不同语法意义”的内部屈折。

3. 现代汉语的内部屈折给词汇意义带来的变化是明显的，有的甚至是较大的。

4. 现代汉语的内部屈折在形式上类似于“export”类，即词音有变化而词形不变，这一点很不同于印欧系语言常采用的“goose”类模式。

5. 现代汉语的内部屈折以声调的变化最为常见，即内部屈折主要屈折在声调上，而非声母或韵母上。

思考与探索之六

本章第一节实际讨论的是同素逆序词的问题，但同素逆序词是词汇现象而非词义现象，但这里也涉及词义问题：当确定是同素的时候，素序的变化与词义有什么关系。

关于同素逆序词的讨论由来已久，从20世纪60年代郑奠的《古汉语中字序对换的双音词》①，到70年代曹先擢的《并列式同素逆序同义词》②，再到80年代张寿康、林杏光的《现代汉语中词素对换的双音词》③，再到90年代谭汝为的《同素逆序词四论》④，汉语词汇学界一直没有忽视同素逆序词的存在。甚至还有自然科学学者将逆序词作为研究对象，通过四个以逆序词作为实验材料的科学实验，来考察词素在汉语双字词识别中的作用及其在时间进程上的变化⑤。进入新世纪以来，汉语同素逆序词的研究竟然再度成为词汇学中的一个小亮点，发表的文章数量甚至超过了前面三十多年的总和。但其中，属于现象罗列的多，如有的在近代汉语中也发现了大量的同素逆序词，有的在某种方言中也找到了同素逆序词等等；属于炒冷饭的也有不少，那些变换名目，改称为“反序词”、“同素反序词”、“同素异序词”的，似乎多有炒冷饭之嫌。总之，在理论上、研究方法上有新的发现、大的推进的很难寻觅。

关于现代汉语中的同素逆序词，我们在第一节的基础上作如下的补充：

有些组合表面看来似乎也属于同素逆序词，而实质上却并非同素逆序词，我们可以称之为“伪逆序词”。主要有以下八种情形⑥：

（1）一个语素为多义语素的“伪逆序词”。

如“敌情——情敌”，其中的“敌”意义完全相同，均表“有利害冲突不能相容的”之义，而“情”则为多义语素，一表“情况”，一表“爱情”；又如“案犯——犯案”，其中的“案”意义完全相同，均表“案子”之义，而“犯”为多义语素，一表“罪犯”，一表“发生”；再如“地基——基地”，其中的“基”意义完全相同，均表“基础”之义，而

① 郑奠：《古汉语中字序对换的双音词》，《中国语文》1964年第6期。

② 曹先擢：《并列式同素逆序同义词》，《中国语文》1979年第6期。

③ 张寿康、林杏光：《现代汉语中词素对换的双音词》，载《语言论文集》，商务印书馆，1985年。

④ 谭汝为：《同素逆序词四论》，载《词汇学新研究》，语文出版社，1995年。

⑤ 彭聃龄、丁国盛、王春茂：《汉语逆序词的加工——词素在词加工中的作用》，《心理学报》1999年第1期。

⑥ 该部分内容基本采自曹炜：《现代汉语词汇研究》，北京大学出版社，2003年，第239～241页。

“地”为多义语素，一表“地层”，一表“地区”。

这种情形是“为逆序词”中数量最多、最为常见的。像“人工——工人、产房——房产、次等——等次、沿岸——岸沿、道人——人道、手鼓——鼓手、背后——后背、刀尖——尖刀、酒花——花酒、感动——动感、灵机——机灵、沿边——边沿”等均属此类。

(2) 全部语素为多义语素的“伪逆序词”。

如“盘存——存盘”，“盘”为多义语素，一表“清点”，一表“计算机硬、软盘”；“存”也为多义语素，一表“余留”，一表“保存”。又如“法师——师法”，“法”为多义语素，一表“佛法”，一表“仿效”；“师”也为多义语素，一表“对和尚的尊称”，一表“学习”。再如“年成——成年”，“年”为多义语素，一表“一年”，一表“年龄”；“成”也为多义语素，一表“收成”，一表“生物生长到定形、成熟的阶段”。类似的还有“动机——机动、习见——见习、世面——面世、风门——门风、质地——地质”等。这种“伪逆序词”在数量上要少于一个语素为多义语素的“伪逆序词”。

(3) 一个语素为多义语素、一个语素为同音语素的“伪逆序词”。

如“面$_1$生——生面$_2$”，其中的“面”为同音语素：“面$_1$”指“面貌”，“面$_2$”指“面条”；“生”为多义语素：一表“生疏”，一表“没有煮过的”。又如“带$_1$领——领带$_2$”，其中的“带”为同音语素，“带$_1$”是指“领导”，“带$_2$”是指“带状物”；“领”为多义语素，一表“带，引”，一表“衣领”。再如“阀$_1$门——门阀$_2$”，其中“阀”为同音语素：“阀$_1$”来源于英语valve的音译，指一种调节、控制装置，“阀$_2$”指“有权势的家族”；“门”为多义语素，一表“形状或作用像门的”，一表“封建家族或家族的一支”。类似的还有“风采——采风、评剧——剧评；法语——语法；地下——下地；里巷——巷里”等。这种“伪逆序词”数量上又少于全部语素为多义语素的“伪逆序词”。

(4) 全部语素为同音语素的“伪逆序词”。

如“白$_1$道$_1$——道$_2$白$_2$”，其中的“白”为同音语素：“白$_1$”指“像霜或雪的颜色”，“白$_2$”指“戏曲或歌剧中在唱词之外用说话腔调说的语句”；“道”也是同音语素：“道$_1$”指“轨道”，“道$_2$”指“说”。这种类型的“伪逆序词”数量很少。

（5）一个语素为异音语素的“伪逆序词”。

如“孙子——子孙”，其中的“孙”意义完全相同，均表“儿子的儿子”之义；而“子”为异音语素，“孙子”中的“子”读轻声，为名词后缀，“子孙”中的“子”读上声，表“儿子”。又如“骨头——头骨”，其中的“骨”意义完全相同，均表“人和脊椎动物体内支持身体、保护内脏的坚硬组织”之义；而“头”为异音语素，“骨头”中的“头”读轻声，为名词后缀，“头骨”中的“头”读阳平，表“人身最上部或动物最前部长着口、鼻、眼等器官的部分”。类似的还有“叶子——子叶、口子——子口”等。这种类型的“伪逆序词”数量也不多。

（6）一个语素为异音语素、一个语素为多义语素的“伪逆序词”。

如“弹子——子弹”，其中的“弹”为多义语素，分别表“弹丸”和“枪弹”之义；而“子”为异音语素，“弹子”中的“子”读轻声，为名词后缀，“子弹”中的“子”读上声，表“小的”。又如“金子——子金”，其中的“金”为多义语素，分别表“黄金”和“钱”之义；而“子”为异音语素，“金子”中的“子”读轻声，为名词后缀，“子金”中的“子”读上声，表“派生的、附属的”。类似的还有“房子——子房、弟子——子弟”等。这种类型的“伪逆序词”数量也不多。

（7）两个语素全为异音语素的“伪逆序词”。

如“头$_1$里$_1$——里$_2$头$_2$”，“头”为异音语素：“头$_1$”读阳平，表“次序居先的”，“头$_2$”读轻声，为名词后缀；“里”也是异音语素：“里$_1$”读轻声，为后缀，“里$_2$”读阴平，表“里面”。又如“结$_1$巴$_1$——巴$_2$结$_2$”，“结”为异音语素：“结$_1$”读阴平，“结$_2$”读轻声；“巴”也是异音语素：“巴$_1$”读轻声，“巴$_2$”读阴平。这种类型的“伪逆序词”数量也很少。

（8）一方为词而另一方为短语的“伪逆序词”。

如“说白——白说”，前者为动宾型复合词，后者为偏正关系的短语；“歌唱——唱歌”，前者为联合型复合词，后者为动宾关系的短语；“花白——白花”，前者为联合型复合词，后者为偏正关系的短语。这种类型的“伪逆序词”数量不少。

同其他词汇现象一样，现代汉语同素逆序词的来源，大家所熟知的不外乎两条途径：一条途径是由古代汉语语序自由的短语经过一个漫长的使用、删汰过程而逐渐形成的。古代汉语以单音节词为主体，这些单音节词同义连用、类义连用、反义连用的现象极其普遍，而且语序自由，今天是“AB”式，如“斗争、腹心”，明天是“BA”式，如“争斗、心腹”，两者在意义上没有什么差异。如：

①宋荣子之议，设不斗争，取不随仇，不羞囹圄，见侮不辱，世主以为宽而礼之。(《韩非子显学》)

②处乡不节，憎爱无度，则争斗之爪角害之。(《韩非子解老》)

例①中的“斗争”与例②中的“争斗”意义完全相同。这种语序灵活的同义连用、类义连用、反义连用便是后世逆序词的滥觞。程湘清的研究显示，在先秦时期，就已经出现了“朋友——友朋、粮食——食粮、名声——声名、还归——归还、计算——算计、离别——别离、介绍——绍介、整齐——齐整、长久——久长、穷困——困穷”等这样的逆序组合，程湘清认为是“有些联合式双音词的两个词素排列顺序（姑且叫字序）可以相互倒置”，① 我们认为这些组合还不是词，依然属于自由短语。

还有一条途径是在近现代汉语中新产生的，即是先有了“AB”式合成词，尔后才有“BA”式词，一方面固然可以在不改变词义的基础上带来表述上的变换；另一方面，也诚如有的学者所指出的，逆序词“只需要将一个复合词的词素先后顺序颠倒过来，非常简单，不受语义相反或类比的限制”，② 一句话，使用起来非常方便。

除了上述两条大家所熟知的途径外，现代汉语逆序词还有一个新的来源，那就是从所谓的“台湾普通话”和“香港普通话”中引入新词而形成的。

汤志祥在讨论汉语词语在海峡两岸与港澳地区的共时状况时曾提供了136对海峡两岸同素逆序词 ③，其中的一些台湾逆序词已经为我们所熟悉，如“营运——运营、比对——对比、承继——继承、证引——引证、烦厌——厌烦、率直——直率、静肃——肃静、找寻——寻找”等，现在时常见诸报刊。汤氏认为这136对词“实际上是‘同素、同构、同性、异序

---

① 程湘清：《先秦双音词研究》，载程湘清主编：《先秦汉语研究》，山东教育出版社，1982年。

② 刘叔新：《汉语描写词汇学》，第99页。

③ 汤志祥：《当代汉语词语的共时状况及其嬗变》，复旦大学出版社，2001年，第299～301页。汤氏原著称一共收集到了137对逆序词，其中有一对“裁制——制裁”计算重复了，所以实际上应该是136对逆序词。

词语'"，即语素相同，语素之间的结构关系相同，词性相同，词义也完全相同的逆序词[①]。应该说，总体上是这样，但其中也有一部分两岸逆序词语素并非如此，主要是两者的结构关系有所差异，如"声叫——叫声"，前者属联合型，后者属偏正型；"低降——降低"，前者属联合型，后者属补充型；"员警——警员"，前者为联合型复合词，后者为派生词。内部结构关系不同的还有"刑死——死刑、端争——争端、霞彩——彩霞、鸟秋——秋鸟、拔海——海拔、睡午——午睡、买超——超买、卖超——超卖"等。

当然，其中的大部分台湾逆序词，对于大陆民众来说，还是陌生的，当你使用"猫熊——熊猫、严尊——尊严、机先——先机、员警——警员、比类——类比、第宅——宅第、端争——争端、断论——论断、利权——权利、声叫——叫声、梯阶——阶梯、限界——界限、刑死——死刑、质素——素质、绳准——准绳"时，一般人可能会不明其义，或者虽知其义，但感觉很别扭；但谁也不敢否认，随着两岸交往的日益增多，越来越多的台湾逆序词会进入大陆交际领域，从而壮大现代汉语普通话逆序词的队伍。

关于汉语中"内部屈折"的讨论，早在上个世纪就已开始。

20世纪70年代末，严学宭在《论汉语同族词内部屈折的变换模式》一文中讨论了汉语同族词内部屈折的六种语音变换模式：变换辅音声母、变换元音、变换辅音韵尾、变换辅音声母及元音、变换元音及辅音韵尾、变换辅音声母及辅音韵尾[②]。

90年代在晋语词汇的研究中，学者们也发现了"内部屈折"现象，只是没有使用"内部屈折"这个术语：如田希诚的《霍州方言的小称变韵》一文就展示了山西霍州方言中，用基本韵母指称一般物体，而用小称专用韵母来指称小的物体的现象[③]；乔全生也发现了山西洪洞方言中利用韵母和声调的变化来区别代词单复数的现象[④]；这种利用韵母的变化来表示不同词汇意义或语法意义的现象就属"内部屈折"。所以，稍后的温锁林就明确地从"内部屈折"的角度来讨论汉语中，主要是山西境内不同方

---

① 参见汤志祥：《当代汉语词语的共时状况及其嬗变》，第301页。

② 严学宭：《论汉语同族词内部屈折的变换模式》，《中国语文》1979年第2期。

③ 田希诚：《霍州方言的小称变韵》，《山西大学学报》1992年第1期。

④ 乔全生：《山西方言代词的几个特点》，《中国语文》1996年第1期。

言点的土语中所存在的种种音变现象①。与此同时，徐世璇也撰文讨论了汉藏语系包括汉语、藏语、壮语、苗语等在内的10种语言中广泛存在的语音屈折构词现象②，更是为方兴未艾的汉语内部屈折问题的讨论推波助澜。

2000年，孙玉文《汉语变调构词研究》一书问世，该书通过对古代汉语中800对变调构词现象的考察，讨论了汉语“内部屈折”现象之一——利用声调的变换来表示不同的词汇意义或语法意义的现象③。孙玉文是北京大学汉语史专业1997届博士研究生，其导师为北京大学中文系郭锡良教授。本书是作者的博士学位论文，也是迄今为止对汉语中的“内部屈折”现象用力最深的一项成果了，论文由此获得首届全国优秀博士学位论文。不过，文章讨论的是古代汉语中的变调构词现象，而不是现代汉语的，而且有些地方的讨论尚需斟酌。

本章可以着手的论题

（1）新中国成立以来的汉语同素逆序词研究
（2）明清白话小说中同素逆序词研究
（3）海峡两岸与港澳地区同素逆序词比较研究
（4）汉语中声母变异构词研究
（5）汉语中韵母变异构词研究
（6）某种方言中的内部屈折现象研究
（7）新中国成立以来的汉语“内部屈折”现象研究
（8）关于孙玉文《汉语变调构词研究》中若干问题的再思考

---

① 温锁林：《汉语的内部屈折及相关的语言理论问题》，《语文研究》1999年第2期。
② 徐世璇：《汉藏语言的语音屈折构词现象》，《民族语文》1996年第3期。
③ 孙玉文：《汉语变调构词研究》，北京大学出版社，2000年。

xian DAI han yu CI YI XUE

第七章 现代汉语词义分析的方法

词义的分析一直是词义学中的一个热点问题，为词义研究者所关注、重视。自语义学脱离语法学而成为语言学的一个独立的学科以来，人们从来没有放弃过寻找一种既科学又具有可操作性的词义分析方法的努力，于是便有了各种各样的词义分析的模式和方法。

第一节　词义构成分析法

这是一种传统的词义分析的模式，也是目前国内仍在较大范围里使用的一种词义分析的方法。在义素分析法被介绍到国内以前，它一直在词义分析中占据着独一无二的地位。目前国内的不少教材仍或明或暗地去使用这一种方法。

一、词义构成分析法的操作程序

所谓词义构成分析法，是指按照词义的主要构成成分对词义进行离析的一种方法。它的操作程序是：

1. 先将词义分成两大块：概念义和附属义。其中概念义为词义的中心内容。

2. 概念义部分又可分为内涵和外延两个部分（参见第二章第一节“一”）。有的学者将概念义分为表示对象特征和表示适用（范围）对象两个方面，实际也就是内涵与外延。

3. 附属义又常常就理解为指色彩义。而色彩义，通常是指感情色彩义和语体色彩义。形象色彩义一般不作分析。

4. 感情色彩义，通常可分为褒义、贬义和中性三种类型；语体色彩义，通常可分为书面语色彩、口语色彩和中性三种类型。

上述分析过程可列成下图：

- 词义
  - 概念义
    - 内涵
    - 外延
  - 附属义
    - 感情色彩义
      - 褒义
      - 贬义
      - 中性
    - 语体色彩义
      - 书面语色彩
      - 口语色彩
      - 中性

二、词义构成分析法的得与失

词义构成分析法之所以曾在国内风靡一时，即使今天也依然为人们所青睐，自然有它的优势。概括一下，我们觉得可以表述为：

1. 词义宏观的层次清楚，词义的主次也分明。

2. 可操作性强，简洁实用，易于掌握。

3. 具有较强的类推性和普遍性，适用于各种类型的词的意义，有时候甚至是虚词。

4. 同国内目前通行的关于词义的定义具有较大的一致性和匹配性。

但是，我们也应看到词义构成分析存在的一些缺陷：

1. 词义分析太过笼统，尤其是概念义部分，并没有深入到“内涵”的深处去分析、揭示其能够展示某一词义的关键特征从而区别于其他词义的成分。

2. 词义的概念义的分析描写，往往带有较大的随意性，这样就影响到词义分析的科学性和严密性。

随着词义学的不断发展，东西方词（语）义学界都在寻找、企盼一种既能避免词义构成分析法的缺陷又具有其操作性强、类推性和适用性俱佳的优势的词义分析的方法。在这个过程中，义素分析法便应运而生了。

第二节　义素分析法

义素分析法20世纪上半叶在西方的出现并推广以及20世纪下半叶在中国的登陆，在东西方的词（语）义学界刮起了一股旋风。西方的暂且不论，在中国，自20世纪80年代以来，义素分析法已被广泛介绍并被运用于一部分名词、动词、形容词的词义分析中。目前其强劲的势头依然如故，丝毫未减。

一、义素分析法的理论基础

所谓义素分析法，按我们的理解，那就是通过在最合适的语义场中的两个或两个以上义位的比较、分析，找出这些义位所包含的义素的方法。

注意，在这一段表述里，我们用到了义位、义素和语义场等几个术语，需要对它们作一个简单的解释，以免显得突兀。

义位，是西方语义学中对词义单位的一个表述用语，类似于汉语中常说的义项，不过有个限定，汉语中的义项既包括语素义项，也包括词义项，而义位与之对应的是词义项。

义素，是西方语义学中对词义内部构成单位的一个表述用语，是最小的语义单位，汉语中没有与之对应的术语。它是通过对词义进行分解而得来的。它有许多别名，如语义成分、语义因子、语义特征、语义标志等。

语义场，是西方语义学中对词义聚合的一个表述用语。它是指由两个或两个以上含有相对应的共同义素及不同义素的义位构成的词义聚合。义素分析必须在语义场中进行。

义素分析法的理论基础是：义位是可以进行内部原子主义的分析的，正如音位可以进行原子主义的分析一样。一个义位之所以不同于另一个义位，那是因为它的内部构成成分不同于另一个义位，而这内部构成成分便是该义位区别于另一个义位的标志，正如每个音位都有属于自己的“区别性特征”作为同其他音位相区别的标志一样。如果能把每个义位的义素都准确无误地列出来，那义位间的联系与区别就会一目了然，人们对义位的把握及运用也就会变得准确无误。事实已经证明，每种语言的音位的区别性特征是极其有限的，这些有限的区别性特征为我们描写、掌握语言的音位系统提供了极大的便利。那么义位呢？义位中的那些区别性标志、那些构成分子是否也有限呢？设若将某种语言的义位系统中的这些有限的构成分子也提取出来，那不是把词义的分析、描写也简单化了吗？这对语义学家们来说，不得不说是一个极大的诱惑。

二、义素分析法的操作程序

义素分析法也有一套属于自己的操作程序。

1. 确定语义场。

要对某种语言中的一个义位 A 进行义素分析，首先就得替 A 寻找同 A 关系最密切的另一个或两个义位 B、C，从而使 A、B、C 构成一个语义场。需要说明的是，寻找 B、C 的工作并非是十分轻松的，因为密切到什么程度才是最密切，各人的看法是不一致的，这就会给语义场的确定带来某种随意性。当然，这种随意性最后会被检验出来，但那毕竟是走了弯路了。目前人们常用的办法是借鉴各个学科对事物的分类来确定语义场，处于分类最底层的事物往往被认为是关系最密切的，由此构成的语义场叫最小子场，以区别于其上位分类所形成的语义子场以及最初（高）分类所形成的语义母场。

义素分析必须在语义最小子场里进行，因为构成最小子场的 A、B、C 往往关系最密切，A 只有在同最密切的 B、C 的比较中，才能充分凸现自己的个性特征，这样对 A 的义素分析，才会最接近 A 的本真。

2. 通过分析比较找出义素。

这是最关键的一道程序，因为义素分析的目的便是为了了解每个被分析义位的义素情况。

至于如何分析比较，也有很多方法。我和我的学生常用的方法是：

（1）首先将义素分成三大块：一块叫范围义素，一块叫特征义素，一块叫附属义素。

（2）而后对几个义位的范围义素、特征义素、附属义素等进行比较分析，分别找出义素。

这里，需要对范围义素、特征义素及附属义素这几个术语的内涵及其确定作个交代。

所谓范围义素，是指义位中表明义位所陈述的主体和范围的那些义素。名词、动词、形容词的范围义素的确定有所不同：名词的范围义素一般用类词语来标示，如“馒头、包子”的范围义素均为“食品”，“袜子、鞋子、靴子”的范围义素均为“服饰”，“自行车、助力车、摩托车”的范围义素均为“交通工具”等等；动词的范围义素是义位中所显示的动作、行为的发出者，如“瞟、盯、瞧”的范围义素均是“眼睛”，“扛、挑”的范围义素均为“肩膀”，“潜逃、越狱”的范围义素均为“犯人”等等；形容词的范围义素是具有义位所说明的性质、状态的事物、现象，如“娇柔、妖娆”的范围义素均为“女子”，“龙钟、蹒跚”的范围义素均为“老人”，“拘板、潇洒”的范围义素均为“神情举止”等等。

所谓特征义素，是指在功能上对范围义素给予说明的那些义素。如“馒头（包子）”的特征义素是“上圆下平、用发酵的面粉蒸成，无馅（有馅）”；“挑（扛）”的特征义素是“支起重量、搬运、用扁担（不用扁担）”；“拘板（潇洒）”的特征义素是“拘束、呆板、无韵致（自然、灵活、有韵致）”。

所谓附属义素，即附丽在各个义位上的各种色彩义，如褒义、贬义；书面语、口语等。

3. 列出语义结构式子或语义矩阵。

所谓语义结构式子，即将由义位中分析出来的各个义素线性排列，用“+”表明该义位有这个义素，用“-”表明该义位没有这个义素，用“±”表明该义位有时拥有、有时不拥有这个义素。如“挑”和“扛”的语义结构式子分别为：

挑：+肩膀+支起重量 +搬运 +用扁担
扛：+肩膀+支起重量±搬运－用扁担

所谓语义矩阵，即将由义位中分析出来的义素平面列成图表，其余则同语义结构式子。

如：“自行车、助力车、摩托车”的语义矩阵为：

义素 义位	交通工具	陆路	机动	载人
自行车	+	+	－	－
助力车	+	+	+	－
摩托车	+	+	+	+

4. 检验分析的结果。

将分析出来的义素置于语料库中去检验，看是否有与语言事实相乖违的义素，若有则及时予以纠正。

这里可能有两种情况：

一种情况是，语义场确定就有问题，即被分析的义位并未置于最小子场中，这时，分析出来的义素可能是属于该义位的上义义位的，那么就会出现不少原本不适用于该义位的语料也变得适用了，这是很容易被发现的错误。需要重新确定语义场。

一种情况是，语义场确定没问题，即被分析的义位确实是被置于最小子场中，但是，由于比较分析时的失误，或义素不准确，或义素有遗漏，也会出现原来应当适用的语料变得不适用了，或原来本不应适用的语料也变得适用了——不会多，比之前一种情况肯定要少，那么，就该从比较分析中找问题。

这是从理论上说的，而实际操作过程中可能会碰到许多问题。

三、义素分析法的得与失

相对于传统的词义构成分析法，义素分析法的优势是很明显的，主要表现在：

1. 义素分析将触角伸到了词义的微观世界，破天荒地发现了词义的下义单位——义素，从而在追求词义分析的精细化、科学性的方向上迈出了极为坚实、可喜的一步，为词义的分析开辟了一片新天地。

2. 义素分析法克服了词义构成分析法存在的描写笼统、不够严密等弊端，使词义包含的各种区别于其他词义的特征纤毫毕现。我们第一次如此清晰地看到词义内部由义素构成的各种景象，并如此从容、准确地分析、描写词义。

3. 义素分析使我们对各种词义现象，诸如多义现象、同义现象、反义现象等，有了更深入的了解，有时甚至是全新的认识。正是依赖于义素分析，我们才得以发现，在多义现象中，引申义往往是“对母义一个或几个义素的变换、延伸”（参见第九章第一节）；也正是依赖于义素分析，我们对同义现象和反义现象才有了全新的理解——它们实际上是同类现象（参见第八章第二节“二”）。

4. 词义的搭配组合一直是个说不清、道不明的问题。义素分析虽然不能解决其中的所有问题，但对于我们更好地把握词义组合的规律，更准确、清楚、令人信服地解释词义组合中的一些现象是大有裨益的。如“暗杀青蛙”，我们原本只朦胧地觉得这个组合不能成立，“暗杀”同“青蛙”不可以搭配，属动词和宾语搭配不当。引进义素分析之后，我们才知道，“暗杀”要求它所带的宾语必须具有“人”这个义素，而“青蛙”不具备这个义素，所以不能组合（参见第十四章）。

当然，我们也得指出，义素分析同样存在着一些有待完善的问题：

1. 最小语义子场的确定问题是个颇为棘手的问题，虽然可以参照事物的分类，但那毕竟只能是“参考”，并不就是现成的语义场。也就是说，目前还没有一个可供操作、简单实用的确定最小语义子场的规则或方法。而正如我们在前面就已指出的，语义场的合适与否，直接决定义素分析的准确与否。

同时，比较分析找出义素的过程，也并非无懈可击，同样的语义场，不同的人可能会分析出不同的义素来。义素的准确与否完全取决于分析者的词汇学修养的高低以及对被分析义位的把握的深浅。一句话，存在人为的因素。

确定最小子场及比较分析过程中存在的游移性、非唯一性，必然给义素的确定带来一定程度的随意性。尽管这种随意性可能会被最后的检验所消除，或者消除到最低程度，可一者，检验毕竟是消极的防范而并非积极的创立，检验永远代替不了操作本身；二者，检验需要语料，而语料是无穷无尽的，究竟使用多少语料才能覆盖一个义位所有正确的义素，分析者心中并无预见，所以在防范上也并非疏而不漏的。

2. 就目前的进展来看，无论东西方，义素分析均还只是在一小部分内涵、外延相对清晰的名词、动词、形容词中取得了一些成果，它是否适合于所有的词义，即是否具有类推性、普遍性，至今仍是个谜。不少人由此怀疑它的后劲，从而对其前景并不抱乐观态度，也在情理之中。

我个人认为，作为一种全新理念的词义分析方法，义素分析法从哥本哈根学派的叶姆斯列夫最先提出这个奇妙的设想至今才半个多世纪，从美国的卡茨、福德推广开来为世界各国词（语）义学界所认可至今更只有三四十年，恐怕只能算是处于初早期，其理论上、实践上的不完备性是可以想见的，一切都有待于进一步修订、完善。

一种能为大家所普遍接受的全新的理论来之不易，最好不要轻易抛弃它，尤其是在这种理论的初早期，抛弃是一种消极的办法，只有研究它、完善它、发展它才是积极的办法。

第三节　义素分析和汉字结构分析[①]

一、汉字的偏旁——义素的载体

词义和语素义均是有所依附的，前者依附于读音（口语）和词形（书面语），后者也依附于读音（口语）和语素形（书面语）。而义素似乎是无所依附的，它既不体现在词、语素的读音中，也不体现在词形、语素形之中，所以西方一些学者甚至认为义素完全是精神范畴的东西，是虚无缥缈的，最有代表性的是原民主德国的比尔维施。国内的学者对此并不认同，但也认为在语言符号的表层找不到义素的影子。其实，如果我们把眼光放得更远一些，视野更宽一些，把汉字也纳入我们的考察区域——这在把语言分为语音、语义、语法三大子系统的西方语言学家看来是近乎荒唐的，我们就会发现，在汉字的形体结构中，说的更明确一些，即在汉字的偏旁中，我们是可以找到义素的影子的。

汉字同印欧系语言所使用的文字不同，后者是表音文字，而汉字是表意文字，汉字本身就有意义，叫字（形）义，字（形）义在词的最初意义的形成过程中起着举足轻重的作用，以至于在中国古代，“字义”同“词义”常常混为一谈，不加区分，而且确有许多“词义”是来源于“字（形）”义并同字义保持着较大的一致性的，所以不少时候确实是能够望文（字形）生（词）义的（参见第五章第二节“二”）。

在汉字的形体结构中有一种非常重要的构成成分，在古代汉语中叫作部首，在现代汉语中叫作偏旁，当然后者的范围要比前者大一些。这偏旁也是有意义的，汉字的字（形）义就是由各种偏旁的意义构成的。就象形字、指事字而言，偏旁直接“升级”成了字，它们的字（形）义同偏旁的意义是重合的、一致的。这些字在汉字体系中所占的比例极小，犹如沧海一粟。而大量的合体字（会意字、形声字）担负起了记录词义的主要功能，这些合体字的字（形）义便是由两个或两个以上的偏旁的意义组合而成。如果将字（形）义同与之关系密切的词义相提并论的话，那么，同偏旁义相对等的便是

① 该节曾以论文的形式发表在《语文研究》2001 年第 3 期上。

组合成词义的义素或义素束。如“暴”的最初的词义是去太阳底下晒东西，而这也是它的“字（形）义”，这个字（形）义是由它的四个偏旁“日、出、廾（古拱字）、米”的意义组合而成的。在这里，偏旁义同义素是相对应的，当然有的时候并不对应：一个偏旁义对应的是几个义素的集合——义素束，如“牧”的词义是“牧放牲畜”，这个词义来源于它的字（形）义“手拿棍、鞭击打牛”，而这个字（形）义则是由它的偏旁“牛、攵（支）”的意义组合而成的。在这里，偏旁“攵（支）”相对应的是一组义素束：“手拿棍、鞭”、“击打”。所以，可以这样说，汉字的偏旁是义素的载体。

二、汉字结构分析中蕴含的义素分析原理

通过对汉字形体结构的分析来推求词的本义是我国传统语言学——小学常用的一种方法。站在词义分析的角度，对其作逆向的思考，我们可以发现其中蕴含着义素分析的原理。

国人通过汉字形体结构分析推求词的本义的做法可以分为三个阶段。

第一个阶段是“因形求义”时期，以东汉许慎的《说文解字》一书为代表，主要通过汉字的形旁（部首）来推求词义。对于形声字而言，它们的形旁表明了词义的类属——大致相当于今天所说的“范围义素”。如以“水”为形旁的字所记录的词义一般同水有关，并构成了以“水”为共同义素的一个巨大语义场。许慎将 9 353 个汉字根据形旁的不同分为 540 个部，实际上相当于分成了 540 个巨型语义场。而对会意字而言，它们是由两个或两个以上形旁构成的，形旁所含的意义组合起来便构成了字（形）义，从而构成了词的本义，如前面所引的“暴”、“牧”等词，类似的还有“兵、分、步、采、取”等。若作逆向思考，这些字所记录的词义均可还原、分解为形旁的意义，这些形旁的意义，在今天看来，大致相当于“义素”或“义素束”。

第二个阶段是“右文说”时期。右文说，是由北宋王圣美发明的一种汉字结构的分析法。在此以前，一般都认为形声字声旁的功能主要是表音，而表义的功能则由形旁承担。王圣美却提出：“凡字，其类在左，其义在右。”[①] 他认为，形声字的形旁只标明字义（词义）的意义类属，而声旁倒是标明具体的词义内容的。如“戋”不但作声旁标音，还表义：含有小的意思，所以

---

① 见［宋］沈括《梦溪笔谈》（卷十四）。

“水之小者曰浅，金之小者曰钱，歹而小者曰残，贝之小者曰贱”。[①]这种根据汉字结构对词义构成所作的分解带有明显的义素分析的痕迹：形旁表示的是范围义素，而声旁表示的是特征义素，而“浅、钱、残、贱”等则显然构成了以“小”为共同义素的语义场。根据王圣美对“浅”等的分析可以列出下列语义矩阵：

义位 义素	浅	钱	贱	残
范围义素	水	金	贝	歹
特征义素	小	小	小	小

第三个阶段是“右文说”的修正时期——清儒及近代学者的“因声求义”时期，以段玉裁、王念孙、杨树达、沈兼士为代表。他们抓住了“右文说”从声旁去考求词义的合理内核，同时纠正了“右文说”存在的一些片面、牵强、粗疏、武断的缺陷，以翔实的文献材料作背景依据，辅之以扎实的考证推求，走出了一条以声旁包含的语义特征为线索，辅之以形旁的表义类属来寻找词的本义的路子。应该说，其中蕴含的义素分析的原理更显著，理论色彩更浓，方法论意义更明确，因而操作性也就更强。

因此，若作逆向的考察，早在宋代的“右文说”时期，中国的小学家就已有了现代意义的语义场概念，并且已经将形旁、声旁同词义中的不同词义成分、特征相对应；随着研究的深入，这种看法日趋成熟，并日益深入人心，到清代乃至近代，更是形成理论，并用以指导实践，蔚为大观。可以这样说，从形旁寻找词义的表义类属，从声旁寻求词义的表义特征，这是国人“因声求义”法的灵魂，也是中国特色的义素分析的基本原理，较之西方的义素分析，中国的似乎更直观、更具操作性，因为它有偏旁作为义素的载体。

思考与探索之七

为了与“义素分析法”相区别，本章把传统的将词义分解为概念义和附属义两大部分的词义分析方法称为“词义构成分析法”。这里特别要说

① 见［宋］沈括《梦溪笔谈》（卷十四）。

明的是，国内也有学者将“义素分析”称为“构成成分分析”的①。考虑到国内汉语学界几乎所有的学者均使用了“义素分析”这一术语，所以，这里还是使用“词义构成分析法”来专门指称传统的将词义分解为概念义和附属义两大部分的词义分析方法。

国内几乎所有的高校现代汉语课程教材，在“词汇”章节讨论“词义的构成”问题时均会使用“词义构成分析法”，理性义和附属义是词义的两大构造板块，已然成为一种共识。这样说的主要依据，除了其被教科书广泛采用外，更为重要的是，在20世纪80年代以来的关于词义分析问题的讨论中，对传统的“词义构成分析法”进行深入研究的文章难觅踪影。大家所普遍关心的无外乎两大类问题：一是关于附属义的下位分支——感情色彩义、语体色彩义、形象色彩义的讨论（详见第二章、第三章中的讨论），一是关于义素分析法的介绍和讨论（详见后面的讨论）。

事实上，“词义构成分析法”中理性义与附属义的界线问题至今也还没有解决好。一些存在于附属义研究中的争论，其实还是理性义与附属义的界线问题。

现在，附属义内部的分类是有了，而理性义呢？理性义内部能否切分呢？又该怎么切分呢？有什么规律性的东西没有？这些问题都值得进一步探索。

此外，虚词的理性义的描写，附属义与语境义的区别等问题，至今或者没有办法处理，或者在处理过程中依然存在着很大分歧。

因此，关于“词义构成分析法”还是有很多的工作要做。

在理性义的分析问题研究中，符淮青作了长时间的、卓有成效的探索。早在1980年，符淮青就在《辞书研究》发表了他的探索词义分析、描写的理论与方法的第一篇论文《词的释义方式》②。如果说，该论文属于他的理性义分析、描写工程总论和导言的话，那么他在1982年几乎同时发表的《名物词的释义》③、《表动作行为的词的意义分析》④ 以及稍后发

---

① 符淮青在其《构成成分分析和词的释义》（《辞书研究》1988年第1期）、《概念义分析的形式化》（《汉语学习》1995年第6期）、《词义的分析和描写》（语文出版社，1996年）等论著中均将义素分析称为“词义的构成成分分析”。

② 符淮青：《词的释义方式》，《辞书研究》1980年第2期。

③ 符淮青：《名物词的释义》，《辞书研究》1982年第3期。

④ 符淮青：《表动作行为的词的意义分析》，《北京大学学报》1982年第3期。

表的《表性状的词的释义》[1] 就是这项工程的分论和具体实践了。在这些系列论文中，符淮青完成了对现代汉语中的名词、大部分动词、形容词的释义模式的建构、释义方式的展示以及不同类词理性义构成特点的揭示。而事实上，目前相对比较容易操作的也就是这几类词。作为这项工程的总结，符淮青在1996年推出了他的力作《词义的分析和描写》[2]。在这部符淮青的代表作中，作者一方面推出了其自创的“用扩展性词语来描写词义”的词义分析描写方法——“‘词义成分——词义构成模式’分析法”（炜案：符淮青后来又进一步将“词义成分——词义构成模式”改称作“词义成分——模式”），阐述了这种方法的基本思路和实施方式，并辅之以现代汉语表动作行为的词、表名物的词、表性状的词的意义描写的成功实践；另一方面则对当时西方流行并已介绍到中国词汇学界的义素分析法的高度质疑，指出了义素分析法存在的种种缺陷和不足（详见下面的讨论）。略显遗憾的是，符淮青只是在现代汉语部分词语中实验了他的“‘词义成分——模式’分析法”，而并没有推广到类似于方位词、时间名词、物量词、动量词、心理动词、助动词、拟声词、各类副词、各类代词等其他现代汉语词语中去。即使到了现在，上述这些词语的理性义的分析与描写也依然是个空白。

“义素分析”的提出是20世纪西方词义学研究的一个亮点，也是西方词义学家对世界语言学的一大贡献，在词义学史上具有划时代意义——义素分析法的运用被看作是词义学告别传统进入现代的标志，就如同层次分析法的运用被看作是语法学告别传统进入现代的标志一样。

国内最早运用义素分析法研究汉语词义现象的学者是刘叔新，早在1980年发表的《同义词和近义词的划分》一文中他就将义素分析用到了近义词的辨析之中：共分析了“行为、行径、行动”，“犹豫、迟疑、疑虑”，“英勇、神勇、大胆”等三组近义词[3]。

但在这个领域用力最勤、成果最丰的则是贾彦德。

---

① 符淮青：《表性状的词的释义》，载《语言学论丛》，商务印书馆，1984年第十三辑。

② 符淮青：《词义的分析和描写》，语文出版社，1996年版。从该书“前言”写作的日期来看，该书实际完成于1991年11月。也就是说，该书反映的是符淮青1992年以前的关于词义的分析和描写的观点，而不是1997年以前的观点。这也就很好解释为什么一些说法在符淮青1996年之前撰写的论文中就已经作了调整，而书中竟然仍持旧说了。

③ 刘叔新：《同义词和近义词的划分》，载南开大学语言学教研室编：《语言学论丛》，天津人民出版社，1980年。

1981年，贾彦德发表了他的第一篇词义学论文《现代汉语常用亲属词的义素分析》[①]，翌年，又连续发表了《语义场内词义间的几种聚合关系》[②]、《语义成分分析法的程序问题》[③] 两篇论文，这些论文均采用了义素分析的方法，是运用义素分析法研究汉语词义现象的初步尝试。如果说上述3篇论文的发表还未引起国内学界的广泛注意的话，那么，贾彦德《语义学导论》[④] 的面世则给国内汉语词汇学界带来了深刻的影响，不少研究者就是从阅读这本书开始接触并了解义素分析和语义场理论的。1992年，贾彦德在《语义学导论》一书的基础上完成并推出了其《汉语语义学》[⑤] 这一部力作，叶蜚声在该书“序”中予以积极评价与推介，邢公畹在该书出版两个多月后就写了长篇书评，对该书予以极高的评价，认为“这是一部功力深厚、奠定汉语语义学基础的开创性著作”[⑥]。贾彦德是义素分析的热情宣传者、积极实践者，他的过早辞世实在是汉语词义学界的重大损失。

如果说，20世纪80年代初，义素分析还只是少部分学者，如贾彦德、石安石、王振昆、王德春等加以介绍并结合汉语词义现象进行尝试性研究的话，那么80年代末以后，越来越多的学者，汉语词汇学界的，英语教学与研究界的，纷纷涉足这一领域，相关的论文如雨后春笋般涌现，但令人遗憾的是，介绍、评说义素分析法的论文多，而运用义素分析法解决汉语词义分析问题的论文则极为罕见。尤其令人不堪的是，内容相近的文章在长达近20年的岁月里不断由不同的人渐次发表。1983年《语言教学与研究》杂志刊登《词义的义素分析》[⑦] 这样的文章应该算是应时之作，可5年后《外国语》杂志还在刊发《义素分析综述》这样的文章就略显滞后了，而到了1995年《山西师大学报》仍在刊发《义素分析略说》这样的文章，甚至到了2002年《渭南师院学报》依然在刊发《义素分析刍议》这样的文章，在学术上就有失范之嫌了。

---

① 贾彦德：《现代汉语常用亲属词的义素分析》，载日本中国语学会会刊《中国语学》，1981年第228号。

② 贾彦德：《语义场内词义间的几种聚合关系》，《新疆大学学报》1982年第1期。

③ 贾彦德：《语义成分分析法的程序问题》，《新疆大学学报》1982年第3期。

④ 贾彦德：《语义学导论》，北京大学出版社，1986年。

⑤ 贾彦德：《汉语语义学》，北京大学出版社，1992年。

⑥ 邢公畹：《评贾彦德〈汉语语义学〉》，《中国语文》1995年第1期。

⑦ 王振昆、曹静：《词义的义素分析》，《语言教学与研究》1983年第3期。

国内外学者所讨论的义素分析，一般均局限在针对词的理性义的分析，而国内有学者则将义素分析推广到了词的色彩义的分析中。首先提出这个问题的是刘桂芳，她主张“义素分析法应该面向词的全部意义内容，应该在整个词义构成的范围内进行”。她将词的理性义称为第一性义素，将词的色彩义、语法意义称为第二性义素。[①] 真正将词的色彩义纳入义素分析范围并对色彩义的义素分析进行全面讨论的是杨振兰。她在《色彩意义义素分析刍议》[②] 一文中论证了色彩义义素分析的可行性，并通过实例详尽展示了实施色彩义义素分析的具体步骤和操作方法，甚至还阐述了对词的色彩义进行义素分析的意义。这样的探索无疑是有意义的，将词的色彩义纳入义素分析范围，是对西方义素分析理论的一个重要补充，具有创新性。

自义素分析法问世之日起，对它的质疑之声就没有停止过。国内最早也是不断对义素分析提出质疑的是符淮青。早在 1982 年发表的《表动作行为的词的意义分析》一文中，符淮青就引用英国语言学家莱昂斯（J. Lyons）的观点，对义素分析法采取了暂且搁置的态度。真正直面义素分析法的是在 1988 年发表的《构成成分分析和词的释义》一文中，作者详尽转引了莱昂斯（J. Lyons）在其《语义学》第一卷（*Semantics* I）中所分析的义素分析理论和方法中的种种缺陷，并对这些缺陷逐条加以阐述分析，从而归纳出了义素分析法在理论和方法上所存在的各种问题，当然，作者也指出义素分析法在词义分析方面所给予人们的“相当的启发”。而在 1995 年发表的《概念义分析的形式化》一文中，作者再次质疑义素分析法，明确指出了义素分析法存在的三个主要问题：“①词义的构成成分（炜案：即义素）并不是像有的学者所说的那样是封闭的、固定的；②表示词义的构成成分不一定只是简单的组合，可能是一个有结构的序列；③确定构成成分时可能由于过度概括而显得不恰当。”符淮青的意见代表了国内相当一部分人的意见。

目前，义素分析最大的使用领域是在辞书释义这一块，秦淮河畔的李葆嘉们正在雄心勃勃地准备编纂一部《现代汉语义征词典》，这里所说的“义征”就是义素，他们希望在释义用词方面能向《朗曼当代英语词典》

---

① 刘桂芳：《义素分析之我见》，《语言教学与研究》1996 年第 1 期。

② 杨振兰：《色彩意义义素分析刍议》，《汉语学习》2001 年第 2 期。

靠拢（参见第十二章的“思考与探索之十二”）。真诚地希望他们能早日成功。

本章可以着手的论题

（1）汉语词义中理性义与附属义的界线
（2）作为词义附属义的感情色彩义与语境色彩义的区别
（3）关于现代汉语时间副词理性义的描写
（4）关于现代汉语情状方式副词理性义的描写
（5）关于语气副词感情色彩义的研究
（6）关于现代汉语介词的理性义描写
（7）关于方位词理性义的释义模式研究
（8）关于心理动词理性义的释义模式研究
（9）关于时间名词理性义的释义模式研究
（10）关于拟声词理性义的释义模式研究
（11）20 世纪 80 年代以来的理性义释义模式研究
（12）新世纪以来的国内义素分析研究

Xian DAI han yu CI YI XUE

第八章 现代汉语几种主要的词义现象和关系

第一节　现代汉语几种常见的词义现象

一、多义和单义

多义和单义是现代汉语中最常见的一对词义现象。所谓多义现象，是指一个词包含有两个以上词义项，这几个词义项彼此是有联系的——往往存在着源流关系。所谓单义现象，是指一个词只包含一个词义项。是多义还是单义，有时不能光看义项的多少，如屏（bǐng）有两个义项：①抑止（呼吸）；②除去，排除。但由于其义项②不能单用，是语素义而非词义，所以“屏”应作单义现象处理。

大家普遍的看法是，在现代汉语中，多义现象要大大多于单义现象①，呈现单义现象的词有两类：“一类是常见物的名称，如：桌子、茶杯、手表、菊花、眼镜、皮鞋、毛笔；另一类是科学术语和专有名称，如：元音、电子、元素、函数、血压、针灸、黄河。”②其实，只要翻开《现代汉语词典》看一下，便可发现，单义现象要大大多于多义现象，试以“火”、“水”两个词头统辖的所有词条为例：“火”词头下共有词条122条，加上“火”本身，总共有123个词条，其中多义词条有20条，占16.3%，单义词条有103条，占83.7%；“水”词头下共有词条168条，加上“水”本身，总共有169个词条，其中多义词条有30条，占17.5%，单义词条有139条，占82.25%。当然，这只是抽样调查，并不能完全说明问题。但单义现象在现代汉语中较之

---

①　张永言曾指出：“词一般都具有概括性，而且词所概括的往往是对象的若干特征，而不是一个特征；同时，在一个概念所包含的特征里往往有若干特征跟其他概念的某些特征相通——这就构成了词的多义性（polysemy）的基础。”“多义性是语言里大多数的词所具有的属性。”详见张永言《词汇学简论》，第47页。鲍明炜也指出：“字词一般是多义的，单义词反倒较少，随手拈来的‘树、木、花、草、红、黄、黑、白’等都不是单义的。……汉语词汇极为丰富，原来单义的词，随着社会的发展，事物的增多，逐步发展为多义词，从而丰富了词库。世界各民族语言都是如此，只是发展水平不同。”详见罗正坚《汉语词义引申导论·序言》，南京大学出版社，1996年。

②　见胡裕树：《现代汉语》（重订本），上海教育出版社，1995年第5版第217页。又见黄伯荣、廖序东：《现代汉语》（增订二版）上册，第270页。

多义现象更为常见，确乎是事实。[①]其中，大量的“五四”以后所产生的词语是单义现象的主体。

关于多义现象，大家似乎感到没有多少话要讲，这是不是表明多义现象再清楚明白不过了，已无需多谈了呢？答案是遗憾的。

有一种情形，我曾经在第六章第二节中讨论过——当然是从另一个角度讨论的，像“担”、“钉”、“量”等因声调不同而词性、词义有别的，是否可看作是多义现象呢？

这种因“内部屈折”而词性、词义有别的，在英语中是处理为多义现象的，如我前面曾援引过的 export、inland、estimate、covert、mouth 等均是作为多义词看待的（参见第六章第二节）。又如 mouse，其名词义“老鼠”是本义，念［maus］，动词义“捕老鼠”是派生义，念［mauz］；implant，其动词义“移植”是本义，念［im′pla:nt］，名词义“移植物”是派生义，念［′impla:nt］。

还是回到现代汉语中来，“担”、“钉”、“量”等词声调变化前后的意义是密切相关的（参见第六章第二节），这种相关性一点不亚于我们认同为多义现象所要求的那种相关性。试比较：

A 组：
笔录：①用笔记录；②记录下来的文字。
编辑：①对资料或现成的作品进行整理加工；②做编辑工作的人。
B 组：
担：①（dān）挑担子；②（dàn）挑的担子。
钉：①（dīng）钉子；②（dìng）钉钉子。

从关系的密切程度来看，A 组和 B 组并无二致，而 A 组是公认的、典型的多义现象。

① 就在本书付梓之前，我的硕士研究生张云峰同志送来了她关于《现代汉语词典》（修订本）中单义词、多义词分布情况的详细数据，兹录如下：A（词典拼音字母次序号，下同）单 356，多 73；B 单 1 305，多 354；C 单 1 264，多 335；D 单 2 473，多 759；E 单 2 54，多 56；F 单 1 593，多 482；G 单 2 162，多 641；H 单 2 376，多 594；J 单 3 018，多 827；K 单 1 157，多 329；L 单 2 434，多 717；M 单 1 719，多 431；N 单 799，多 222；O 单 33，多 14；P 单 1 175，多 362；Q 单 1 722，多 465；R 单 715，多 156；S 单 6 958，多 925；T 单 1 881，多 567；W 单 1 442，多 349；X 单 2 627，多 748；Y 单 3 516，多 875；Z 单 3 248，多 935。词典收词（字及非成词语素除外）55 443 个，其中单义词 44 227 个，占 79. 79%，多义词 11 216 个，占 20. 21%。这个结果同我们对“火”、“水”两个词头统辖的所有词条中单义词、多义词的分布情况的抽样调查是基本吻合的。

这里主要有个语音障碍。我们认为，“担”、“钉”、“量”等的语音的细微差异仅仅是区别词性的一种手段，所以主要是一种构形手段。当然，由于语法意义的改变也带来了词汇意义的改变，所以也可看作是一种词义手段，但绝不是构词手段。

还有一种情形，也是前面讨论其他问题时涉及的（参见第四章第二节“二”），像“甩手”、“水土”、“烧香”、“无奈何”、“下坡路”等，其中一个是词义，一个是短语义，“现代汉语词典”（修订本）是将它们处理为多义现象的，这样是否妥帖似可斟酌，因为词义和短语义毕竟有本质的不同。

二、同载体相关义和同载体不相关义

这是现代汉语中的又一对词义现象。所谓同载体相关义，是指多义词中的几个彼此有密切联系的意义，这种联系可以表现为源流关系，也可以不表现为源流关系；而同载体不相关义，则存在于同音同形词中，同音同形词从外表看很像多义词：均是由一个载体承载几个意义，所不同的是，这几个意义在现代汉语这个平面上彼此不相干，没有什么联系。

同载体不相关义，主要有以下几种情形：

1. 同载体同构。这种形式的不相关义最像同载体相关义，因为它们不但同形同音，而且连内部结构也一致。如：

（1）牙床$_1$：齿龈的通称。
　　牙床$_2$：有象牙雕刻装饰的床。
（2）声色$_1$：生气和活力。
　　声色$_2$：歌舞和女色。
（3）把子$_1$：把东西扎在一起的捆子。
　　把子$_2$：戏曲中所使用的武器的总称。
　　把子$_3$：词义不明。作“拜”的宾语，指朋友结为兄弟。
（4）白话$_1$：不能实现的或没有根据的话。
　　白话$_2$：现代汉语（普通话）的书面形式。
（5）白头翁$_1$：一种鸟，头部的毛黑白相间，老鸟头部的毛变成白色。
　　白头翁$_2$：一种多年生草本植物，花紫红色，果实有白毛，像老翁的白发。

例（1）、（2）均为联合式结构；例（3）均为后附加式结构；例（4）、

（5）均为偏正（定中）式结构。

2. 同载体异构。所谓同载体异构是指词形词音相同而内部结构都不相同。如：

（6）上手$_1$：位置较尊的一侧。上家。
上手$_2$：动手。开始。
（7）相机$_1$：照相用的仪器。
相机$_2$：察看机会。
（8）心灵$_1$：心思灵敏。
心灵$_2$：内心、精神、思想等。
（9）自是$_1$：自然是。
自是$_2$：自以为是。
（10）集注$_1$：（精神、眼光等）集中。
集注$_2$：汇集前人关于某部书的注释再给予必要的解释。

例（6）"上手$_1$"是偏正（定中）结构；"上手$_2$"为动宾式结构；例（7）"相机$_1$"是偏正式结构，"相机$_2$"是动宾式结构；例（8）"心灵$_1$"是主谓式结构，"心灵$_2$"为联合式结构；例（9）"自是$_1$"为偏正（状中）式结构，"自是$_2$"为主谓式结构；例（10）"集注$_1$"为联合式结构，"集注$_2$"为动宾式结构。

3. 同载体同构异体。所谓同载体同构异体，是指两者词形、词音及内部结构均相同，但一个可以扩展，而一个不可以扩展。如：

（11）安心$_1$：存心，居心。
安心$_2$：心情安定。
（12）生火$_1$：把柴、煤等燃烧起来。
生火$_2$：轮船上烧锅炉的工人。
（13）煞车$_1$：把车上装载的东西用绳索紧勒在车身上。
煞车$_2$：使汽车、摩托车等停止前进的装置。
（14）负债$_1$：欠人钱财。
负债$_2$：资产负债表的一方，表现营业资金的来源。
（15）加料$_1$：把原料装进操作的容器之中；添加原料。
加料$_2$：原料比一般用得多，质量比一般好的（制成品）。

上述5例中所有的词语均为动宾式结构，所不同的是，排在前面的一个如“安心$_1$、生火$_1$”等均可以扩展，排在后面的那个如“安心$_2$、生火$_2$”等均不可以扩展。

4. 同载体异构异体。所谓同载体异构异体，是指两者词形、词音相同而内部结构不同，并且一个可以扩展，另一个则不可以扩展。如：

（16）生气$_1$：因不合心意而不愉快。
生气$_2$：生命力，活力。
（17）留影$_1$：照相以留纪念。
留影$_2$：为留做纪念而照相。
（18）上装$_1$：演员化装。
上装$_2$：上衣。
（19）煞气$_1$：器物因有小孔而慢慢漏气。
煞气$_2$：凶恶的神色。邪气。
（20）效力$_1$：为别人或集团贡献出力量。
效力$_2$：事物所产生的有利的作用。

例（16）“生气$_1$”是动宾式结构，可以扩展，“生气$_2$”是偏正（定中）式结构，不可扩展；例（17）“留影$_1$”是动宾式结构，可以扩展，“留影$_2$”是偏正（定中）式结构，不可扩展；例（18）“上装$_1$”是动宾式结构，可以扩展，“上装$_2$”是偏正（定中）式结构，不可扩展；例（19）“煞气”，是动宾式结构，可以扩展，“煞气$_2$”是偏正（定中）式结构，不可扩展；例（20）“效力$_1$”是动宾式结构，可以扩展，“效力$_2$”是偏正（定中）式结构，不可扩展。

同载体不相关义与同载体相关义的平行义现象在外观上颇为相似：它们都是由同一种语音形式和书写形式去承载几个义位，而且这几个义位之间没有源流关系。所不同的是，同载体相关义中的平行义之间虽然没有源流关系，但也存在着密切的联系，维系这种密切联系的便是从其不同意义所产生的同义语素或多义语素（参见第二章第二节“五”）；而同载体不相关义，如“管子、方丈、下水”等，虽然也包含两个义位，但这两个义位不但没有源流关系，也不存在密切的联系——它们的不同主要是由同音语素意义的不同所造成的，两者有着本质的区别。

第二节　现代汉语几种主要的词义关系

一、同义关系

同义关系是现代汉语几种主要的词义关系中最为常见、也最具实用性的词义关系之一。所以，无论古今中外，关注它、研究它的人也就特别多，这种热闹情景是一向较为冷寂的词义学领域中不太常见的。

讨论同义关系，就不能不谈同义关系的种类。目前唯一的一种分类是依据词义一致的程度，将同义关系分为等义关系和近义关系两类。

所谓等义关系，是指两个或两个以上词义（义位）一致的程度达到100%，没有丝毫的差异。所谓近义关系，是指两个或两个以上词义一致的程度达不到100%，多少存在着一些差异。眼下的各种书，一涉及同义现象，往往只谈近义关系，而不谈或很少谈等义关系，给人一种错觉，认为同义关系似乎是近义关系的别称。这主要是因为有人将等义关系的存在视作一种累赘，视作是应该规范的对象——似乎它只会增加学习和运用上的麻烦①，也有人将等义关系看作是同义关系中“最无用”的“非本质部分”，而将近义关系看作是同义关系中“最主要”的“本质部分”。②其实，在我们看来，等义关系、近义关系均是同义关系大家庭中的一员，不必厚此薄彼，分什么“本质的”和“非本质的”，它们实在是同等重要的。

这里，我们重点谈谈一直蒙受不公正待遇的等义关系。

现代汉语中等义关系是大量存在的，主要有两种情形：

1. 几个词义各自所在的词条的全部意义均100%的一致。

最典型的是一部分逆序词所构成的等义现象（参见第六章第一节“二”），如：

(21) 道地——地道：①真正是有名产地出产的；
　　　　　　　　　②真正的；纯粹。

(22) 引导——导引：①带领；②带着人向某个目标行动。

① 见石安石：《关于词义和概念》。

② 见詹人凤：《现代汉语语义学》，第102页。

（23）感情——情感：①对外界刺激的比较强烈的心理反应；
②对人或事物关切、喜爱的心情。
（24）缓和——和缓：①（局势、气氛等）变得不紧张；②使不紧张。
（25）通畅——畅通：①运行无阻；②（文字等）流畅。
（26）积蓄——蓄积：①积存；②积存的钱。

当然，更多的是单义词构成的等义现象，对它们来说，全部词义也是100%一致的。如：

（27）察觉——觉察：发觉；看出来。
（28）防空——空防：为防备敌人空袭而采取各种措施。
（29）仿效——效仿：模仿（别人的方法、式样等）。
（30）感伤——伤感：因感触而悲伤。
（31）陈说——陈述——述说：有条有理地说出。
（32）沉湎——沉溺：陷入不良的境地。
（33）仿制——仿造：模仿一定的式样制造。
（34）廉正——廉直：廉洁、正直。
（35）钦佩——佩服：感到可敬，内心折服。

2. 几个词义各自所在的词条有一个或两个词义相同的。如：

（36）偏偏：①表示故意同客观情况相反；②表事实同所希望的恰恰相反；③表范围，跟“单单”略同。
偏生：①偏偏①；②偏偏②
偏巧：①恰巧；②偏偏③
（37）探访：①访求，搜寻；②看望；
探望：①看（试图发现情况）；②探访②
探视：①探望①；②探望问候（病人）。
（38）年光：①年华，时光；②年成；③时代，年代。
年景：①年光②；②过年的景象。
年头儿：①年份；②多年的时间；③年光③；④年光②。
年月：①年光③；②日子。
年时：①年头儿②；②往年。
年岁：①年纪；②年光③；③年光②。

在同一词头下的词条中，这种交叉现象是不胜枚举的。

语言中等义现象的最大价值、最重要的作用是可以在丝毫不改变意义的情况下，使表达富于变化，从而避免因太多的重复出现而产生的单调、呆板。

与等义关系有些不同的是，近义关系除了一部分单义词外，很少有等义关系所具有的第一种情形，而更多的是等义关系所具有的第二种情形。

引起我们兴趣的是近义关系的近似值问题：既然是近义关系，肯定存在着词义差异，这差异是有大小的；差异大，近似值小；差异小，近似值大。这是一个饶有趣味的问题。

考察近似值大小，主要的依据是处于近义关系中的词义可相互替换的程度。程度高，近似值大；程度低，近似值小。

我们发现，在大家一致公认的近义现象中间，近似值最大的是语体色彩有差异的近义关系，如：

铁道——铁路
自行车——脚踏车
肥皂——胰子
玉米——棒子
衣服——衣裳
星期——礼拜
水泥——洋灰
火柴——洋火

这些意义，理性义部分完全相同，只是语体色彩不同，左边的“铁道”等具有书面语色彩，右边的“铁路”等则具有口语色彩。这些词义互相替代的程度极高，近似值最大，以至于几乎每一本援引它们的书籍均将它们视作等义关系。①其实它们还是略有差异的，在有些地方还是无法互换，如：

中华人民共和国铁道（铁路?）部
上海自行车（脚踏车?）三厂
苏州水泥（洋灰?）厂
锡山市安镇广家里肥皂（胰子?）经销公司

它们同“察觉——觉察”、“道地——地道”等还是有所不同的。

近似值其次的是并非处于褒贬两极的具有感情色彩差异的近义关系，如：

① 见黄伯荣、廖序东：《现代汉语》（增订二版），第280页；胡裕树：《现代汉语》（重订本），第226页；武占坤、王勤：《现代汉语词汇概要》，第111页。

效尤——效法
庇护——保护
后果——结果
伎俩——手段
倚仗——依凭
诞辰——生日
抵御——抵抗
荣誉——名誉

这几组同义词，理性义部分相同，但是感情色彩略有不同：左边的或为贬义，或为褒义；右边的均为中性，无褒贬色彩。这些词义互相替代的程度略低于“铁路——铁道”类，右边的几乎都可以替换左边的，而左边的则一般不能替换右边的。

近似值再其次的是理性义有差异的近义关系。如：

校订——校正
接受——接纳（①接受个人或团体参加组织、参加活动等）
事件——事情（①人类生活中的一切活动和社会现象）
充沛——充足
俊俏——漂亮（①好看；美观）

前面三对，范围义素相同，特征义素有别；后面两对，范围义素有别，特征义素相同。这五对近义关系，互相替代的程度相对更低一些，所以近似值也相应小一些。

近似值相对较小的是处于褒贬两极的具有感情色彩差异的近义关系。如：

成果——后果
鼓励——怂恿（唆使）
足智多谋——诡计多端
深谋远虑——处心积虑
随机应变——见风使舵
志同道合——臭味相投

这些词义，左边的为褒义，右边的为贬义，它们一般不能替换，近似值也相对较小。

讨论同义关系，还得注意同义关系与同指关系的区别。

所谓同指关系，是指指称同一对象的不同词义之间存在的一种关系；有的书也叫言语同义词。语言中，往往会出现这么一种现象：有些客观事物，人们会运用许多不同的词去指称它们，这些词可能是同义的，也可能不是同义的。如：

(39) 他走了，永远地去了。一名优秀的检察官牺牲了，一位好公仆安息了。

(40) 两面派是隐藏在革命队伍内的蛀虫，是附着在革命队伍肌体上的毒瘤。

其中例（39）中“走”、“去”、“牺牲”、“安息”所指的是同一件事情——“死”，是同指词，其词义构成同指关系，但同时又均为同义词，它们的词义也构成同义关系。例（40）中“两面派”同“蛀虫”、“毒瘤”所指的是同一种对象，其词义构成同指关系，但并不构成同义关系——其词义大相径庭。

由此可见，同义关系与同指关系不是一码事，两者存在交叉：凡同义关系均可构成同指关系，而同指关系却并不都是同义关系。

此外，如何辨析处于同义关系中的几个词义（为了便于称说，我们下文称作义位）的差异，也是同义关系讨论中比较热闹的一个话题。这个问题谈的人很多，而且似乎有越谈越复杂的趋势，颇使初学者感到难以掌握。

我们认为，同义义位的辨析可以采用两种方法：一种是义素分析法，即让辨析中的两个或两个以上义位构成一个语义场，通过比较分析后分别列出相对应的义素，从而观察其义素的同异。例如，要辨析“谣言、流言、谰言”以及“侵占、侵夺、侵犯、侵吞”等的词义同异，首先要找出它们各自的范围义素、特征义素以及附属义素，整理后列出语义矩阵：

义素 / 义位	言论	没有事实根据的	诬赖的	公开散布的
谣言	+	+	+	±
流言	+	+	+	−
谰言	+	+	+	+

义位＼义素	个人或集团	凭借势力	非法获取或损害	他人或他集团	领土	财产	权益	暗中
侵占	+	+	+	+	+	+	−	−
侵夺	+	+	+	+	−	+	−	−
侵犯	+	+	+	+	+	−	+	−
侵吞	+	+	+	+	+	+	−	+

从中可以一目了然地洞见这两组同义义位的同异。另一种是词义构成分析法，首先比较几个同义义位理性义部分的共同点和细微区别，而后再比较它们色彩义的种种差异，最后再比较它们在同其他词义搭配、组合上的种种区别。如“诞辰和寿辰”，在理性义部分就存在共同点“出生的日子”，也存在不同点：“诞辰”是“受人尊敬的人的出生的日子”，而“寿辰”是“中老年人的出生的日子”；在色彩义部分也存在差异，“诞辰”书面语色彩、褒义色彩较明显，显而“寿辰”则不明显。又如“执行和履行”，理性义部分基本一致，均指“用行动来实现”；色彩义部分略有不同，“履行”的书面语色彩浓一些，而“执行”则不明显；而它们最大的不同表现在各自有比较专一的组合伙伴：“执行”常同“命令、任务、计划、政策”等组合，“履行”则常同“诺言、手续、合同”等组合。

二、反义关系

反义关系也是现代汉语中较为常见的词义关系之一。

以往有一种错误的认识，即认为反义关系与同义关系是相对立的两种现象，风马牛不相及，其实不然。

从本质而言，同义关系与反义关系应属同类现象，其中反义关系着眼的是具有共同的范围义素的两个义位在特征义素上的对立，而同义关系着眼的是具有较少的不同义素的几个义位在较多义素上的一致。两者均体现为同中有异，异中见同。试以“热、暖、冷”三个义位为例，它们的义素有同有异：

义素 / 义位	温度	数值大	数值中偏上	数值小
热	+	+	−	−
暖	+	−	+	−
冷	+	−	−	+

其中，“热”和“暖”构成同义关系，同在“温度”上，异在“数值大小”上；“热、暖”同“冷”构成反义关系，也同在“温度”上，异在“数值大小”上。这当然是个极端的例子。不过，同义关系与反义关系的共通性从中也可见一斑。

就处于反义关系的两个义位的逻辑关系而言，可以将反义关系分为两大类：一类是处于矛盾关系中的互补类（也叫绝对类）反义关系，一类是处于反对关系中的极性类（也叫相对类）反义关系。前者如：“集中——分散”、“浑浊——清澈”、“平坦——崎岖”等，非此即彼，否定一方必意味着肯定另一方；后者如“前进——后退”、“高涨——低落”、“吝啬——慷慨”等，否定一方并不意味着肯定另一方。

反义关系中存在着一些不平衡、非同步的现象，主要表现在：

1. 反义关系固然是现实生活中的矛盾对立在词义中的反映，但并非现实生活中所有的矛盾对立均会形成反义关系。

如，现实生活中，有比重大于 5 的金属，也有比重小于 5 的金属，但反映到词义中，只有“重金属”，而没有与之相对的“轻金属”。类似的，只有“重担”、“重地”、“重负”、“重炮”、“重头戏”、“重孝”、“重油”、“重镇”等，而没有与之对应的“轻担”、“轻地”、“轻负”、“轻炮”、“轻头戏”、“轻孝”、“轻油”、“轻镇”等。①

2. 反义关系中，表“大、多、重、长、深、远、高、宽、厚、粗、松”等概念的一方词义范围较之表“小、少、轻、短、浅、近、低、窄、薄、细、紧”等概念的一方要宽。前者有泛化倾向，后者则没有。如，问事物的大小、轻重、长短等，在不知情的状况下，一般问“大不大”、“重不重”、“长不长”或“有多大”、“有多重”、“有多长”，而不问“小不小”、“轻不轻”、“短不短”或“有多小”、“有多轻”、“有多短”。汉语中是这样，英语中也如

---

① 王希杰先生将这些现代汉语中尚不存在又不无合理性的词称作为“潜词”。详见王希杰《修辞学通论》，南京大学出版社，1996 年，第 220～222 页。

此。所以英国语义学家莱昂斯（J. Lyons）将反义关系中具有泛化倾向的这一方称作为“unmarked term”（无标记项），而称另一方为“marked term”（有标记项）。①

我们这里讨论的是语言中的反义关系，这种反义关系是完全不受语境制约并超然于语境之外的。而有一种反义关系是必须依赖语境才得以存在的，我们不妨称之为言语的反义关系，如：

（41）我们的痈疽，是它们的宝贝，那么，它们的敌人，当然是我们的朋友了。

（42）好吧，是福盼不来，是祸也愁不去。②

有的学者将例（41）、（42）中的“痈疽——宝贝”、“盼——愁”看作是语言中的反义关系之一种③，同“进步——落后”、“局部——全体”、“好——坏”等相提并论，其实是混淆了语言的反义关系和言语的反义关系。

三、上下义关系和类义关系

上下义关系和类义关系是一个事物的两面，前者是纵向的描写，后者是横向的描写。

所谓上下义关系，是指两个外延具有包含与被包含关系的义位所形成的一种词义关系。④如“叫”的一个义位“人或动物的发音器官发出较大的声音”同“吼”、“嘶”、“啼”、“啸”、“哨”等中表类似意义的一个义位就形成上下义关系，其中“叫”的义位是上义，“吼”等的义位是下义，就外延来看，“叫”的义位包含了“吼”等的义位；就逻辑关系来看，“叫”的义位为属，“吼”等的义位为种，它们构成属种关系。

上下义关系不是集体与个体的关系，像“信件”和“信”，“树木”和“树”，“布匹”和“布”，“人口”和“人”，“书籍”和“书”等，均属集体与个体的关系，而不是上下义关系。

上下义关系也不是同义关系，像“坐具”同“凳子”、“季节”和“冬季”、“职称”和“教授”、“动物”同“家畜”、“鸡”同“公鸡”等等，均

① 参见 John Lyons，*Semantics*，Cambridge University Press，Reprinted 1978.

② 见詹人凤：《现代汉语语义学》，第119页。

③ 见詹人凤：《现代汉语语义学》，第119页。

④ 见李晋荃：《语法修辞论集》，语文出版社，1993年，第136页。

为上下义关系，而非同义关系。

但上下义关系常可构成同指关系，如：

(43) 教室前面有两棵树，一棵是柊树，一棵是松树。
(44) 他养了两条狗，一条是狼狗，一条是哈巴狗。
(45) 我只喝两种绿茶：碧螺春和龙井。
(46) 该专业今年引进的几个研究生，都是硕士。
(47) 他一天到晚嘴上挂着的“金属”，指的就是钽。

例（43）中“树”同“柳树”、“松树”均为上下义关系，而且“树”分别同“柳树”、“松树”构成同指关系。例（44）中“狗”同“狼狗”、“哈巴狗”既为上下义关系，又构成同指关系。其余诸例中，“绿茶”同“碧螺春”、“龙井”，“研究生”同“硕士”，“金属”同“钽”等均是如此。

所谓类义关系，是指具有共同的上义义位的几个下义义位所形成的一种词义关系。如例（43）中的“柳树”和“松树”就构成类义关系，例（44）中的“狼狗”和“哈巴狗”，例（45）中的“碧螺春”和“龙井”等均构成类义关系。

类义关系具有较强的层次性，如“狗”固然是“狼狗”等的上义义位，“羊”固然是“山羊”等的上义义位，而“狗”、“羊”等又是上义义位“家畜”的下义义位，而“家畜”又是上义义位“动物”的下义义位。

类义关系也具有交叉性，即处于类义关系中的几个义位并非是固定不变的，而往往具有较大的自由度和较强的灵活性。如“教授”，既可同“副教授、讲师、助教”等构成类义关系，成为“职称”这个上义义位的下义义位；也可同“研究员、高工”等构成类义关系，成为“高知”这个上义义位的下义义位。

类义关系包含反义关系。凡构成反义关系的两个义位必定构成类义关系，如“大”和“小”的上义义位是“体积”或“数量”等，“长”和“短”的上义义位是“长度”，“重”和“轻”的上义义位是“重量”，“冷”和“热”的上义义位是“温度”，“深”和“浅”的上义义位是“深度”等等，它们均构成一对对类义关系。

类义关系也往往包含同义关系。凡构成同义关系的几个义位往往也构成类义关系，如前面我们列举的“叫”的几个下义义位，既构成类义关系，也构成同义关系。但类义关系并不同于同义关系，例（43）、（44）、（45）中形成类义关系的几个义位并不同义。

思考与探索之八

本章除了上下义关系和类义关系等三种词义现象外，其他均是词义学中的热点问题。

我们之所以使用多义现象、单义现象这样的说法，而不说多义词、单义词，是因为本书是一部词义学著作，这里讨论的是词义现象，而不是词汇现象。虽然从内涵来讲两者相差无几，但着眼点不同，还是有区分的必要。

关于单义现象和多义现象，学界不知从什么时候开始，有了一个比较通行的看法，那就是：单义现象是比较少见的，大量的、常见的是多义现象。这种看法散见于各种语言学的著作或论文里，也每见于现代汉语的教材中。除了文中注中所引，再举几例：

符淮青指出："单义词在语言中是少数。语言的语音形式是有限的，太多会造成记忆的沉重负担，不易掌握，不便交际。拿北京话来说，全部音节414个，加上声调的区别约有1 300个，加上七百多儿化音节，全部音节约2 000个。而词义的区分越来越细，词义的积累越来越多，必然会大量出现一个语言形（炜案：原著无'形'字，疑为误漏，今添上）式联系多个意义的情况。"①

汪榕培、卢晓娟也断言："一词多义（polysemy）是语言的普遍现象。在英语中，除了术语以外，单义词（monosemic words）是很少的；多数的词都是多义词（polysemic words）……"②

而事实却并非如此，文中的讨论已经证明了这一点。

也就是说，在现代汉语这个共时平面，单义现象在数量上要大大多于多义现象，多义性并不是现代汉语中大多数的词所具有的属性，而恰恰相反，单义性倒是大多数的词所具有的属性。

一年之后，苏新春等也就此问题对《现代汉语词典》（1983年版）中的单义词目的分布情况作了数据统计，结果发现在56 147条词目中，只有一个义项的词目共有42 817条，占总数的76%。苏新春等的统计结果同我

---

① 参见符淮青：《现代汉语词汇》，第52页。

② 参见汪榕培、卢晓娟编著：《英语词汇学教程》，上海外语教育出版社，1997年，第135页。

们的是一致的。

一年之后，何九盈先生在《读〈汉语词汇计量研究〉》一文中谈到这个问题时充满赞赏地说道："在古代汉语中，一词多义的情况颇为突出，现代汉语如何呢？看第一章你就能得到满意的计量报告。……在我们的学术研究中，有多少'朦胧'的含混不清的'看法'和距离事实甚远的'习常的看法'在制约着学术的发展。"①

至于英语词汇中单义现象的情况怎么样，我们尚没有作类似于现代汉语单义现象那样的系统考察，但是，从我们所做过的抽样调查情况来看，单义词的数量与多义词的数量几乎持平，难分伯仲（参见第十章第二节"三"中的页下注）。多义现象并没有像汪榕培、卢晓娟所预计的那样比单义现象多得多，而且单义现象也并非限于术语，像"cad（无赖）、caddish（下贱的）、calaboose（监狱）、calescent（渐增温的）、calumny（诽谤）、calumnious（污蔑的）、canard（谣传）、canniness（精明）、cannily（谨慎地）、capacious（宽敞的）、captious（强词夺理的）、caressing（爱抚的）、carnality（好色）、carousal（狂欢宴会）、carp（挑剔）、cater-cousin（亲密的朋友）、cattiness（恶毒）、cautious（细心的）、changeful（多变的）"等，均非术语，但却都是标准的单义词。

既然已经证明过去一贯以为的单义现象比较少见的看法至少在现代汉语这个平面上是错误的，那么以往的关于呈现单义现象的词汇类别的表述恐怕也是值得怀疑的。

胡裕树主编的《现代汉语》（重订本）将单义词分为两大类："一类是常见的事物名称，如：桌子、茶杯、手表、菊花、眼镜、皮鞋、毛笔；另一类是科学术语和专有名词，如：元音、电子、元素、函数、血压、针灸、黄河"。②

符淮青也曾将单义词分为以下三个类别："科学术语（例如上面所举的"光压"、"结焦"），不少鸟兽、草木、器物的名称（如上面所举的"狗"、"驴"、"海藻"、"豆角儿"、"炉子"、"犁铧"），很多人名、地名（如上面举的"蔺相如"、"景德镇"）"。③

① 参见何九盈：《读〈汉语词汇计量研究〉》，《语言文字应用》2003年第1期。
② 参见胡裕树主编：《现代汉语》（重订本），上海教育出版社，1995年，第217页。
③ 参见符淮青：《现代汉语词汇》，第51、52页。

虽然表述上略有差异，其实质是完全相同的：大家一致认同的呈现单义现象的是科学术语、专有名词和常见事物的名称这么三大类词（下简称“三大类”）。

对“三大类”的单义性，我们并不怀疑，我们怀疑的是：它们是呈现单义现象的全部词汇吗？答案显然是否定的。事实上，“三大类”仅仅是冰山之一角，比它们多得多的是下面这些词汇类别①：

(1) 大量的现代汉语书面语词。

就拿《现代汉语词典》(1983年版) 所收录的书面语词来说吧，在给予标注的全部3 821个书面语词中，有3 237个是单义词。如：白皙、败北、败绩、拜谒、斑白、斑驳、斑斓、班师、板荡、半壁、半子、暴客、鲍鱼、悲怆、悲戚、悲切、悲辛、碑碣、逼肖、鄙夷、掣电、沉滞、城府等。

(2) 大量的现代汉语口语词。

仍拿《现代汉语词典》(1983年版) 所收录的口语词来说吧，在给予标注的全部802个口语词中，有706个是单义词。如：白班儿、白搭、白嘴儿、扳不倒儿、半边人、半彪子、半空中、半拉、半瓶醋、半中腰、背黑锅、背气、奔命、病包儿、藏猫儿、唱片儿、唱戏、抄道、车条、车轱辘、抻、成年、吃喝儿、吃食、吃香、出饭等。

(3) 大量的现代汉语方言词。

拿《现代汉语词典》(1983年版) 和《现代汉语词典补编》所收录的方言词来说吧，在给予标注的全部4 278个方言词中，有3 776个是单义词。如：摆格、摆谱儿、摆子、班辈儿、扳本、般配、半晌、帮冬、傍边儿、傍黑儿、傍亮儿、傍晌、棒冰、棒头、包谷、饱雨、扯白、扯臊、出溜、保不齐、白毛风、备不住、白不呲咧等。

(4) 大量的叹词和拟声词。

我们粗略地翻阅了《现代汉语词典》(修订本) A～M字母统辖的词目中的叹词和拟声词，绝大部分都是单义词，尤其是拟声词，几乎百分之百为单义词。如：啊、啊呀、啊哟、哎哟、唉、嗳、唵、呃、欸、咳、嗨哟、嚄、嚯（以上为叹词）嗷嗷、吧、吧嗒、吧唧、哧溜、当啷、丁当、滴答、玎玲、咣当、嘿嘿、轰隆、呼哧、呼啦、呼噜、哗、砉、哗啦、吭

① 该部分采自曹炜：《现代汉语词汇研究》，北京大学出版社，2003年，第251～253页。

儿咳儿、叽叽嘎嘎、叽叽喳喳、叽里咕噜、叽里呱啦、唧唧、啾啾、啾唧、咔、喀、喀吧、咔嚓、喀哒、隆隆、喵、咩、哞等。

(5) 大量的“三大类”以外的三字词语、四字词语。

词长越短，限制就越少，就越具有概括性，容易呈现多义性；词长越长，限制就多，就越失去概括性，容易呈现单义性。因此，现代汉语中的三字词、四字固定语一般也都呈现单义性。苏新春等曾对《现代汉语词典》(1983 年版) 中的四字词语作了统计，共找到四字词语 4 364 条，其中去除属于“三大类”中的科学术语的，如“聚伞花序、柔荑花序、肉穗花序、伞房花序、伞形花序、头状花序、无限花序、隐头花序、有限花序、圆锥花序”等，共 960 条，其余非“三大类”的、来源于百姓日常生活和文学作品的共有 3 404 条，这些词几乎都是呈现单义性的，如“电报挂号、电话会议、顶头上司、胳膊腕子、暴虎冯河、土生土长、土崩瓦解、胸有成竹、饱经风霜、重整旗鼓”等。① 三字词，去除属于“三大类”的，一般也都是呈现单义性的，如“矮墩墩、八仙桌、白皑皑、白花花、白刃战、表决权、表面化、茶褐色、颤巍巍、抽工夫、出毛病”等。

(6) 大量的表示普通事物或行为、性状的双音词。

现代汉语词汇中占主体的是双音词。双音词中那些既非“三大类”，也不属于书面语词、口语词、方言词、叹词和拟声词的，只是表示普通事物或性状的词，也有很大的一部分是呈现单义性的。这也便是现代汉语中单义现象要比多义现象多得多的最根本的原因。翻开《现代汉语词典》(1983 年版)，那些没有任何标注的普通双音词，大多均只包含一个义项。我们随机地抽查了“重”字头下的所有 31 个双音词，去除“重茬、重唱、重文、重言、重奏”等 5 个科学术语，再去除“重茧、重茧$_1$、重沓、重霄、重落、重孙”等 6 个单义书面语词、口语词、方言词外，其余的 20 个词中，只有“重复、重新、重译”等 3 个词属于多义现象，另外的 17 个词：“重版、重重、重出、重叠、重合、重婚、重茧$_2$、重九、重申、重围、重午、重演、重阳、重洋、重印、重圆、重张”，或表普通事物，或表行为、性状，均属单义现象。

多义现象中几个义位之间通常存在着源流关系，其中一个是本义，其余的是派生义。这是一种常态，代表着多义现象的主流。但是，语言现象

① 参见苏新春等：《汉语词汇计量研究》，厦门大学出版社，2002 年，第 156、157 页。

是复杂的，词的多义现象同样也是复杂的，一些多义现象的几个义位之间并不存在源流关系，它们中间说不上明确的本义和派生义，所有的意义均分别来自于多义语素的不同意义或语素间的不同组合关系，或者既来自于多义语素的不同意义，又来自于语素间的不同组合关系，或者来自于其他的因素。显然，这是一种特殊的多义现象（参见第二章第二节“五”中的讨论）。

本章中所谓的同载体不相关义，实际就是同音同形词或同形同音词之间所存在的词义关系。之所以不说同音同形词或同形同音词，而绞尽脑汁使用这么一个奇怪的术语，也是考虑到我们这里讨论的是词义现象，而不是词汇现象。与同载体不相关义相对的就是多义现象，为了术语上的匹配性，这里使用了“同载体相关义”这个术语。

有时候，区别同载体相关义现象与同载体不相关义现象，并不是一件轻松的事情。关于这个问题，一些学者作了有益的探索。

符淮青在《多义词义项间的关系——兼论与同音词的区别》一文中指出：“区分同义词和多义词，最普遍采用的标准是看现时词义有无联系，词义有联系的是多义词，无联系的是同音词。但对这一点，各家的理解和实际处理是有分歧的。据我看，词义有无联系可以从两个角度看：词源上有无联系；现时是否感觉意义有联系。这样就有四种可能：①词源有联系，现时感觉意义有联系；②词源有联系，现时感觉意义无联系；③词源上无联系，现时感觉意义有联系；④词源无联系，现时感觉意义无联系。”作者通过分析认为：①“是多义词”，④“是同音词”，②“应算同音词”，③“以看作同音词为好”。[①]

张博则提出了辨析同形同音词与多义词的四种具体方法：义素分析法、词源考索法、引申义列梳理法、相关比较法等。作者坦言：这四种方法“在适用范围和效能上是有差异的”，“义素分析法更适用于检验词义扩大、缩小和转移而产生的多个义项在现时语感是否还有联系，词源考索法则适用于验证现时语感有联系的意义是否有词源上的联系，引申义列梳理法在分析附丽于同音形的众多义项时更为有用，相关比较法则在处理与隐

① 符淮青：《多义词义项间的关系——兼论与同音词的区别》，《辞书研究》1983年第6期。

喻、通感和虚化等相关的词义衍化现象时比较有效”。[①]

可惜的是这种务实的探索在已有的同类成果中并不多见。关于同载体相关义现象与同载体不相关义现象的准确区别，依然有不少工作要做。

关于同义关系的研讨是现代汉语词义学中难得一见的热门话题，参与的学者之多、论著之丰均是其他词义现象所望尘莫及的。虽然在某些问题上达成了共识，但是分歧依然较多。尤其是在同义关系的界定这个关乎同义关系理论的科学性和严密性的重大问题上，还是没有取得令人信服的结论。王理嘉、侯学超40年前提出的“什么是同义词”、“究竟意义相近到什么程度，才能叫作同义词”等问题，至今还没有很好地解决。

关于同义关系的界说，目前主要有以下几种意见：[②]

(1)“两个词如果在同一个上下文中可以互相替换而不改变句子的基本意义，那么它们就有意义上的共同性，就是同义词。换句话说，同义词之间都有一定的可替换性。”[③]

(2) 呈现同义关系的词是“意义相同或相近的词。相同的也叫‘等义词’。如‘乙醇’就是‘酒精’。相近的也叫‘近义词’，如‘赞成’和‘同意’、‘坚决’和‘坚定’、‘成绩’和‘成就’等”。[④]

(3) 呈现同义关系的词“就是语音不同、具有一个或几个类似意义的词，这些意义表现同一概念，但是在补充意义、风格特征、感情色彩以及用法（包括跟其他词的搭配关系）上则可能有所不同”。[⑤]

(4)“不同的词语是否在意义上基本一致，应看它们是不是指称同一事物对象。所指的事物对象同一，它们就是同义词语；所指的对象不一样，它们就没有同义关系”。[⑥]

上述几种意见，都体现了学界对同义关系界说问题的积极的、执著的探索，其中不乏值得借鉴、汲取的精髓，但也无一例外地存在一些欠周密之处。

---

① 张博：《现代汉语同形同音词与多义词的区分原则和方法》，《语言教学与研究》2004年第4期。

② 以下部分论论采自曹炜：《现代汉语词汇研究》，第259～267页。

③ 王理嘉、侯学超：《怎样确定同义词》，载《语言学论丛》第五辑，商务印书馆，1963年。

④ 《辞海》（缩印本），第222页。

⑤ 张永言：《词汇学简论》，第108页。

⑥ 刘叔新、周荐：《同义词语和反义词语》，商务印书馆，1992年，第31页。

第一种意见试图从形式上对同义关系有一个明确的界定，能够从形式上去界定一种词义现象自然是再好不过的了。但问题是，“在同一个上下文中可以互相替换而不改变句子的基本意义”这样的同义关系是极其有限的，大量的呈现同义关系的词不具有可替换性。若将可替换性作为同义关系的本质属性，那就会将大量的同义关系被排除在外，这是很难让人接受的，事实上也是行不同的。因此，这种意见遭到了一部分学者的尖锐批评①。

第二种意见是国内目前最为通行的意见，各种语文辞书及《现代汉语》教材均采用此说。这种意见大致没错，但失之笼统、含混，因为它还是没有明确究竟怎样的词才是“意义相同或相近的词”，有点类似于大白话，并没有告诉人们多少有关同义关系界定的信息。

第三种意见将“表现同一概念”作为同义关系的本质特征，自然就带来了很多无法自圆其说的麻烦：一是“同一概念”在理解上具有变异性，几个意义类似的词是否属于“同一概念”，各人的理解本身就存在差异，这会给同义关系的界定带来不确定性和随意性。二是“概念”本身也是有层次、大小的，比如有属概念、种概念之分，如此，“表现同一概念”就会变得范围奇广，毫无节制，例如“馒头”和“包子”均属于“食品”的概念，意义也“类似”，两者是否也具有同义关系呢？这显然是荒谬的。可见，这种意见理论上的缺陷是十分明显的。

第四种意见将“指称同一事物对象”作为同义关系的本质属性，也存在颇多破绽：一是并不是所有的词都能指称事物对象的，像一些连词“和、跟、同、与”、“但是、可是”等，介词“从、自、自从”、“被、叫”等，副词“经常、常常、时常”、“稍微、略微”等，它们并不指称事物对象，但它们无疑是具有同义关系的。二是有些词，它们是否指称同一事物对象，很难说清楚，如“充足”和“充沛”，“交流”和“交换”，它们指称同一对象吗？恐怕很难说清楚，但它们却是大家公认的具有同义关系的词，而且这样的词还不在少数。三是不同意义的词语可以指称同一对象，徐烈炯早在10多年前就曾经指出：“不同的词语可以指同一对象。

① 张志毅：《确定同义词的几个基本观点》，《吉林师大学报》1965年第1期；刘叔新：《同义词和近义词的划分》，载《语言研究论丛》，天津人民出版社，1980年，第70~77页；周荐：《同义词语的研究》，天津人民出版社，1991年，第50~57页。

……弗雷格在《意义与所指》(Frege，1892）中举了一个经典例子。‘启明星’和‘黄昏星’同指太阳系行星金星，太阳升起前的金星称为‘启明星’，太阳落山后的金星称为‘黄昏星’。两者所指对象相同，意义却不同。”① 可见，“指称同一事物对象”的词并不一定具有同义关系。

破易立难，当评论家是一回事，亲自捉刀又是另一回事。

我们初步的意见是：同义关系指的是主要理性意义相同而次要理性义或附属义有差异的一组词所具有的关系。

遗憾的是，我们暂时无法给出同义关系形式上的标志。同时，对同义关系是否具有这种一目了然的形式上的标志也感到茫然和困惑。当然，刘叔新20多年前就善意地提醒大家放弃这样的努力：“语义学中，要以一定的形式标志来证明一个词语单位只有这样的意义，不是其他的意义，或进一步证明两个词语单位的意义有何种关系，是很难做到的。”②

在希望给出一个同义关系的最合理的界说的过程中，试图从形式上给自己的界说一个有力的支撑的努力从来就没有放弃过。这样，也就诞生了一个又一个同义关系界定的具体操作方法。

(1) 替换法。

除了王理嘉、侯学超将这种方法作为衡量几个词是否具有同义关系之外，不少学者均将之作为确定同义关系的一种辅助手段。

尽管一直未曾有人真正将之作为一种方法详细描述过它的操作程序，但从各家的论述中还是可以归纳出这种方法的具体使用步骤的：

第一步：设置一个语言环境，即上下文语境。

第二步：将几个需要考察其是否具有同义关系的词先后置于该语境中。

第三步：观察、比较。可能会出现以下三种情况：

①被考察对象有的不能够进入该语境，那就证明它同能够进入该语境的被考察对象不存在同义关系。

②被考察对象都能够进入该语境，但原本完全一致的语流意义却因为不同的被考察对象的进入而变得不一致，那同样也证明它们之间不存在同义关系。

---

① 参见徐烈炯：《语义学》，语文出版社，1990年，第13页。

② 参见刘叔新：《同义词和近义词的划分》。

③被考察对象均能够进入该语境，而且原本完全一致的语流意义在不同的被考察对象进入之后依然完全一致，那就证明它们之间存在同义关系。

这种方法有其局限性，作为甄别同义关系的一种辅助方法未尝不可，而作为确定同义关系的唯一依据则很难行得通。

(2) 义素分析法。

这里所讲的义素分析法专指采用西方的义素分析法甄别汉语词语同义关系的一种方法，与通常所说的“义素分析法”还是有些区别的。

西方的义素分析法有着一套属于自己的严格的操作程序，而甄别汉语词语同义关系的义素分析法更是比前者多了一道程序——甄别同义关系的真伪：

第一步：将几个需要考察的对象设定为一个语义场。

第二步：通过分析、比较，找出这几个被考察对象的义素。这是最关键的一道程序，因为义素分析的目的便是为了了解每个被分析词义的义素情况。

第三步：列出语义结构式子或语义矩阵。即将从词义中分析出来的各个义素线性排列或平面列成图表。

第四步：检验分析的结果。即将分析出来的义素置于语料库中去检验，看是否有与语言事实相乖违的义素，若有则及时予以纠正。

第五步：考察几个被考察对象义素的异同情况，从而确定是否具有同义关系。

义素分析深入到了词义的微观世界，使我们对同处于一个语义场中的词义之间那种同中有异、异中有同的关系看得更为清晰，表述起来也更为直截、便利。

当然，西方的义素分析法的局限同样也体现在了甄别汉语词语同义关系的义素分析法中，主要是存在着一定的主观性、随意性（详见第七章第二节“三”中的有关讨论）。

(3) 同形结合法。

刘叔新所创立的“同形结合法”实质上与王理嘉、侯学超所提出的“替换法”毫无二致①，虽然刘叔新并不赞成“替换法”。

① 参见刘叔新：《同义词和近义词的划分》。

其原理是：若 $A=B$

则 $A+C=B+C$

若 $A+C=B+C$

则 $A=B$

若 $A+C\neq B+C$

则 $A\neq B$

具体的操作程序是：

第一步：先寻找一种同几个被考察对象均能组合的词语。

第二步：将几个被考察对象分别与找来的该词语组合成一个语言片段。

第三步：观察、比较这几个语言片段是否指称同一事物对象：指称同一事物对象的则具有同义关系，指称的不是同一事物对象的则不具有同义关系。

我们之所以说这种方法与前面所说的“替换法”在实质上毫无二致，是因为：所谓“寻找一种同几个被考察对象均能组合的词语”，其实就是在确定上下文语境；而考察组合之后的语言片段是否指称同一事物对象，其实也就是在考察原本完全一致的词语意义在与不同的被考察对象组合之后是否依然完全一致。

既然这样，那么，“替换法”所具有的局限，“同形结合法”也必然同样具有。当然，同“替换法”一样，“同形结合法”也不失为一种甄别同义关系的辅助方法。

在同义关系的界定问题上，下面的一些问题是我们无法回避的：

(1) 几个具有同义关系的词在语音形式上是否应该有所限制？

其中之一是构成同义关系的双方在音节上是否必须对等，关于这一点，学界几无争议，比较一致的意见是没必要限制；其中之二是，构成同义关系的双方在语音形式上是否必须有异，关于这一点，学界存在不同看法：主张应该有所限制的，恐怕是更多地考虑到了同义词与异形词的区分，一些意义相同、语音形式相同的词有可能是异形词，这种担心不无道理，因为至今还是有学者将大量的异形词作为同义词来辨析[①]；主张不应

① 参见严戎庚等：《现代汉语特殊同义词词典》，新疆人民出版社，2000 年。该词典将大量的异形词作为同义词加以辨析。

限制的，是注意到了有一部分同义词确实语音形式也相同，如“界限——界线”、“察访——查访”等[1]。我们认为，“不同的语音形式”这样的限制并不是强制性的，如果一定要作为同义关系的先决条件，确实会将一部分真正意义上的同义关系排除在外；但是，可以作为一种辅助手段，一种重要的参考，设若几个词语音形式相同，意义又完全相同，那我们就应该注意分辨它们究竟是同义词还是异形词。事实上，从目前情况看来，同音的同义词较之于异形词要少得多，而将异形词误认作同义词的情况要比将同义词误认作异形词或非同义词的情况严重得多。因此，一定的语音形式的限制利大于弊，是非常有必要的。

(2) 几个具有同义关系的词在语法功能上是否应该有所限制？

这也是长期困扰学界的一个问题。有些学者主张同义词在语法功能上不一定要完全一致，即不同词类的词也可以构成同义词[2]；有些学者则主张同义词在语法功能上必须完全一致，即不同词类的词不能构成同义词[3]。后者的声音似乎要大于前者。

我们认为，在语法功能上对同义词予以限制纯属多余。同义词，应该是主要理性意义相同的词，我们只需关注它们的词汇意义，根本不用关注其语法功能的异同。至于说，词的语法功能的不同往往也伴随着主要理性意义的不同，那岂不更好？我们岂不是只需要关注词汇意义？反正语法功能的不同会反映在词汇意义的不同上，既然这样，我们何必再去关注语法意义呢？以“战争”与“作战”为例，两者之所以不具有同义关系，是因为两者主要理性意义就不相同，而不是两者的语法意义不同。而且在主张不同词类的词不能构成同义关系论者面前有一座无法翻越的大山，那就是怎么去解释“刚才——刚刚”、“偶然——偶尔”、“突然——忽然”等词性不同却具有同义关系的词。虽然这样的同义词很少，但毕竟存在。因

① 参见张志毅：《同义词词典编纂法的几个问题》，《中国语文》1980年第5期。

② 参见张世禄：《词义和词性的关系》，《语文知识》，1956年10期；陈炳迢：《汉语的同义词是不是一定要词性相同》，《语文知识》1958年第6期；贾启明：《同义词在句法功能方面的区别》，《新疆大学学报》1984年第2期；梅立崇：《词性不同的词能否构成同义词》，《逻辑与语言学习》1987年第1期。

③ 参见刘冠群：《关于同义词的两个问题》，《语文学习》1957年第7期；贡仁年：《关于汉语同义词的词性问题》，《哈尔滨师范学院学报》1963年第4期；常敬宇：《浅谈现代汉语同义词的性质和范围》，《语言教学与研究》1979年试刊4集；刘叔新：《同义词词典怎样处理词性》，《辞书研究》1983年第3期；邢向东：《关于确定同义词范围的几个问题》，《语言文学》1985年第2期。

此，我们觉得，对同义词的语法功能是否限制并不重要，不限制似乎更明智一些；同时，我们也注意到，绝大多数同义词的语法功能是不同的，即绝大多数不同词类的词不可能构成同义关系。我们对主张不同词类的词不能构成同义关系论者的关于语法功能与词汇意义的密切联系的论证表示基本认同——因为它反映了同义关系的基本状态，虽然不是全部状态。

（3）具有同义关系的几个词在感情色彩上是否应该有所限制呢？

这同样也是一个存在着很大分歧的问题。一部分学者认为，具有褒义色彩的词与具有贬义色彩的词可以构成同义关系①；另一部分学者认为，褒贬不同的词根本不能成为同义关系②。后者是目前比较通行的看法。

在本章第二节中，我们提出了同义关系的“近似值”问题，我们将语体色彩有差异的同义词看作是近似值最大的同义词——可相互替换程度最高；而处于褒贬两极的同义词近似值最小——可相互替换程度最低。在这里，我们觉得有必要再作一些说明。我们之所以这样处理是因为主要理性义相同而处于褒贬两极的词实在很少，绝大多数处于褒贬两极的词主要理性义就存在较大的差异，如“详细——噜苏”、“牺牲——消灭”、“坚强——顽固”、“成果——恶果”、“鼓励——煽动”、“节约——吝啬”等，它们一般很难被认同具有同义关系，并不是因为它们处于褒贬两极，而恰恰是因为它们的主要理性义存在较大的差异。所以，所谓主要理性义相同而处于褒贬两极的同义词主要停留在理论层面，即从理论上讲，感情色彩义属于附属意义，并不是主要理性义，所以感情色彩义截然相反的词是可以成为同义词的。词汇中经常会出现理论上应该有而实际上暂时还没有的现象，有人称之为“潜词”③。因此，我们觉得，不应轻易否定这种现象。既然绝大多数处于褒贬两极的词主要理性义存在较大的差异，那么对感情色彩的限制也就变得无足轻重，不予限制也不会影响同义关系的确认，而且还留有余地，何乐而不为呢？

---

① 参见瓌一：《谈同义词》，《语文学习》1953 年第 8 期；魏立湘：《同义词、反义词及其他》，《江苏教育》1959 年第 21 期。

② 参见王理嘉、侯学超：《怎样确定同义词》；张志毅：《确定同义词的几个基本观点》；徐志民：《褒贬词能组成同义词吗?》，《语文教学通讯》1980 年第 2 期；邢向东：《关于确定同义词范围的几个问题》；周荐：《试论词的感情色彩及其构成方式》，《天津社会科学》1985 年第 3 期。

③ 王希杰曾将现代汉语中暂时尚不存在又不无合理性的词称作为“潜词”。详见王希杰：《修辞学通论》，南京大学出版社，1996 年，第 220 ~ 222 页。

当然，这个问题还有待于进一步的讨论。

在同义关系的界定中还有以下一些具体情况需要我们给出处理意见。

我们来看下面几组词：

A 组：

配角——配角儿　起劲——起劲儿　毛孩——毛孩儿

临月——临月儿　裤衩——裤衩儿　会道门——会道门儿①

B 组：

梗直——耿直　约莫——约摸　订购——定购　红彤彤——红通通

鱼具——渔具　辩白——辨白　订婚——定婚　会聚——汇聚②

如何看待 A 组中的 6 对词？是否具有同义关系呢？我们认为以不作为同义关系处理为妥，一者是因为将带“儿”与不带“儿”的看作是两个词，在情理上很难让人接受；二者是若将这种情形看作是同义关系，那就会无限扩大同义关系的范围，因为在北京话口语中“儿化”是普遍现象，而在书面语中一般又不儿化；三者是这样的同义关系，意义价值不大。

如何看待 B 组中的 8 对词？是否具有同义关系呢？在《现代汉语词典》中它们全被视作异形词，但也有一部分学者将它们看作是具有同义关系的。我们认为以不作为同义关系处理为妥，因为它们的语音形式、意义完全相同，在语言中是同一个词，只不过是同一个词的不同书写形式而已。

反义关系的讨论同样也是现代汉语词义研究中的热点问题。③

俄国语言学者的研究成果显示，根据两个或两个以上的词在义素上的一致和不一致关系，词与词之间主要形成以下三种基本语义对立关系：

(1) 恒等对立。词位 A 同词位 B 的义素完全吻合。可以构成绝对同义词。

(2) 包孕对立。词位 A 包含词位 B 的全部义素之外还存在词位 B 所没有的义素，构成类义词群及派生词群。

(3) 均等对立。也叫交叉对立，词位 A 同词位 B 除了具有两者共同的义素外，还各自具有对方所不具备的义素。对立词位在语义上相互交

① 上述诸例选自《现代汉语词典》(1983 年版)。

② 上述诸例选自严戎庚等：《现代汉语特殊同义词词典》。

③ 以下部分讨论采自曹炜《现代汉语词汇研究》第 269 ~ 273 页。

义，部分相同，部分相异。

从语义对立的角度来看，同义词和反义词没有本质的区别，两者都是语义交叉对立的聚合体，不同之处只在于反义词的区别性义素是绝对的、相斥的。①

反义关系界定的难度显然要比同义关系界定的难度低不少，但同样也存在着不少分歧。

（1）具有反义关系的双方在语音形式和内部结构上是否应有所限制？

关于这个问题，学界存在着两种声音。有学者明确指出：“反义词间在音节、结构方面，也要求一定的对应性，这一点，和同义词的情况有所不同。”② 不少学者虽未明说，但在具体处理上也可看出他们对反义词的音节、结构方面的要求。但是，也有学者持反对态度：“不能认为在汉语中只有音节数相同的词才能组成反义词聚。例如：‘脏——干净’与‘肮脏——干净’，‘聪明——笨’与‘聪明——愚蠢’，‘难——容易’与‘困难——容易’，‘有——没有’与‘有——无’等都是现代汉语的反义类聚”。③ 刘叔新等也将“棘手——轻而易举”、“慌忙——不慌不忙”、“细致——粗枝大叶”、“顾忌——肆无忌惮”、“有理有据——无理”、“大高个儿——矮个”等统统看作是反义词语。④

我们认为，强调反义词间在语音形式、结构方面的对应性是毫无必要的，因为这样做，会将一部分大家普遍认同的反义词给排除在外了。像“有”与“没有”，语音形式不同，内部结构也不同，但能据此认定它们不是反义词吗？类似于“有——没有”这样的反义词是持限制论者所无法翻越的高山。但是，我们对将“慌忙——不慌不忙”、“顾忌——肆无忌惮”、“有理有据——无理”等处理为反义词持不同意见，当然这同语音形式、结构方面的是否具有对应性无关。

（2）具有反义关系的双方在语法属性及语体色彩、感情色彩上是否应

---

① 参见顾柏林：《当代俄语词汇学研究的特点》，《外国语》1985年第5期。原文的表述不够精练，而且用了不少国内不通用的术语，如表示义素的“义子”，表示词位的“词项”等。此处引用时在文字上作了一定的删汰、改写。

② 参见武占坤、王勤：《现代汉语词汇概要》，第138页。

③ 参见石安石、詹人凤：《反义词聚的共性、类别及不均衡性》，载《语言学论丛》第十辑，商务印书馆，1983年。

④ 刘叔新、周荐：《同义词语和反义词语》，商务印书馆，1992年，第91页。

有所限制?

反义关系的双方在语法属性上是否必须一致，学界的看法似乎出奇地一致，看来大家对反义词必须是语法功能相同的词已经达成了共识。

反义关系的双方语体色彩是否应该一致呢?石安石等指出:“对反义词聚的两项，要求风格上的一致，这是这方面的一个重要表现。例如‘迅速’、‘快’同时与‘迟缓’、‘慢’在意义上相反，但仅仅形成‘迅速——迟缓’和‘快——慢’这样两个反义词聚。类似的如‘日——夜’、‘白天——夜晚’，‘美——丑’、‘好看——难看’，‘进——退’、‘前进——后退’，‘胜——败’、‘胜利——失败’、‘输——赢’，‘丈夫——妻子’、‘男人——女人’等等。”① 刘叔新则局部认同:处于两极的，如“静谧——闹”、“丽——难看”等，每一对的前者具有书面语色彩，后者具有口语色彩，固然不能看作是反义词;不处于两极的，如带口语色彩的“老婆”和语体色彩上中性的“丈夫”以及带书面语色彩的“污秽”和语体色彩上中性的“干净”，均可看作是反义词。② 从具体操作来看，后者似乎更能被人们接受，而前者则限制得过严、过窄。

反义关系的双方感情色彩是否应该形成对立呢?有学者坚持反义词的感情色彩应该呈现一褒一贬的对立③。刘叔新等则不以为然，主张“褒贬色彩不能成为反义关系的决定因素”，“自大——自卑”均属贬义词，“伟大——平凡”前为褒义词，后为中性词，“寡情——多情”前为贬义词，后为中性词，感情色彩并不对立，但并不妨碍它们成为一对对的反义词④。我们倾向于刘叔新等的处理意见，而对反义词的感情色彩的限制会使一部分并不处于褒贬两极的反义词被排除在外。

(3) 在一个词前面添加“非、无、不”等，或者由“非、无、不”等与某个词中的一个关键语素组合，或者在原词中插入“不”，如此形成的“非~”、“无~”、“不~”、“不~不~”等组合同原词是否构成反义关系呢?

我们来看下面几组词语:

---

① 石安石、詹人凤:《反义词聚的共性、类别及不均衡性》。
② 刘叔新:《汉语描写词汇学》，商务印书馆，1990年，第308、309页。
③ 武占坤、王勤:《现代汉语词汇概要》，内蒙古人民出版社，1983年，第139页。
④ 刘叔新、周荐:《同义词语和反义词语》，第103、104页。

A 组：

重点——非重点　正式——非正式　对抗性——非对抗性

有益——无益　有利——不利　能干——无能

幸运——不幸　平凡——不凡　端正——不端

B 组：

规则——不规则　道德——不道德　像话——不像话

走运——不走运　满意——不满意　平凡——不平凡

C 组：

慌忙——不慌不忙　干净——不干不净　呆傻——不呆不傻

理睬——不理不睬　疼爱——不疼不爱　吵闹——不吵不闹

有的学者倾向于将它们处理为反义关系①，也有的学者持反对意见："多数语言学家倾向于只把词根不同的意义相反的词看作反义词，而不把在一个词根上加否定词缀构成的词看作反义词。"②

我们既不赞同前者，也不响应后者，而倾向于区别对待：

A 组处理为反义关系似乎更合理一些。因为该组中"无益、不利、无能、不幸、不凡、不端"等中的"无"、"不"后面的都是不能成词的语素，这种"无～"、"不～"组合看作词比较妥当；至于"非～"组合，在汉语中，通常是作为词处理的，如"非导体、非电解质、非金属、非晶体、非卖品"等《现代汉语词典》均处理为词。将这些"非～"、"无～"、"不～"组合与原词看作是反义词，无论是从理性意义还是从语法功能、语体色彩、感情色彩来说，都是行得通的。

B 组以不处理为反义关系似乎更合理一些。因为 B 组与 A 组很不一样，其中的"不～"组合是由在词前面添加"不"而形成，是一种自由短语，它们压根儿不是词，连词的等价物——固定短语都不是，又何以构成反义词呢？从逻辑上就讲不通。而且，设若将 B 组这种情形看作是反义词，那反义词这种词汇现象就如同儿戏一般，一点意义价值都没有了，因为几乎所有的动词、形容词都可以添加"不"，从而形成反义词，这样的反义词如蝗虫般铺天盖地，根本不是像有些学者所预计的"这类反义词语

① 参见刘叔新、周荐：《同义词语和反义词语》，第 128 页。

② 参见张永言：《词汇学简论》，第 113 页。

并不少见"①——似乎还担心大家看不到。此外，像"不规则"、"不道德"之前均可以加"很"修饰，还可以直接作谓语，为形容词性成分；而"规则、道德"前面可以加数量短语修饰，常作主语、宾语、定语，一般不可以直接作谓语，为名词。两者的语法功能也不相同，单凭这一条也不宜看作是反义词。

C组似乎具有骑墙性。C组同B组不一样，C组中的"不~不~"结构是通过"不"将词离析而成。这种"不~不~"结构比A组中的"不/无~"结构松散一些，但比B组中的"不~"结构要紧凑一些。看作是由离合性质的词离合而成的短语未尝不可，当然，看作是一种框架为"不~不~"的相对固定结构也未尝不可。我们认为，C组看作是反义词还是不看作是反义词均可，我们倾向于不看作反义词，因为这种"不~不~"结构具有某种临时性，也具有能产性，一些采用联合型构词法构成的复合式动词、形容词均适用于这种结构，在语感上总觉得与词有一些距离。当然，究竟怎么处置更好一些，还需进一步斟酌。

关于上下义关系和类义关系的讨论是现代汉语词义关系讨论中相对比较薄弱的一个环节，尤其是上下义关系的讨论，关注和参与者更少。

其实，对于类义关系的关注，我国最迟在汉代就已经开始了，像据说是周公所作、一般认为是汉初成书的《尔雅》以及杨雄的《方言》、刘熙的《释名》等，均为早期的类义词典。这些早期的类义词典，由于分类系统性不强，而且其最主要的功能还在于训诂，而不是从概念出发对一种语言中的词进行分类编排，所收录的词对当时汉语词汇的覆盖面也有限，因此离现代意义的类义词典还有一定的距离。这种情形自汉代以降，一直持续到清末。而在西方，类义关系研究的成果直到19世纪中叶以后才陆续出现：1852年，英国人罗瑞（P. M. Roget）编就并出版了世界上第一部具有现代意义的类义词典《英语词语宝库》（*Thesaurus of English Words and Phrases*）；此后，西方各国竞相仿效，1934年，德国的冯·冬塞夫编撰了《按类义群划分的德语词汇》；1942年，西班牙的卡萨雷斯编撰了《西班牙概念词典》；1963年，法国的P. 哈里格和W. 瓦尔特堡合作编撰了《作为词汇基础的概念体系》。国内第一部现代意义的类义词典是1983年面世，由梅家驹、竺一鸣、高蕴琦、殷鸿翔等编就、上海辞书出版社出版的

---

① 参见刘叔新、周荐：《同义词语和反义词语》，第128页。

《同义词词林》，虽然从名称上看会让人误解为同义词词典，而实际上是一部类义词典。真正名实相符的类义词典是四年后林杏光、菲白编就的《简明汉语义类词典》①，而迄今为止具有现代意义的汉语类义词典也就这两部。所以张志公在林杏光、菲白编就的《简明汉语义类词典·序》中坦言："在西方，义类词典比在我国产生晚得多，然而近代以来却迅速发展，后来居上了。"②

关于类义关系的研究，整个20世纪80年代成果寥寥，比较有创意的成果要数谭学纯、朱玲撰写的《一个类义熟语群的综合分析》③。在这篇文章中，作者讨论了一群表示人类死亡意义的熟语。在讨论中作者还运用了义素分析法来揭示这类熟语的"共同的语义特征"和"区别性特征"。

至20世纪90年代，情况依然没有多少改观，成果显然要比80年代多一些，但几乎都是围绕几部类义词典所作的探索。如彭泽润的《论类义与类义词典——兼评〈同义词词林〉和〈简明汉语义类词典〉》，郑述谱的《类义体系比较》等。前者在文章标题中已经作了交代，但作者不囿于两部词典编排上的长处、短处的比较评说，提出了"可以将上层按词性分类，下层接着按词域分类，并且不同词性的词域类别要尽可能互相呼应"的类义词典编排设想，并列出了分别以"实义"、"虚义"总领的"类义纲目"④；后者则以罗瑞的《英语词语宝库》、冯·冬塞夫的《按类义群划分的德语词汇》、P. 哈里格和W. 瓦尔特堡的《作为词汇基础的概念体系》以及《同义词词林》等所展示的类义体系为依据，提出了"不同语言的词汇类义体系可以说是大同小异。这里所说的大同小异，可以作如下两种理解：一是说其共同点多，不同点少；还有一层意思是说，类义体系中的大类目共同之处多，而小类目间的差异较大"的基本观点⑤。

新世纪以来，关于开展汉语类义词研究的倡导呼声一直不断。国家社科规划办自2005年起至2008年，在每年颁布的"国家社科基金项目课题

① 鲍克怡：《汉语类义词典探索——〈同义词词林〉编后》，《辞书研究》1983年第1期；彭泽润：《论类义与类义词典——兼评〈同义词词林〉和〈简明汉语义类词典〉》，《中国人民大学学报》1990年第5期；郑述谱：《类义体系比较》，《辞书研究》1992年第3期。

② 林杏光、菲白编：《简明汉语义类词典》"张志公序"，商务印书馆，1987年。

③ 谭学纯、朱玲：《一个类义熟语群的综合分析》，《语言教学与研究》1986年第4期。

④ 彭泽润：《论类义与类义词典——兼评〈同义词词林〉和〈简明汉语义类词典〉》。

⑤ 郑述谱：《类义体系比较》。

指南”中均有如下的表述：“词汇方面应加强语用环境下词义变异研究和类义词的语言/方言类型研究”。但时至今日，效果似乎并不明显，成果也极其有限，仅有的几篇论文无论从理论上还是实践上均毫无推进。

现代汉语类义关系研究在今后一段时期内依然是亟须投入的研究领域。

上下义关系的研究较之类义关系的研究显得更为冷清，自20世纪80年代以来，这方面的研究成果屈指可数。而且，就在这屈指可数的成果中，也主要以上下义关系的现象罗列、例子展览为主，鲜有比较深入的挖掘。倒是有几篇讨论上下义词如何合理运用以及在不同语言、不同文化背景下的差异的文章，如李晋荃的《上义词语和下义词语的选择与配合》①、李冬的《下义关系的不规则性——兼谈语言与文化的关系》② 等，还值得一读。不过，前者毕竟只是一种应用研究，而不是针对上下义关系本身的所谓“本体研究”；后者则属于英汉比较研究，且将重点放在了英语中的上下义关系那一头，而不是针对现代汉语中的上下义关系。

关于上下义关系的讨论，除了文中的讨论，还需要补充说明的是：

从数量上来看，上下义词（也叫“上下位词”）的关系是一对多的关系，即上义词（也叫“上位词”）只有一个，而下义词（也叫“下位词”）则往往有若干个，至少是两个。但是，这种一对多的关系是建立在上义词的一个意义同下义词的意义之间的包含被包含关系上的，如果上义词本身拥有几个义项，那么从理论上讲，它的每一个义项均可以包含若干个下义词，如此，便会形成一个庞大的上下义词族群。如当“车”表“陆地上有轮子的运输工具”之义时，它同“汽车、火车、马车”等词构成上下义词；当“车”表“利用轮轴旋转的工具”之义时，它同“纺车、滑车、水车”等词构成上下义词。

“汽车”既是“轿车”等的上义词，又是“车”的下义词，由此可见上下义词的传递性特征，这种传递性特征同样也会形成一个庞大的上下义词族群。如果说上义词的多义性形成的上下义词族群是一种横向性的词汇架构的话，那么传递性特征所形成的上下义词族群则是一种纵向性的词汇

① 常棣：《上义词语和下义词语的选择与配合》，载中国华东修辞学会编：《修辞学研究》，语文出版社，1987年；又载李晋荃：《语法修辞论集》，语文出版社，1993年。

② 李冬：《下义关系的不规则性——兼谈语言与文化的关系》，《外国语》1987年第3期。

架构。以“食物”为例：“食物”同“粮食、蔬菜、肉食、禽蛋、豆制品、果食……”等构成上下义词；“粮食”同“谷物、杂粮”等、“蔬菜”同“青菜、白菜、黄瓜、茄子、大蒜”等、“肉食”同“鲜肉、水产品”等、“禽蛋”同“鸡蛋、鸭蛋、鹅蛋、鸽蛋”等、“豆制品”同“豆腐、豆腐干、百叶、油豆腐”等、“果食”同“浆果、硬果”等均构成上下义词；上述的每一个下义词在下一轮中均将成为上义词，它们下面又有若干个下义词；而后下面的每一个下义词又将成为上义词……如此循环轮回，直至没有下义词为止。就在这种一波接着一波的循环轮回中，词汇的系统性就凸现了出来。

本章可以着手的论题

(1) 现代汉语多义词义位间的关系研究

(2) 现代汉语多义词形成途径研究

(3) 现代汉语多义词中比喻义的形成及其特点

(4) 汉英植物词语词义架构比较研究

(5) 汉英动物词语词义架构比较研究

(6) 汉英拟声词词义架构比较研究

(7) 汉语多义现象与同载体不相关义现象的区别手段探索

(8) 同义关系与非同义关系的识别手段研究

(9) 双方感情色彩不同的同义关系研究

(10) 双方语体色彩不同的同义关系研究

(11) 汉语同义关系与同指关系比较研究

(12) 同义关系与词的语法属性

(13) 同义关系熟语研究

(14) 词语语音形式、感情色彩、内部结构的异同对反义关系的影响

(15) 新中国成立以来现代汉语同义词研究史

(16) 改革开放以来的现代汉语反义词研究

(17) 汉语类义词语研究史

(18)《同义词词林》与《简明汉语义类词典》所揭示的汉语类义体系比较

(19) 从上下义词系统看词汇的系统性

（20）汉英动物类上下义词系统比较研究
（21）汉英亲属类上下义词系统比较研究
（22）汉英植物类上下义词系统比较研究
（23）汉英家具类上下义词系统比较研究
（24）汉英手足部动作类上下义词系统比较研究

第九章 现代汉语词义的派生方式[①]

① 该部分曾先后发表在《河池师专学报》1992 年第 2 期和中国人民大学书报资料中心《语言文字学》1992 年第 8 期上。

现代汉语词义的派生方式问题是现代汉语词义学中的一个尚未解决好的问题。目前各种现代汉语教材采用的是“引申、比喻”说①，即认为词义的派生方式一为引申，二为比喻。应该说，引申和比喻是词义派生的两种最重要的方式，但还无法包罗所有的词义派生现象，这一点在下文中会得到证实。除此之外，葛本仪先生在《汉语词汇研究》一书中提出了“引申、比喻、借代、特指”说②，孙良明先生在《词义和释义》一书中提出了“引申、比喻、形容”说③等等，如果单个地孤立地看待其中的任何一种方式，它们毫无疑问，都是现代汉语词义的派生方式之一；但若放在一块儿，作为一个整体来对待，便不是那么一回事了：它们其实不在同一个层次上，因而虽表面上看来不同，而实质上则存在交叉重叠的情况。比如“特指”、“形容”等，其实均不过是“引申”派生方式的若干下位分支中的两种特殊现象（详见下文）。到底该如何概括现代汉语词义的基本派生方式呢？带着这个问题，我们对《现代汉语词典》及其《补编》所收的多义词的情况作了详细的考察分析，发现派生义的产生途径其实不外乎以下两条：一是由母义④推演发展而来，一是由词的修辞用法产生的临时义固定后的形成。据此，我们认为，现代汉语词义的派生方式可以概括为这么两种：一为引申式派生，二为修辞式派生。

第一节　引申式派生

所谓引申式派生是指在母义的基础上通过类比、推演而产生派生义的一种派生方式。从现代语义学的角度来看，引申式派生无不表现为对母义一个或几个义素的变换、延伸。这样，根据派生义同母义在“范围义素”和“特征义素”上的不同联系，可以将引申式派生分为以下三个分支：①变“范”

---

① 见胡裕树主编：《现代汉语》，上海教育出版社，1981 年；徐青主编：《现代汉语》，华东师范大学出版社，1990 年；张静主编：《新编现代汉语》，上海教育出版社，1986 年；朱川、濮侃编著：《现代汉语》，华东师范大学出版社，1985 年；黄伯荣、廖序东主编：《现代汉语》，甘肃人民出版社，1988 年。

② 见葛本仪：《汉语词汇研究》，第 115 ~ 117 页。

③ 见孙良明：《词义和释义》，第 8 ~ 10 页。

④ 目前常见的说法是：引申义由“本义”推演发展而来。但考虑到有不少引申义并非直接从本义派生而来，而是由本义辗转派生而来，对这部分引申义来说，它们派生的直接起点义不是本义，为了表述上的科学性，我们这里用了“母义”这个术语，来指称那些能派生其他意义的词义。“母义”很显然也包括本义。

存“特”式；②变“特”存“范”式；③“范”、“特”均变式。

(一) 变“范”存“特”式

这种情形的引申是指在保存母义的特征义素的前提下更换母义的范围义素，从而派生出新义。例如：

(1) 浓厚：①范：烟雾、云层等，特：很浓；②范：色彩、气氛等，特：很浓①。

(2) 岗哨：①范：处所，特：站岗、放哨；②范：人，特：站岗、放哨。

(3) 开幕：①范：演出、节目等，特：开始；②范：会议、展览会等，特：开始。

以上三例中，②均是①的派生义，①和②的不同仅仅体现在范围义素的变更上。类似的还有如“淡薄”由“味道”的不浓引申为“感情、兴趣”的不浓，“肥硕”由“果实”的肥大引申为“肢体”的肥大，“环境”由周围的“地方”引申为周围的“情况和条件”等等。

(二) 变“特”存“范”式

这种情形的引申是指在保存母义的范围义素的前提下适当变换母义的特征义素，从而派生出新义。例如：

(4) 信箱：①范：箱子，特：邮局设置的、供人投寄信件的；②范：箱子，特：邮局内设置的、供人租来收信用的、编有号码；③范：箱子，特：收信人设置的、在家门前的、用来收信的。

(5) 交椅：①范：椅子，特：腿交叉、有重叠；②范：椅子，特：有扶手。

(6) 信奉：①范：人，特：信仰、崇奉；②范：人，特：相信、奉行。

例 (4) 中①、②、③范围义素没变，而特征义素则有所变化，例 (5)、(6) 同此。类似的还有“粗犷”由人的“粗野”引申为人的“豪放”，“大殿”由“封建王朝举行庆典、接见大臣或使臣”的殿宇引申为“寺庙中供奉主要神佛”的殿宇等等。

属于这种情形的引申，还有一种特殊的情况，即引申义的特征义素实质上是包含在母义的特征义素范围内的，两者存在着一种属种关系，这就是葛本仪先生所说的“特指法”，例如：

---

① 本章所引诸例凡未注明出处的均出自《现代汉语词典》及其《补编》。

(7) 喜事：①范：事情，特：值得祝贺、使人高兴的；②范：事情，特：婚嫁的。[①]

这是葛先生关于“特指法”所举的例子，为了便于分析，我们已将两个义项分别离析成义素。从例（7）可以看出，①和②范围义素没变，而特征义素变化了，②的特征义素“婚嫁的”是属于①的特征义素“值得祝贺、令人高兴的”的范围之内的。把“特指”作为一种特殊的词义“引申”现象拿出来加以研究未尝不可，而将它单列出来，与“引申”等并列作为汉语词义派生的几种主要方式则未免欠妥。

（三）“范”、“特”均变式

这种情形的引申是指引申义对母义的范围义素、特征义素均有所改变。有的变化幅度小一些，例如：

(8) 喜果：①范：干果，特：定（结）婚时、分送亲友、招待宾客；②范：鸡蛋，特：染成红色的、定（结）婚时、分送亲友、招待宾客。

例（8）中虽然②的范围、特征义素均起了变化，但②毕竟保存了①的一些特征义素，异中尚有同；有的变化幅度就大了，例如：

(9) 漏洞：①范：缝隙，特：让东西漏过去的；②范：地方，特：说话，做事等不周密。

例（9）中，虽然②同①关系密切——②的义素是由①的义素延伸发展而来，但无可否认②同①的范围义素，特征义素均不相同。需要指出的是，词义引申后改变词性的情况，一般均属这种情况的引申，因为一旦改变词性，词义的范围、特征义素必然会有所变化。例如：

(10) 奖誉：①范：名誉，特：光荣的；②范：人，特：称赞、嘉奖。

(11) 怒目：①范：人，特：发怒时瞪眼睛；②范：眼睛，特：发怒时瞪着的。

例（10）中①表事物，为名词义，②表行为，为动词义；例（11）中①表行为，为动词义，②表事物现象，为名词义。这两例引申后均改变了词性，反映在引申义的范围义素，特征义素上也均有所变化。

属于这种情形的引申，也有一种特殊情况，那就是孙良明先生所指出的

---

① 见葛本仪：《汉语词汇研究》，第115～117页。

“形容”式派生，例如：

（12）苦涩：①又苦又涩的味道；②形容内心痛苦。

（13）失神：①疏忽，不注意；②形容人的精神委靡或精神状态不正常。

（14）黑糊糊：①颜色发黑；②光线昏暗；③形容人或东西多，从远处看模糊不清[①]。

例（12）中的形容义②是由味道的苦涩类比内心的痛苦而产生的引申义；例（13）中的形容义②是由①逆推产生的，人精神委靡或不正常时，往往注意力不集中，从而导致“疏忽”或该注意而“不注意”；例（14）中的形容义③也是由②光线昏暗去类比“从远处看许多的人或东西模糊不清”这么一种状态而产生的引申义。可见例（12）、（13）、（14）中的形容义均属在母义的基础上通过类比、推演而产生的派生义，“形容”无疑当归引申式派生。而且，我们不难发现，派生义的范围、特征义素比之母义均有不同程度的变化。同前面提到的“特指法”一样，把“形容”作为一种具体的引申派生方式加以研究未尝不可，而若把它同“引申”等并列作为现代汉语词义派生的几种主要方式则实为不妥。

第二节　修辞式派生

“引论”中已提到过，所谓“修辞式派生”是指由词的修辞用法产生的临时义（或叫“语境义”）固定下来后形成新义的一种派生方式。根据修辞手法的不同，修辞式派生可以分为以下几个分支：比喻式、借代式、象征式、夸张式等。

（一）比喻式

比喻式是诸种修辞式派生方式中最重要、最能产的一种。张永言先生曾经指出：“给比喻性转移提供特别丰富的词语材料的是有关身体、天象、动物、服装等的名称。”[②]这还是比较保守的一种看法，而实际上随着科技的发展、经济的腾飞，比喻式派生更能大显身手的倒是在一向作为单义词处理的科技术语和行业词语中。据我们考察，《现代汉语词典》及其《补编》中科

① 见孙良明：《词义和释义》，第8～10页。

② 见张永言：《词汇学简论》，第61页。

技术语、行业词语通过比喻式派生成为多义词的并不在少数，大有超过张永言先生所列的那几种名称的趋势。如："突击、尖兵"（军事）、"瘫痪"（医学）、"渗透"（化学）、"定盘星"（物理学）、"温床"（生物学）、"消化"（生理）、"定弦"（音乐）、"出笼"（商业）、"主流、支流"（水利）、"后台"（戏剧）、"交卷"（教育）等等，原多为单义词，经过比喻式派生成为多义词。更有大量的科技术语、行业术语正处在由单义向多义发展的过程中——它们的专门意义之外的一般意义正日益被广泛使用，大有固定下来的势头。如"战机、绿灯、歼灭战、滑坡、市场、主旋律、病源、处理品"等等，其中不少是由比喻式派生形成的。

比喻式派生可分强式、弱式两种情况。强式产生的比喻义，其地位逐渐超过母义，成为最常用的意义。这种情形的比喻义我们一般很难感觉到它们原先是一种比喻用法，如"刻板"、"酝酿"、"开小差"等的比喻义便是。而弱式产生的比喻义，其地位或同母义相当，或还不如母义，虽已固定为比喻义，但修辞色彩还是很浓，如"桥梁、交卷、浪花"等的比喻义便是。但这种情况会带来一个比喻义和比喻用法颇难确认的问题。我们来看下面这些被认为是典型的比喻格的例子：

（1）北京是中国的心脏。（胡裕树《现代汉语》（增）第253页，又张静《新编现代汉语》第559页）

（2）那不是送回虎口吗？（徐青"全国师专教材"《现代汉语》第473页）

（3）我所以能有所进步，有所提高，离不开党的领导和辛勤的园丁对我的悉心教育。（濮侃等《现代汉语》第313页）

（4）是谁镇压无产阶级革命？是旧社会的豺狼、瘟猪和下贱的走狗们。（陆稼祥著《辞格的运用》第59页）

以上诸例中的"心脏、虎口、园丁、豺狼、瘟猪、走狗"在《现代汉语词典》中均收有比喻义。这样就看说话者在运用这些词语时选用的是哪个意义了：若选用"心脏"等本义，便是比喻格；若选用的是它们的比喻义，便不是比喻格。可我们还是认为，在两者均说得通的情况下，以确认为比喻义为好，至少不能作为比喻格的典型例子。

（二）借代式

关于借代式派生，韩陈其先生早在1981年他的《词的借代义》一文中就有所涉及，不过他讨论的是借代义这种词义现象，而且是放在古代汉语的词汇系统中加以讨论的①。此后张永言先生在他的《词汇学简论》中也提及借代式派生问题，不过涉及的均为英语词义的派生现象②。真正将“借代式”作为现代汉语词义派生方式的一种并加以讨论的是葛本仪先生，可是她所说的“借代法”有一半并不是同比喻相类似的修辞式派生范畴的“借代式”。我们来看她所引的两个例子：

（5）翻译：①把一种语言文字的意义用另一种语言文字表达出来；②做翻译工作的人。

（6）花：①种子植物的有性繁殖器官；②可供观赏的植物。③

例（5）被认为是“动作、行为”代“实施动作行为的人”，类似的如“编辑”、“导演”等。例（6）被认为是“事物的部分代整体”，类似的如“青稞”、“香蕉”、“大豆”、“高粱”等。从某种意义上来说，它们是一种“借代”，但决不是我们这里所讲的“借代”。因为这些词的派生义从没作为修辞方式的借代使用过，即它们没有这么一个过程：由借代用法产生的临时义固定下来成为派生义。符淮青先生将与“花”等类似的“白梨”的派生义“白梨树的果实”看作是由其本义“白梨树”引申而来④，较为可取。它们确应归属引申式派生。我们所讲的借代式是这样一种情况：

（7）红领巾：①红色的领巾；②指少先队员。

（8）诸葛亮：①三国时蜀汉政权政治家，字孔明，辅佐刘备建立蜀汉；②指足智多谋的人。

（9）墨水：①墨汁；②代指学问。

例（7）、（8）、（9）中的②曾经都是借代用法，因经常使用，渐渐地固定下来成为借代义。

同比喻式一样，借代式派生也可分强式、弱式两种情况。强式形成的借代义逐渐取代了母义，成为词的常用义，而母义反而少用或不用了，如“唇舌”、“笔墨”等等。弱式形成的借代义往往与母义并存，且地位相当，如例（7）、例（8）等等。

可能由于相对地忽视借代义的缘故，借代用法和借代义的混淆似乎更严

---

① 见《徐州师范学院学报》1981年第2期。

② 见张永言：《词汇学简论》，第61～62页。

③ 见葛本仪：《汉语词汇研究》，第115～117页。

④ 分别见符淮青：《现代汉语词汇》，第22～60页。

重一些。弱式可能一时难以分辨，而强式居然也会混淆。我们来看胡裕树主编的《现代汉语》（增订本）在谈“借代格”时所举的例子：

(10) 节省笔墨。(第443页)
(11) 白费唇舌。(第443页)
(12) 肚里的墨水也不少。(第444页)
(13) 捉了个活舌头。(第444页)
(14) 射手倒了，班长也挂了花。(第446页)

例(10)~例(14)都被认为是借代格的典型例子，可“笔墨、唇舌、墨水、舌头、花”等在词典中均有相应的借代义，其中例(10)、(11)属强式，例(12)、(13)、(14)属弱式。这种误把借代义当作借代格的情况在其他教材及一些修辞学专著中都不同程度地存在着，比如有三本书均把“诸葛亮”当作借代的典型例子①。

(三) 象征式

象征式是一种尚未有人论及的修辞式派生方式，由于其数量较少，一般不为人所注意，但确实也是一种派生方式。例如：

(15) 红色：①红的颜色；②象征革命或政治觉悟高。
(16) 白色：①白的颜色；②象征反革命。
(17) 黄色：①黄的颜色；②象征腐化堕落。
(18) 红豆：①红豆树；②象征相思。

例(15)~(18)中的②原来都曾经是象征用法，后来逐渐固定下来成为象征义。还有一些象征用法也经常使用，知名度很高，有成为象征义的趋势，如“青松”(象征坚贞不屈的革命者)、“乌云”(象征反动势力)、“火炬”(象征光明)等，只是目前还没有固定为象征义。

(四) 夸张式

另外，还有夸张式。例如：

(19) 一口气：①一口气息；②形容不间断地做某事。
(20) 倾倒：①由歪斜而倒下；②形容十分佩服和爱慕。

例(19)、(20)中的②最初都曾经是一种夸张说法，后来逐渐固定下来

① 分别见①中所引黄、廖本：《现代汉语》，第535页，胡裕树：《现代汉语》，第444页，以及陆稼祥：《辞格的运用》，辽宁人民出版社，1989年，第84页。

成为夸张义。①

从以上的讨论中，我们可以发现，引申式派生的过程是类比、推演，而修辞式派生的过程是固定——由一种修辞用法产生的临时义固定为词汇意义。

至此，我们可以对现代汉语词义的派生方式有一个大致的也是初步的揭示，图示如下：

现代汉语词义派生方式
- A、引申式
  - ①变“范”存“特”式
  - ②变“特”存“范”式
  - ③“范”、“特”均变式
- B、修辞式
  - ①比喻式
  - ②借代式
  - ③象征式
  - ④夸张式
  - ……

思考与探索之九

关于现代汉语词义的派生方式的讨论，又是现代汉语词义学中的一大热点问题。

在这一点上面，存在的最大问题是大家自创术语，各说各的，有的使用了“词义派生方式”这个术语，有的使用了“词义引申类型”这个术语，有的使用了“词义演变类型”这个术语，有的使用了“词义发展方式”这个术语，有的使用了“词义发展类型”这个术语，还有的使用了“词义发展演变类型”这个术语，如此等等，不一而足②。问题还在于，有些学者使用上述术语讨论的是相同的话题，有些学者使用上述术语讨论的是不同的话题。

就术语本身而言，无所谓优劣，词义的派生（引申）确实也属于词义

① 详见拙作《试论词的夸张义》，《苏州师专学报》1989年第1期。

② 语言学界这些年来大家希望对世界语言学作出理论贡献的愿望非常强烈，这本来应该是一件好事。但如果不是通过深入发掘语言材料、不断改变自身知识结构去寻求突破，而是通过另造名词术语，换用表述形式，新瓶装旧酒，换汤不换药，去制造一时的热闹，哗众取宠，那迟早会将研究引向歧途，往小处说，是葬送了自己的学术前程，往大处说，则污染了国内的学术环境。初入门的研究生尤其需要保持清醒的头脑，不求一时的轰动，但求长期的坚守。当然，那些经过深思熟虑的术语创造不在此列。

的发展演变。但问题是，有些基本的约定是大家应该遵循的，否则就失去了对话的基础和前提，从而使讨论失去价值，最终影响讨论的深入。就词义的派生（引申）方式这个话题而言，既可以关注词义（义位）之间的联系，即甲词义（义位）与乙词义（义位）之间存在着一种怎样的源流关系（炜案：即所谓的连锁式派生和辐射式派生，或叫做链条式引申和放射式引申）；也可以关注后起词义（义位）产生的过程形态，即后期词义（词义）是经过怎样的一个过程而得以产生的（炜案：即本章所讨论的引申式派生和修辞式派生等）；还可以关注后期词义（义位）与其来源义（义位）相比究竟在内涵外延上发生了怎样的变化，也即人们常说的词义发展演变的结果（炜案：即所谓的词义的扩大、词义的缩小和词义的转移）。

但在汉语词义学圈内，其实大家是有约定的，即讨论现代汉语词义的派生（引申）方式，一般仅局限于对后起词义（义位）产生的过程形态的讨论，而将对后期词义（义位）与其来源义（义位）相比究竟在内涵外延上发生了怎样的变化的考察放到词汇的发展演变这个话题中加以讨论。[①] 这也就是国内几乎所有的现代汉语课程教材，只要涉及“引申义”、“比喻义”等内容的，均放在多义词词义派生（引申）方式的话题中去讨论，只要涉及词义的扩大、缩小和转移等内容的，均放在词汇的发展演变的话题中去讨论的缘由——在教材编撰者及统稿者看来，这大概已经成为定论，不容置疑了[②]。而事实上大部分学者也是这样自觉遵守的，我手头所收集的讨论词义的派生（引申）的论著，虽然不能说是搜罗殆尽，但也几乎是十之八九了，其中大部分也是关注的后起词义（义位）产生的过程

---

① 至于对词义（义位）之间的联系，即所谓的连锁式派生和辐射式派生的讨论，则是骑墙的，两个话题中似都可以放，但是一般是放在古代汉语词义系统这个背景下去梳理的，所以，几乎所有的现代汉语课程教材均不涉及。

② 这样处理的教材有（按作者姓氏音序排列）：北京大学中文系现代汉语教研室编：《现代汉语》，商务印书馆，1997年；曹炜编著：《汉语精讲》，北京大学出版社，2001年；冯志纯主编：《现代汉语》（上册），西南师范大学出版社，1989年；高更生、谭德姿等编著：《现代汉语》（上册），山东教育出版社，1984年；黄伯荣、廖序东主编：《现代汉语》（增订三版）（上册），高等教育出版社，2002年；胡裕树主编：《现代汉语》（重订本），上海教育出版社，1995年；刘汉诚主编：《现代汉语》，复旦大学出版社，1992年；陆俭明主编：《现代汉语基础》，线装书局，2000年；徐青主编：《现代汉语》，华东师范大学出版社，1990年；张斌主编：《现代汉语》，语文出版社，2000年；张斌主编：《现代汉语》，中央广播电视大学出版社，1996年；张静主编：《新编现代汉语》（修订本），上海教育出版社，1986年；朱川、濮侃编著：《现代汉语》（上册），华东师范大学出版社，1985年。

形态的种种差异。

本章采用了“派生方式”这个术语，而没有使用“引申方式”这个术语，主要是考虑到作为上位概念“派生方式”较之于“引申方式”更具有概括力，更为妥帖；更何况，在下位概念中已经有了一个“引申式派生”。否则，就没法建构后起词义（义位）产生的过程形态的框架。

关于词义派生问题的讨论，也是一个老话题了，如果要追根溯源的话，那可上溯到南唐徐锴的《说文系传》[①]。但关于现代汉语词义派生方式的讨论，则开始于20世纪50年代[②]。

到了80年代，关注这个话题的学者开始增多，除了本章讨论中所提及的葛本仪、孙良明外，还有孙锡钧、朱星、武占坤和王勤、符淮青、蒋绍愚[③]等，都对这个问题发表过自己的意见，其中蒋绍愚的讨论更多地是以古代汉语词义现象作为考察对象的，同时也涉及词义引申的一般规律。

到了90年代，关于这个问题的讨论日益趋向深入，出现了一些与80年代学者的讨论结果有所悖逆的观点，主要有2篇论文，一篇就是本章的讨论，1992年先是发表在了《河池师专学报》上，而后又被中国人民大学书报资料中心《语言文字学》全文转刊。另外一篇就是卢丹慈的《汉语多义词词义派生类型的重新划分》[④]。除此之外，当时比较重要的论著还有：贾彦德的《汉语语义学》（第391～396页）、苏新春的《汉语词义学》（第38～42页）、徐国庆的《现代汉语词汇系统论》[⑤]等。这个时期，还出了一部专门讨论古汉语词义引申问题的著作《汉语词义引申导论》[⑥]，虽然不是讨论现代汉语词义派生问题的，但也不无关联，值得披览一二。

进入新世纪以来，关于现代汉语词义派生方式讨论的论著空前地多了起来，但总体上泛泛而论的多，后出转精的少。在论文方面，唯一值得一

---

① 陆宗达指出：“至于分辨本义、引申义，则南唐徐锴已发其例。”陆宗达：《训诂简论》，北京出版社，1980年，第117页。

② 周荐：《汉语词汇研究史纲》，语文出版社，1995年，第43页。

③ 孙锡钧：《论词义》，《河北师院学报》1982年第4期；朱星：《汉语词义简析》，湖北人民出版社，1981年；武占坤、王勤：《现代汉语词汇概要》，内蒙古人民出版社，1983年，第43、44页；符淮青：《现代汉语词汇》，北京大学出版社，1985年，第65～71页；蒋绍愚：《词义的发展和变化》，《语文研究》1985年第2期。

④ 卢丹慈：《汉语多义词词义派生类型的重新划分》，《赣南师范学院学报》1990年第5期。

⑤ 徐国庆：《现代汉语词汇系统论》，北京大学出版社，1999年，第231～233页。

⑥ 罗正坚：《汉语词义引申导论》，南京大学出版社，1996年。

读的是周国光的《论词义发展演变的类型》[1] 一文。在著作方面，张志毅、张庆云的《词汇语义学》第五章第三节[2]和董为光的《汉语词义发展基本类型》[3] 均值得一读。

最后，需要交代一下的是，最早用义素的变化来描写词义派生过程状态的确乎是本章的讨论，但在此之前，蒋绍愚的《词义的发展和变化》一文曾运用义素的变化来描写词义发展演变中后期词义（义位）与其来源义（义位）相比在内涵外延上所发生的变化。他认为：中心义素不变而限定义素减少，就形成词义的扩大；中心义素不变而限定义素增加，就形成词义的缩小；保留原有若干义素而中心义素改变，就形成词义的转移；中心义素不变而限定义素改变，就形成词义的易位。[4] 这在当时确实让人耳目一新。

本章可以着手的论题

（1）新中国成立以来的现代汉语词义派生方式研究述评
（2）新中国成立以来的汉语词义发展演变研究述评
（3）新中国成立以来的修辞式派生现象研究述评
（4）改革开放以来的现代汉语词的比喻义研究述评
（5）20 世纪 80 年代以来的词的借代义研究述评
（6）现代汉语中词的比喻义的产生途径和理据
（7）现代汉语中词的借代义的产生途径和理据
（8）词的比喻义与比喻用法的差异
（9）词的借代义与借代用法的差异
（10）义素分析和词义的派生描写

① 周国光：《论词义发展演变的类型》，《韶关学院学报》2004 年第 11 期。
② 张志毅、张庆云：《词汇语义学》，商务印书馆，2001 年。
③ 董为光：《汉语词义发展基本类型》，华中科技大学出版社，2004 年。
④ 蒋绍愚：《词义的发展变化》，《语文研究》1985 年第 2 期。

第十章 现代汉语词义的共性和个性特征

Xiandai Hanyu Ciyixue

第一节　现代汉语词义的共性特征

一、词义的客观性

既然词义是客观对象在人们意识中的概括反映，那么，客观对象对词义的形成来说，是第一性的，它是词义形成的前提和基础，没有客观对象，便没有词义。如“火箭”这个词，早在三国时代就已存在，那时的“火箭”只有一个意思“用引火物附在箭头上射到敌阵引起焚烧的一种箭矢”，书证从三国一直延续到清代，如清代顾炎武《汝州知州钱君行状》：“贼以火箭射城上，城上发炮应之。”[①]这是因为，在当时的客观世界中，“火箭”也只有这么一种。到了现代社会，人类发明了现代意义上的作为一种发射工具的火箭，于是“火箭”一词又获得了一个新的意义：“利用反冲力推进的飞行装置。”假如现实生活中“火箭”家族不增添新的成员，那也就没有“火箭”的新的词义。

可是，我们也毋庸回避，有些词义现象，如鬼魂、神仙等，并没有与之对应的客观对象——在现实生活中根本不存在，这是否可以证明，词义的形成并非一定要以客观对象为前提呢？答案是否定的。说起来，又要回到词义的本质上去了。词义是人的意识对客观对象的反映，这种反映，有时候是正确的，有时候是歪曲的。歪曲的反映，主要是受当时的认识水平的局限，有些自然现象，如雷雨时空中的闪电雷鸣，夜里荒冢间出现的白色带蓝绿色的火焰等，今天看来，是极为平常的现象：闪电，是云层间电位差增大到一定程度时所发生的猛烈放电现象；雷鸣，是出现闪电时，高温使水滴气化、空气体积迅速膨胀而发生的强烈爆炸声；荒冢间的火焰是磷火，那是由于人或动物的尸体腐烂时会分解出磷化氢，而磷化氢会自动燃烧。可古时候，科学技术水平远没达到今天的程度，这些平常的自然现象，在古人看来，简直不可思议，且诚惶诚恐。于是，在对这些客观对象予以反映而形成词义的过程中，也就不可避免地掺进了自己的幻想，便形成了鬼魂、神仙之类的词义。因此，即便是鬼魂、神仙之类的词义，也并非无源之水，空穴来风，它们也是以客观对象为基础的，只是在反映过程中对客观对象的本真作了一定程度

---

① 见罗竹风主编：《汉语大词典》（缩印本），汉语大词典出版社，1997年，第4075页。

的歪曲。

词义具有客观性，现代汉语词义亦然。

二、词义的概括性

如前所述，词义的形成过程，是一种反映过程，这种对客观对象的反映不是纯客观地、简单地复制、拷贝、摄录，而是一种主观能动地、高度简洁地、抽象地概括、提炼，这就是词义的概括性。可以说，词义的概括性是词义的灵魂。

现实生活中的事物、现象是千差万别、极其复杂的。如果要对其作全面的没有一点遗漏的扫描式的“反映”，恐怕任何一样东西都将不堪承担。就拿特征相对比较单纯一些的橘子来说吧，尽管它的内部个体间差异不是很大，但毕竟还存在诸如颜色的差异（有黄的、青的、红的）、形状的差异（有大的、小的，圆球形、扁球形）、品种的差异（贡橘、蜜橘、有籽、无籽）、口味的差异（甜的、涩的、酸的）、产地的差异（浙江黄岩、福建漳州、广东汕头、苏州东山等）。如果“橘子”的词义对上述这一切均要有个交代，都不能有所遗漏，那么，这个词义的表述将会非常冗长，冗长到使用它的人难以把握，更谈不上使用。而事实上，我们对“橘子”词义的表述是极其简略的：橘子树的果实，果肉多汁，内有整齐竖立的瓣儿，果皮呈凹凸状，皮同瓣儿分离。[①] 很显然，这个表述舍弃了橘子颜色、形状、口味、产地等非本质的特征，而撷取了橘子有别于苹果、葡萄、芒果、梨、石榴等水果的本质特征。这个表述是高度抽象简洁的表述，它来源于对现实生活中“橘子”这类事物的特征的高度概括和提炼。

任何词义均具有概括性。词义对客观对象的反映均是一种概括的反映。正是这种概括性，使得词义较之它所反映的客观对象，要简练得多，从而使得词义具有可学习性和易使用性。

三、词义的社会性（民族性）

某种语言的词义是使用该语言的社会群体在长期的言语交际过程中约定

① 《现代汉语词典》（修订本）第682页对“橘子”的词义表述为：“橘子树的果实”、“果实球形稍扁、果皮红黄色、果肉多汁、味觉甜”。稍欠严谨。

俗成的，特定社会制度、经济形态、政治气候、时代背景、文化传统、风俗习惯、民族心理等均会对词义的形成产生影响，词义具有社会性。

毛泽东在抗战时期的一些文章里，常把“包袱”比作精神负担，把“机器”比作思维器官。如今，“包袱”的比喻用法已成为词义[①]，而“机器”的比喻用法则并没成为词义，这是为什么呢？答案只能从词义的社会性中去寻找——“包袱”的比喻用法为全社会所接受了、认可了，约定为词义，而“机器”的比喻用法则并未被全社会接受、认可，依然是一种个人用法，修辞现象。

“缩水”一词，在大陆只有一个意思：“某些纺织品、纤维等下水后收缩”[②]；而在台湾，除此义外，还有一个意思是“比喻故意隐瞒一些实情。”[③]“走私”一词，在大陆只指“违反海关法规，逃避海关检查，非法运输货物进出国境”，[④] 而台湾除此义外，还指“有外遇”。[⑤] 这是同一个民族的不同制度下的不同社会群体对词义的不同约定。这种情形在香港粤语和广州粤语间也存在，尤其表现在那些“产生于特定的社会体系、法律框架、文化取向、价值观念、生活环境、人文心理的词语”[⑥] ——文化词的差异上面。这类词即使被借用，也依然会有差异。如“走鬼”，在香港粤语中是动词，“指无营业执照、非法摆卖的小贩逃避政府小贩事务队的拘捕”，而借到广州粤语中，则成了名词，“专指无营业执照的小贩”。[⑦] 足见社会群体在词义形成中的作用。

词义的社会性表现在不同的民族之间，则体现为民族性，所以词义的民族性，实质上是社会性的一种具体表现，社会群体存在着诸多方面的差异性，也必然在词义的约定上显现出来。汉语是一种具有悠久历史的语种，词义中历史的文化的积淀较之印欧语系诸语言显得特别深厚，因此，汉语词义的民族性尤为浓烈，如龙、虎、鸾、凤、龟、鸭、鸡、蛇等，这些原本极为平常的词义现象，一旦融入了汉民族的文化心理、风俗习惯、价值取向之后，便显现出了丰富、复杂的内涵，“龙”是先秦四大灵物之一，所以含吉祥之义；龙，体大齿利，也含强悍、凶猛之义；龙，能走能飞，本领高强，又含非凡的人才之义；龙，让人敬畏，还是封建帝王的象征。而在“龙潭虎穴”、“龙虫并雕”中的“龙”又非上述含义所能解释。故“龙”的词义内涵是说不尽的。

---

① 见《现代汉语词典》（修订本），第41页。
② 见《现代汉语词典》（修订本），第1212页。
③ 邱质朴主编《大陆和台湾词语差别词典》，南京大学出版社，1990年，第302页。
④ 见《现代汉语词典》（修订本），第1677页。
⑤ 见《现代汉语词典》（修订本），第346页。
⑥ 见郑定欧编纂《香港粤语词典》“引论”，江苏教育出版社，1997年，第5页。
⑦ 见郑定欧编纂《香港粤语词典》“引论”，第5页。

四、关于词义的模糊性问题

近些年来，模糊语义学的讨论逐渐成为国内语（词）义研究中的一个亮点，其中用力最勤的是伍铁平和张乔，此外，石安石、符达维的观点也颇具影响。现在，基本上有一个大致统一的看法：词义具有模糊性，如同词义具有客观性、概括性和社会性一样。几本有影响的语言学概论和现代汉语教材趁修订增补之际均添进了这一内容。①

所谓词义的模糊性，是指词的义界不清晰，即词义所概括的客观对象的范围缺乏明确的界限。如“少年”、“青年”、“中年”等词的词义就具有模糊性，《现代汉语词典》对“少年”的词义表述为：“人十岁到十五六岁的阶段”；“青年”的词义为“指人十五六岁到三十岁左右的阶段”；“中年”的词义为“四五十岁的年纪”。② 词典对词义的表述本身就具有某种不确定性——用了概数和约数，甚至不严密——这是另外一个话题。而在具体的运用中，“少年”、“青年”、“中年”等词义的上下限更犹如松紧带，随时放缩。以“青年”为例，国家公布的社会科学青年项目申报年限，开始是五十五周岁以下，后来为四十五周岁以下；江苏省对各种青年奖、青年科研项目的年龄上限在四十周岁至五十周岁之间游弋，有较大的随机性和变异性。笔者曾在苏州大学的青年教师和学生中作过调查，大家普遍容易接受的“青年”的上限为四十周岁（86.7%）。

词义之所以会出现模糊性，主要有以下两方面的因素：

第一，是由客观事物的连续性造成的。这主要涉及一些名词和动词。现实世界中，有些客观对象原本处于连续状态中，形成诸如“时间流”、“颜色链”等集合体，而词义则是有义界的，非得把这些集合体切分成便于概括、指称的一小段一小段，这是一对无法调和的矛盾。该向哪儿下刀子呢？实在是难，于是就来个“毛边”处理——边缘不一刀切，模糊处理。这样便出现了“凌晨、早晨、上午、中午、下午、傍晚、晚上、半夜”等义界模糊的时间词，“红、橙、黄、绿、青、蓝、紫”等义界模糊的颜色词等等。

第二，是由主观感受的差异性造成的。这主要涉及一些表性状的形容词。

---

① 黄伯荣、廖序东：《现代汉语》（增订二版），高等教育出版社，1997 年；张斌主编：《现代汉语》，中央广播电视大学出版社，1996 年；叶蜚声、徐通锵：《语言学纲要》，北京大学出版社，1997 年第 3 版；邢公畹主编：《语言学概论》，语文出版社，1992 年。

② 《现代汉语词典》（修订本），第 1112、1028、1628 页。

如“轻”和“重”，多少斤为轻，多少斤为重，各人感受不同，认定也不同，50 斤重的行李，对一个都市的娇小姐来说，恐怕是很“重”了，而对一个东北山区伐木的大汉来说，恐怕是太“轻”了。同样，多少分贝为“静”，多少分贝为“闹”，也会因场合的不同而不同，医院产房里被认为“闹”的声音的分贝恐怕要比自由市场被认为“静”的声音的分贝还要低。类似的还有：大和小、高和低、深和浅、长和短、热和冷、快和慢、宽和窄、胖和瘦、亮和暗、硬和软等等，都没有一个明确的标准。

如果要对模糊词义内部依模糊程度确定等级的话，那么，像“轻”和“重”之类的模糊程度最高，为一级模糊义，而“青年”、“上午”之类的模糊程度次之，为二级模糊义，因为后者，只是边缘部分模糊，它们还都有个较为明确的中心地带，而前者则根本不存在什么明确的中心地带。

词义中存在模糊义现象，这是个不容否定的事实。问题是，是否所有词义都具有模糊性，模糊性是否能同客观性、概括性、社会性相提并论，看作是词义的基本属性，这是个值得商讨的问题。

我们一向认为，词义的模糊性，对所有现代汉语词义来说，并不是一种普遍现象，即在现代汉语词义系统中并不具有普遍性，它是一部分词才具有的特征。[①] 在现代汉语词义中，有相当多的词义的义界非常清晰，并不具有模糊性。即使在时间词中，有一部分词义也不具备模糊性，如 1 日、2 日、3 日，前天、昨天、今天、明天、后天，1 月、2 月、3 月，1997、1998、1999 等等，义界还是很清楚的，“前天”的 23 点 59 分 59 秒过后就是“昨天”，“昨天”的 23 点 59 分 59 秒过后就是“今天”，界限泾渭分明。我们平时常说的“倒计时”，就是对这一部分时间词义界的一种确认活动。

因此，我们认为词义的模糊性并不是词义的本质属性，不可同词义的其他性质相提并论，至少目前是这样。

第二节　现代汉语词义的个性特征

现代汉语词义有没有自己的个性特征？从理论上讲，答案是不言而喻的。但是在实践中，我们从没尝试过去作深入的探讨。在讨论现代汉语词义的性

① 参见石安石：《语义论》，商务印书馆，1993 年，第 64 页。

质问题时，大家往往只注意一些共性问题——当然，并非说这不需要，无需谈，像概括性、客观性、社会性等确实也是现代汉语词义的主要特性。而对现代汉语词义的一些独特性闭口不谈，容易给人一种错觉，认为概括性、客观性等便是现代汉语词义的独特个性。这种错觉在相当一部分专业人士中间也存在着，是到了该正本清源的时候了。

经过初步的考察分析，我们认为，现代汉语词义的个性特征主要表现为：同义关系的普遍性，语体色彩义、文化义的丰富性以及词义架构的单一性和清晰性。

一、同义关系的普遍性

现代汉语词义中同义关系覆盖面之广是极为引人注目的，一部83万4千字的《同义词词林》① 可谓收罗赅广，但也远远不是同义关系的全部。因此，将“同义关系的普遍性”看作是现代汉语词义的一大个性特征，大概不会有什么异议。

现代汉语词义中同义关系的丰富性、普遍性主要同现代汉语词汇构成的多源性有关。现代汉语词汇的构成主要来源于以下一些渠道：

1. 由古（近）代汉语中的根词组合而产生的现代汉语合成词。

这种现代汉语中的新词构成同义关系的情形主要有：

（1）根词原本就同义。如：

A组：

应承——允诺　　分辨——鉴别
真诚——恳切　　清楚——明了
思恋——想念　　开导——启迪

B组：

推举——荐举　　间隙——空隙
减弱——削弱　　到访——造访
分心——分神　　刊登——刊载

A组中均为同义根词，如“应”同“允”、“承”同“诺”、“辨”同“鉴”、“分”同“别”、“真”同“切”、“诚”同“恳”、“清”同“楚”同

① 详见梅家驹等：《同义词词林》，上海辞书出版社，1983年。

“明”同“了”、“思”同“想”同“恋”同“念”、“开”同“启”、“导”同“迪”等在古（近）代汉语中均为同义词。B组中一个根词相同，一个根词同义。

（2）根词有同有异。如：

偏僻——冷僻　　亲密——亲昵
铭记——牢记　　纠偏——纠正
挺进——推进　　反常——失常

其中一个根词相同，另一个根词则不同，且义亦有别，如“偏”同“冷”、“密”同“昵”、“铭”同“牢”、“偏”同“正”等均为意义不同的根词。

（3）根词原本意义有别。如：

猜测——捉摸　　平淡——乏味
购置——采办　　躲藏——敛迹
物色——寻找　　勾结——串通

构成这些词的古（近）代汉语根词意义原本有别，但组合成现代汉语新词后则形成同义词。

可以这样说，由上述三种情形构成的同义关系在现代汉语的同义聚合中占了绝对优势。

2. 从古代汉语词汇中吸收而来的文言词语。

这些文言词语往往同现代汉语中的固有词构成同义关系。如：

臧否——褒贬　　润笔——稿酬
逡巡——徘徊　　阙如——空缺
伉俪——夫妻　　缱绻——缠绵
斡旋——调解　　诧傺——落魄
囹圄——监狱　　翘楚——俊杰

3. 从各大方言词汇中吸收而来的方言词。

这些方言词同现代汉语（普通话）中的固有词每每构成同义关系。如：

半边人——寡妇　　包打听——侦探
旮旯儿——角落　　背兴——倒霉
倍儿——非常　　波棱盖儿——膝盖
擦背——搓澡　　擦黑儿——傍晚

碴儿——势头　　岔换——调剂
吵子——纠纷　　车身——转身
扯手——缰绳　　撑死——至多
承尘——天花板　　吃瘪——服输
吃力——疲劳　　尺头——布帛
赤佬——鬼　　吹灯——死亡

4. 从外民族语言的词汇中吸收而来的外来词。

其中的一些外来词也同现代汉语中的固有词构成同义关系，而且大多是等义关系。如：

马达——发动机　　吉他——六弦琴
麦克风——话筒　　杯葛——抵制
福晋——夫人　　米——公尺
幽默——诙谐　　休克——昏迷
布拉吉——连衣裙　　布萨——斋戒
葛郎玛——语法　　郭巴——头人
海洛因——白面儿　　荷尔蒙——激素
卡通——漫画　　康白度——买办

郭绍虞先生在《同义词词林·序》中指出：“西人学中文的往往觉得中国词汇之丰富为世界第一。这话说得很对，可惜没有进一步说明它所以致此的原因。”这原因，郭先生虽没明说，但却是不言而喻的：汉语词汇中具有同义关系的词之多是世所罕见的。

二、语体色彩义、文化义的丰富性

现代汉语词义中语体色彩义及文化义的丰富性也是极为突出的，这可能同汉语文学语言历史的悠久有关，也同汉语表达的丰富性有关。

先谈语体色彩义的丰富性。

现代汉语语体色彩义的丰富性首先表现在书面语体色彩义的繁丰上。现代汉语词义书面语体色彩义的形成主要有两方面的因素：

1. 由于吸收了古汉语词汇中的文言词语而形成的。这类书面语体色彩义，《现代汉语词典》均以“书”标明。如：

秉正、炳耀、屏迹、兵戈、并力、摒挡、勃豀、薄幸、峬峭、补苴、不

啻、诧愕、谗佞、婵媛、巉岩、昌言

2. 由包含有至少一个具有浓郁书卷气的古代汉语根词的现代汉语的词所带来的这类书面语体色彩义，《现代汉语词典》均不以“书”标明，但在实际运用中，它们具有明显的典雅、庄重的风格，且常见于书面语体中。试比较：

查问——查询　　商量——商榷
公布——颁布　　花白——斑白
处罚——惩处　　妓女——娼妇
向往——憧憬　　放松——弛缓
老窝——巢穴　　清亮——澄莹

其中“查询、商榷、颁布、斑白、惩处、娼妇、憧憬、弛缓、巢穴、澄莹”中均包含有一个或两个浓郁书卷气的古汉语根词（现代汉语的词根），所以其书面色彩明显强于“查问、商量”等词。

现代汉语语体色彩义的丰富性也表现在两种语体色彩义具有的极强的对应性上。

在现代汉语的各种色彩义中，语体色彩义的对应性最强。通常情况下，有书面语色彩义的词语，往往都有相应的口语色彩义的词语。《现代汉语词典》中凡以“书”标明的词一般均有与之对应的口语色彩义词语。如：

芳菲——花草　　钴𬭁——熨斗
乖舛——差错　　乖剌——反常
归省——探亲　　圭角——痕迹
菡萏——荷花　　孩提——儿童
贾人——商人　　颔首——点头
呵护——保佑　　合卺——成婚
瑕玷——毛病　　遐迩——远近
户限——门槛　　寰宇——天下
户牖——门　　　疾患——病
宦海——官场　　回禄——火灾
扈从——跟从　　冀望——希望
晦冥——昏暗　　箕斗——手印
羁押——拘留　　嘉许——夸奖
缄口——闭嘴　　见罪——责怪
间道——小路　　疆埸——边境

将次——将要　　何许——哪里

至于那些《现代汉语词典》未予标注而同样具有书面语色彩的词也同样具有与之对应的口语色彩义词语，这样的例子，我们前面已出示过（“查问——查询”等），这里不再援引。

再谈谈文化义的丰富性。

作为人类文明的发祥地之一的中国，其语言历史的源远流长是不言而喻的。悠久的历史文化在汉语词义中的积淀是丰厚的、无处不在的，这样便形成了汉语词义中文化义的丰富性这个颇为显著的特色。

这种文化义的丰富性首先表现在其波及面广、数量多，即汉语中有数量不菲的词语在理性义之外还蕴含着其独有的文化内涵。其中最典型的莫过于具有传承性的成语及典故词语了。

汉语中的成语及典故词语总共有 3 万多条，这些词语或多或少或明或暗地拥有附丽于其理性义之上的文化意蕴。如成语“青州从事”的理性义是美酒，“平原督邮”的理性义是劣酒。这两个成语出自同一个典故：东晋大将军桓温手下有一个小官吏擅长品评酒的优劣，桓温一旦有酒就让他先品尝，是好酒，就称作“青州从事”，是劣酒，就称作“平原督邮”。这是因为青州有一个地方叫“齐郡”，“从事”意谓“到齐（脐）”；平原郡有一个地方叫“鬲县”，“督邮”意谓“到鬲（膈）上住”。因此，这两个词语除了理性义之外还蕴含着古人鉴别酒质优劣的独特方法，洋溢着酒文化的气息。又如典故词语“华容道”的理性义是“危险的境地”，而该词义的形成背景是：赤壁之战，曹操大败，最后率三百余骑从华容道逃跑，结果遭到西蜀猛将关羽的阻截。曹操情急之下恳求关羽念昔日情谊，放他们一条生路。极重义气的关羽终不忍下手，网开一面，使曹操等得以脱险。所以，“华容道”虽与“绝境”同义，但前者所包含的诸如“忠信仁义”、“有惊无险”、“人有旦夕祸福”等文化内涵是后者所不具备的。

汉语文化义的丰富性也表现在文化义本身所涉及的层面及领域也颇为广泛。有的涉及建筑领域，如“桑枢瓮牖”的理性义是“家境贫寒”，而其文化义折射出的是古代建筑的另一面——同“雕梁画栋”、“朱阁青楼”迥异的一面：穷苦人家的房屋，用桑木做门轴，用破瓮做窗户。而“绳枢之士”除了表“贫寒之士”的意义外，还告诉人们：穷苦人家竟用绳子来缚系门轴。有的涉及度量衡领域，如表“积少成多”的“铢积寸累”，表“斤斤计较”的“锱铢必较”，表“分量相当”的“铢两悉称”揭示出了一组古代的重量单位：铢 < 锱 < 两；表“一点不差”的“毫厘不爽”，表“因极小的差失造

成大错”的“失之毫厘，谬以千里”等也同样揭示了一对古代的长度单位：毫<厘。有的涉及服饰领域，如表“富贵子弟”的“绮襦纨绔”，表“青年女子”的“绮罗粉黛”，表“身着盛装礼服”的“峨冠博带”，反映了我国古代服饰文化的发达繁荣。有的涉及伦理观念，如表“侍奉双亲极为孝顺”的“扇枕温被”，表“夫妇恩爱”的“生同衾，死同穴”，表“女子忠贞不渝”的“束发封帛”。有的涉及古人的哲学观念，如“天经地义”、“吉人天相”、“泰极而否”、“一叶知秋”、“一木难支”、“饮鸩止渴”等等。有的涉及宗教（佛教）领域，如“不二法门”、“三生有幸”、“六根清净”、“在劫难逃”、“恒河沙数”、“醍醐灌顶”等。有的涉及古代的礼仪习俗，如“越俎代庖”、“礼不亲授”、“席不暇暖”、“一唱三叹”、“三衅三沐”、“扫榻以待”、“虚左以待”等等。

汉语文化义的丰富性还表现在汉人审美取向的复杂性上。汉语中，有些事物的名称的审美取向确乎是单一的，如龙、凤，代表的是吉庆吉祥，惹人喜爱；蛇、狼，代表的是凶狠毒辣，惹人讨厌。但像虎、犬（狗）等，却呈现出审美取向的多向性和复杂性。如：龙腾虎跃、龙骧虎视、龙行虎步、龙吟虎啸、虎背熊腰、虎体鵷班、虎略龙韬、虎彪彪、虎步、虎将、虎劲、虎气、虎生生、虎势、虎头虎脑、虎威等，展示的是汉民族对虎的褒奖、赞赏，而虎入羊群、虎视眈眈、虎视鹰瞵、虎兕出柙、狼吞虎咽、虎口、虎狼等，展示的则是汉民族对虎的贬损、否定。又如：犬马齿素、犬马恋主、犬马之报、犬马之诚、犬马之疾、犬马之劳、犬马之力、犬马之养、犬马之心等，展示的是犬（狗）的忠诚、可爱的一面；而犬牙鹰爪、丧家之犬、狐群狗党、鸡鸣狗盗、狗盗鼠窃、狼心狗肺、蝇营狗苟、狗急跳墙、狗行狼心、狗仗人势、狗彘不若、狗拿耗子、狗胆包天、狗腿子、狗屎堆等，则展示了犬（狗）的势利、凶恶、令人厌恶的另一面。

三、词义架构的单一性和清晰性

现代汉语词义架构在总体上呈现单一性和清晰性。主要表现在以下两种情形：

1. 单义现象与多义现象的比例失衡，前者要大大地多于后者，单义现象已成为现代汉语词义现象的主体（参见第八章第一节“一”），这同古代汉语的词义状况大相径庭，也同英语的词义状况有所不同——在古代汉语的词义系统中，多义现象为主体，约占70%，而单义词则约占30%。[①] 而在现代英语的词义系统中，多义词同单义词在数量上基本持平，各占一半。[②] 词义结构分布的这种特殊状态，使得现代汉语词义架构相对来说呈现出单一性。个中的缘由，粗略地讲，可能来自两个方面：一方面，大量涌入的新词使用的时间太短，频率较低，一时间，除了本义之外，还很难产生新的派生义。我们知道，词义的派生要有个过程，先是在言语中使用，尔后渐渐地约定俗成，固定为词义。如“包袱”的“比喻某种负担”之义就是在使用过程中由比喻用法固定成为比喻义的。所以较高的使用频率和一定的时间是词义派生的两个重要指标和参数，而新词短时间内很难达到，在一段时期内呈现单义性是必然的。另一方面，不少的科技术语和行业语词，目前依然呈现其单义性的特点，但这是暂时的，随着科学技术的迅猛发展，人们文化水平的不断提高，科技术语和行业语词将越来越多地走进一般人的生活、工作中，这样，科技术语词和行业语词词义的泛化就会进一步加快，它们呈现多义性的特点将不会太遥远（参见第十一章第一节）。

2. 词义派生环节简洁，派生脉络清晰。在现代汉语词汇中，双音节词占绝对优势。双音节词中合成词又占绝对优势。这些合成词，除了大量的单义词外，有一部分是多义词。但这些多义词也以包含两个义项的最为常见，包含三个义项的已不太常见，而包含四个或四个以上义项的更是少见——这一点又同古代汉语和现代英语的情况很不一样。这就使得现代汉语词义关系从总体上讲呈现清晰性——派生的环节简洁，派生脉络清楚，词义辗转引申派生的现象极为罕见。此外，缩略词的大量进入现代汉语词汇，使得词义同语素义的关系密切，这也就进一步增加了现代汉语词义结构的透明度（参见第

---

① 我们随机抽样调查了北京大学中文系师生编写的《古汉语常用字字典》拼音字母顺序号A、B所统辖的所有词条，结果如下：A字母下共收词39个，其中单义词14个，占35．9%，多义词23个，占64．1%。单义词中，单音节的有6个，双音节的有8个，依次是欸乃、霭霭、谅闇、岸帻、岸狱、昂昂、聱牙、暧暧。多义词中，单音节的有17个，双音节的有6个，依次是：皑皑、敖敖、熬熬、嗷嗷、翱翔、遨游。B字母下共收词179个，其中单义词49个，占27．37%，多义词130个，占72．63%。单义词中，单音节的有17个，双音节的有32个，依次是：巴蛇、拔扈、白丁、白衣、白身、捭阖、稗史、斑斓、班白、阪田、陂陁、被离、鼻祖、匕首、碧落、陛下、编户、编户民、编人、编氓、汴京、便嬖、傧相、彬彬、禀性、禀气、并州、勃澥、驳议、帛书、晡食、部娄。多义词中，单音节的有128个，双音节的只有2个：裨官、俾倪。见《古汉语常用字字典》，商务印书馆，1998年。

② 我的硕士研究生施建平同志随机抽样调查了《新英汉词典》（增补本）中C、D字母统辖下的部分词条，结果如下：在C字母统辖下的前545个词条中，单义词有269个，占49．36%，多义词有276个，占50．64%；在D字母统辖下的前588个词条中，单义词295个，占50．17%，多义词293个，占49．83%。见《新英汉词典》（增补本），上海译文出版社，1985年。

十一章第一节）。

思考与探索之十

关于现代汉语词义的共性特征，实际上说的就是词义的基本性质，在初版中，这部分是一个陪衬，重点要谈的是现代汉语词义的个性特征。但作为研究生教学用书，这部分就不是陪衬了，因为讨论词义问题必然会讨论词义的性质和特点。事实上，一些词（语）义学或词汇学书籍均对词义的性质特点予以了讨论。武占坤、王勤将词义的性质概括为：概括性、社会性、客观性、主观性和历史演变性①；葛本仪将词义的特征概括为：客观性、概括性、社会性、主观性、发展性、民族性、词义的概念对应性和具体事物对应性②；詹人凤将词义的特点概括为：事物对应性、模糊性、社会性以及既没有自相矛盾的词义也没有无意义的词等③；张志毅、张庆云将词义（义位）的性质特点概括为：语言性、系统性和非系统性、模糊性、民族性④；周国光将词义的特点概括为：客观性、主观性、概括性、系统性、模糊性、全民性、民族性，其中“客观性、概括性、模糊性、全民性是词义共同的、一般的特点，而民族性、系统性则具有较强的个别性和特殊性”⑤；宋均芬将词义的性质概括为：精确性、模糊性、客观性、概括性、社会性、交叉性、系统性⑥；王军将词义的性质概括为：客观性、概括性、民族性、层次性⑦。

但是，关于现代汉语词义的个性特征问题的探索，大家似乎都三缄其口，除本章的讨论外，其他论著均暂付阙如。苏新春在《汉语词义学》一书中曾将“汉语词义的基本属性”概括为：社会性、历史性、民族性、概括性和具体性、静止性和运动性、系统性等⑧。苏新春的讨论与上文所列各位的讨论有所不同的是，上文各位讨论的是词义的普遍特征，苏新春讨

① 武占坤、王勤：《现代汉语词汇概要》，内蒙古人民出版社，1983 年，第 31 ~ 34 页。
② 葛本仪：《汉语词汇研究》，山东教育出版社，1985 年，第 103 ~ 108 页。
③ 詹人凤：《现代汉语语义学》，商务印书馆，1997 年，第 8 ~ 11 页。
④ 张志毅、张庆云：《词汇语义学》，商务印书馆，2001 年，第 153 ~ 205 页。
⑤ 周国光：《现代汉语词汇学导论》，广东高等教育出版社，2004 年，第 144 ~ 146 页。
⑥ 宋均芬：《汉语词汇学》，知识出版社，2002 年，第 241 ~ 245 页。
⑦ 王军：《汉语词义系统研究》，山东人民出版社，2005 年，第 55 ~ 59 页。
⑧ 苏新春：《汉语词义学》，广东教育出版社，1992 年，第 89 ~ 106 页、第 198 ~ 202 页。

论的是个别语言的词义特征。只是苏新春讨论的不是现代汉语词义的个性特征，而是古代汉语词义的特点。

按照现代语言学的理论，任何一种语言系统均由三个子系统构成：即语音系统、语义系统和语法系统。其中，语音是载体，语义是语音载体所承载的内容，两者结合在一起构成大大小小的音义结合体，而语法则是这些大大小小的音义结合体组合起来、运作起来的规则，三者缺一不可。

从理论上来讲，现代汉语的三个子系统应该均有自己的个性特点。而事实上，现代汉语语音的特点已经被揭示得清清楚楚了，语法的特点虽然局部有争议，但总体上也基本能取得共识。可是词义呢？现代汉语词义的个性特点体现在哪里呢？至今，各种现代汉语课程教材均暂付阙如，不少讨论现代汉语词义问题的论著也一再缄默。

现代汉语词义无疑应该具有自己的特点，现在的问题是这些特点从什么角度来表述比较妥帖。鉴于现代汉语语音的特点和现代汉语语法的特点均是拿印欧语系诸语言作为参照系的，通过与印欧语系诸语言——主要是英语这种印欧语系最强势语言的比较，部分也参考了古代汉语的一些特点，来加以归纳总结的，因此，在对现代汉语词义特点的概括过程中，建议也一仍旧贯，依然拿印欧语系诸语言——尤其是英语作为参照系。

本章的讨论不过是抛砖引玉罢了。

在词义的共性特点的讨论中，关于词义的模糊性的讨论无疑是最引人注目的。而在词义的模糊性问题的讨论中，伍铁平的研究无疑是最引人注目的。

早在1979年，伍铁平就发表了国内针对词义模糊性问题的第一篇论文《模糊语言初探》，翌年又发表了《模糊语言再探》一文，嗣后，伍铁平发表了一系列讨论词义模糊性的论文，在国内学界产生了很大的影响，直到20世纪90年代末他的阶段总结性之作《模糊语言学》的问世①，这是后话。

20世纪80年代后期到90年代末期的10来年时间中，词义的模糊性研究出现了一个小高潮。1988年，石安石在《中国语文》“二百期纪念刊”上

---

① 伍铁平：《模糊语言初探》，《外国语》1979年第4期；《模糊语言再探》，《外国语》1980年第5期；《论模糊理论的诞生及其研究对象与正名问题》，《语文现代化》1983年第2期；《论颜色词及其模糊性质》，《语言教学与研究》1986年第2期；《语言的模糊性和多义性等的差别》，《语文导报》1987年第1期；《不同语言的味觉词和温度词对客观现实的不同切分》，《外语教学与研究》1989年第1期；《再论语言的模糊性》，《语文建设》1989年第6期；《模糊语言学综论》，《西南师范大学学报》1997年第6期；《论“海”、“洋”和“湖”的模糊性》，《外语与外语教学》1998年第7期；《模糊语言学》，上海外语教育出版社，1999年。

发表了《模糊语义及其模糊度》一文，引发了一场前后长达5年的论战，参与这场论战的学者，除石安石外，还有符达维、周志远、马毅、许丕华、吴博富、陈新仁等①。这场论战使得词义的模糊性研究成为当时词汇学研究中的一大亮点，其造成的直接后果是：自1988年开始，汉语学界和外语教学与研究界关注并参与词义模糊性讨论的学者日增，直到90年代末，发表的相关文章数以百计，还出现了两部专论词义模糊性的著作：张乔的《模糊语义学》② 和伍铁平的《模糊语言学》，后者也是这次词义模糊性讨论小高潮的收官之作。

进入新世纪以来，词义的模糊性研究有所降温，但论著还是不少，其中重复研究炒冷饭的也不少，值得一读的有陈维振、吴世雄的《范畴与模糊语义研究》一书，黎千驹的《模糊语义学导论》一书以及朱跃的《语义论》第三章"意义、模糊性及客观世界"。③

本章可以着手的论题

（1）汉语词义的民族性研究
（2）汉语词义的民族性研究述评
（3）汉语成语中的文化义研究
（4）汉语动物词语的文化义研究
（5）改革开放以来的词义模糊性的理论研究
（9）改革开放以来的词义模糊性的应用研究
（7）现代汉语词义的个性特点研究
（8）现代汉语词义的特征之一：词义与汉字结构的纠缠
（9）现代汉语词义的特征之一：词义与词的构成方式的紧密联系
（10）汉英某类对应词词义架构比较研究

① 石安石：《模糊语义及其模糊度》，《中国语文》1988年第1期；符达维：《模糊语义问题辨诉》，《中国语文》1990年第2期；周志远：《也谈语义模糊度》，《中国语文》1990年第2期；石安石：《模糊语义再议——答符达维同志》，《中国语文》1991年第5期；马毅：《〈模糊语义辨诉〉的辨诉》，《现代外语》1992年第3期；许丕华、吴博富：《略论模糊语义的本质和根源》，《沈阳师范学院学报》1992年第4期；陈新仁：《模糊语义研究的现状与未来——兼评石安石与符达维关于模糊语义之辩》，《外语学刊》1993年第1期。

② 张乔：《模糊语义学》，中国社会科学出版社，1998年。

③ 陈维振、吴世雄：《范畴与模糊语义研究》，福建人民出版社，2002年；黎千驹：《模糊语义学导论》，社会科学文献出版社，2007年；朱跃：《语义论》，北京大学出版社，2006年。

xian DAI han yu CI YI XUE

第十二章 现代汉语词义的发展

词义的发展属于历时范畴的问题，在现代汉语这个共时平面上存在这个问题吗？这是许多人都会提出的疑问。答案当然是肯定的。

尽管相对于古代汉语来说，现代汉语的历史只是弹指一挥间——短暂到可以忽略不计的程度。确实，不到100年这样一个时段在历史的长河中是微不足道的，但是这刚刚过去的100年对于人类来说，对于中华民族来说，是怎样的一个世纪！且不说科学技术的迅猛发展给人们的物质生活、精神生活所带来的巨大改善，对词义系统的巨大影响，只要看看伴随现代汉语一同前行的中国现代史和当代史便知道这一时段所呈现的波澜壮阔、风起云涌，从“五四”运动到北伐战争到抗日战争到解放战争到新中国的成立、土地改革到抗美援朝到大跃进到文化大革命到改革开放到香港、澳门回归等等，每一次重大的变革，每一个重大的事件均无一例外地在现代汉语的词义系统中刻下深深的烙印，推动并促进了现代汉语词义的发展。

综观现代汉语词义这近100年来的发展轨迹，梳爬词义发展的各种途径和线索，我们认为，现代汉语词义的发展主要表现在以下五个方面：①伴随新词而来的新词义的不断涌现；②固有词词义项的增加；③一部分词义的淡出；④词义中理性义和感情色彩义的变化；⑤基本义、一般义的相互转化。

第一节　伴随新词而来的新词义的不断涌现

从五四运动起，几乎每一次重大的变革、每一个重大的事件均会给现代汉语词汇系统注入新鲜血液。远的不说，就拿改革开放这20多年来的词汇发展来说吧，经济的发展、新事物的出现、传统思想观念的改变，给现代汉语带来了成千上万的新词语。有人做过统计：“20世纪80年代平均每年新增700个左右，90年代每年至少也增添300～400个”。[①]至于“五四”到建国或者建国初期到70年代末究竟有多少新词涌入现代汉语词汇系统中，目前尚无统计数字，估计也不会少。而伴随大量涌现的新词而来的是大量的新的词义。

---

① 参见朱永锴、林伦伦：《二十年来现代汉语新词语的特点及其产生渠道》，《语言文字应用》1999年第2期。

这些新的词义，不同的出现时代和年岁有各自不同的特色①，但总体而言，它们具有以下的一些共性特征：

1. 缩略词的大量出现使得不少词义同语素义的联系格外密切。

缩略词是由减缩构词法形成的。减缩构词法在“五四”前后还不是太普遍，所以陈望道在其1932年出版的《修辞学发凡》中还将之作为一种修辞法，取名曰“节缩”。而且所举的白话文例子也仅一二。② 此后，则渐渐多了起来，尤其是建国以后，成了一种特别能产的构词法之一。由减缩法构成的缩略词是由短语缩减而成，所以词义同语素义的关系格外密切——词义往往是语素义的简单组合（参见第五章第一节“一”）。如：

人民警察——民警　　国际联盟——国联
民用航空——民航　　电影明星——影星
扫除文盲——扫盲　　文娱体育——文体
摄影展览——影展　　民事法庭——民庭
公共关系——公关　　家用电器——家电
对外贸易——外贸　　电化教育——电教
足球协会——足协　　电影评论——影评
中学和小学——中小学　　指挥员和战斗员——指战员
夏收、夏种、夏管——三夏
讲政治、讲学习、讲正气——三讲

由于缩略词构词简洁、方便，且内涵丰富、容量大，再加上它的词义同语素义的密切关系——直观性强、透明度高，正日益受到社会各界、各个层次人们的青睐，预计还会有长足的发展。

---

① 对于改革开放以来新出现的词义的特色，已有多人论及。沈孟璎将之概括为：“比较重视利用词面义揭示内容”，“固有词语赋新义加强了现代汉语词汇表达功能”，“正反义共存于一词的罕见现象”，“新的等义、近义词语纷繁孳乳”，“词义的内部调整”等。参见其所著《新词新语新义》，福建教育出版社，1987年版第15页。朱永锴、林伦伦在讨论新词语的特点时也有一些是涉及词义的特色的，大体可概括为：“口语性”、“形象性”、“单义性”、“委婉性”等，参见其论文：《二十年来现代汉语新词语的特点及其产生渠道》。

② 陈望道在讨论“节缩”辞格时指出：“节短语言文字，叫做节；缩合语言文字，叫做缩。节缩都是音形上的方便手段，于意义并没有什么增减。如将五月四日节短为五四，三十缩合为卅，五月三十日节缩为五卅，意义仍然是五月四日、三十、五月三十日，并没有什么增减。”陈望道所讨论“节缩”中的一类叫作“节短”的，大致相当于今天的减缩法，而叫作“缩合”的那一类，如表“不可”的“叵”、“何不”的“盍”、“奈何”的“那”、“之于”的“诸”、“不要”的“别”、“勿曾”的“嫐”等，则颇不同。见《修辞学发凡》，上海教育出版社，1997年，第177页。

2. 外来词、方言词的大量涌入给不少词义带来了诸多异域情调和鲜明色彩。

“五四”以后，西风东渐，伴随异域文化而来的外来词也不断涌入现代汉语中，并且在不同的时期，呈现出不同的主流面。从“五四”前后到建国初期，汉语中的外来词主要以来源于欧美的和日本的借词为主。前者如：沙发、沙丁鱼、冰激凌、奔驰车、乒乓球等①；后者如：看板、控所、乱暴、讲谈、调印、意味、车掌②、电话、积极③等。建国初期，汉语中外来词主要以来源于前苏联的借词为主，如：布拉吉（连衣裙）、察庞漆（一种中性漆）、昌科布兹琴（一种吹弹式口琴）、喀秋莎（一种火箭炮）、喀马林（一种民间歌舞）、卡尔道克斯（一种炸药名）、吉协力（一种果子羹）、契卡（肃反委员会）、孟什维克（少数派）等。④ 改革开放以后，则主要以来源于欧美的借词为主，而且多半是音译词，如：巴士、伊妹儿、克隆、肯德基、麦当劳、迪斯科、邦迪、厄尔尼诺、曲奇等，也有一些是音兼意译词，如：可口可乐、托福、伟哥、香波、桑拿浴、艾滋病等，还出现了许多字母词，如：CD、

---

① “沙发”，《汉语大词典》所引书证为老舍的《且说屋里》和郭小川的《一个和八千》；“沙丁鱼”，《汉语大词典》所引书证为郭沫若的《洪波曲》和钱钟书的《围城》；“冰激凌”，《汉语大词典》所引书证为老舍的《牺牲》和冰心的《寂寞》。参见《汉语大词典》（缩印本），汉语大词典出版社，1997 年版第 3140、3137、908 页。“奔驰车”，是德国斯图加特市 Daimle – Benz 集团生产的世界名牌轿车，上个世纪 30 ~ 40 年代进入中国市场，当时译作“本茨”，80 年代初改译为“奔驰”；“乒乓球”，作为一种球类运动，最早于 19 世纪后半期出现在英国，称为 table tennis，后改为 ping pong，因球打在桌上发出“乒乒乓乓”的声音而得名。1904 年上海王道平首先把乒乓球运动从日本引进我国，当时上海人将 ping pong 译成乒乓球，而把 table tennis 译成台球。参见《词库建设通讯》，香港中国语文学会，1994 年 8 月第 4 期第 31、33 页。

② “看板”等，刘正埮等《汉语外来词词典》不收，《汉语大词典》悉收，可释义有误。“看板”，《汉语大词典》释为“招待服务”，实应解作“招牌”；“控所”，《汉语大词典》释为“看守所”，实应解作“休息处”；“乱暴”，《汉语大词典》解作“粗鲁混乱”，实应解作“粗鲁潦草”；“讲谈”，《汉语大词典》释为“讲说谈论”，实应解作“说评书、讲故事”；“调印”，《汉语大词典》释为“调换印信”，实应解作“签署”；“意味”，《汉语大词典》释为“意境、趣味”，实应解作“意义价值”；“车掌”，《汉语大词典》释作“电车司机”，实应解作“公交车辆的售票员”。从《汉语大词典》所引书证来看，这些词均出现在二三十年代一些留日作者笔下。详见何华珍《〈汉语大词典〉中‘日语词’释义指暇》，《词库建设通讯》2000 年 6 月第 22 期。

③ “电话”、“积极”，刘正埮等《汉语外来词词典》及《汉语大词典》均收，后者所引书证，分别为曹禺《日出》和鲁迅的《二心集》等，均为三十年代的作品。而“五四”前后及以前，“电话”均称为“德律风”，是英语“telephone”的音译，《汉语大词典》亦收，所引书证为清谭嗣同《仁学》。

④ “布拉吉”等，刘正埮等的《汉语外来词词典》均收录，《汉语大词典》则只字未收。这些词 20 世纪 50 年代曾风靡一时，后来则逐渐销声匿迹了。

CAD、CPU、CT、DNA、DOS、DVD、FAX、ISO、KTV、MTV、TV、VCD、UFO①、WTO、DVD、MBA、GRE、NBA等。外来词的大量涌入给不少词义带来了浓郁的异域文化色彩。

方言词大量进入普通话词汇主要是在建国以后。从《现代汉语词典补编》的收词情况来看，方言词占了一定的比例。如第一页“阿”字条下共收了14个词语条目，其中来自方言的竟有8个之多，一大半是吴方言词，如“阿拉、阿木林、阿公”等。当然，这只是个别现象，但方言词的比重大大超过《现代汉语词典》却是不争的事实。这些方言词往往带有鲜明的形象色彩和口语色彩。其中一部分方言词在普通话词汇中有相对应的词，如同“搭裢”对应的“上马子”，与“烧酒”对应的“烧刀子”，与“蜈蚣”对应的“百脚”，与“事故”对应的“岔头”，与“闲谈”对应的“扯筋”，与“扒手”对应的“出包儿”等，它们构成了一对对色彩有异的同义词；另一部分方言词则在普遍话词汇中没有相对应的词，如表“人一有钱或有势就忘乎所以”的“烧包”，表“注意地看（常用于招呼人）”的“上眼”，表“分析辨别道理”的“掰扯”，表“家庭多年不动用的或最贵重的东西”的“包袱底儿”，表“鞋的大小、肥瘦正合脚型”的“抱脚儿”，表“欺诈哄骗钱财”的“拆梢”，表“惹人生气，令人厌恶”的“触气”② 等，这类方言词义大大丰富了现代汉语的词义系统。

需要指出的是，改革开放以后，随着大陆同香港、台湾交往的增多，不少港、台地区一些特有的词语也悄然进入普通话词汇系统中，如《现代汉语词典》等未收但已在大陆广泛使用的表“爱情不专一”的“花心”、表“家具”的“家私”、表“男性微凸的腹部”的“啤酒肚”、表“工厂商业企业办公用的楼房”的“写字楼”、表“从事零星劳动、按钟点计酬的人士”的“钟点工”、表“商品最能吸引顾客的特点或艺人最能叫座的专长”的“卖点”、表“高利贷者”的“大耳窿”、表“运用某种手段使女性胸脯增大”的

① “UFO”以前的所有字母词均采自《现代汉语词典》（修订本）。还有一种外来词，既有字母又有汉字，如AA制、AB制、B超、PH值、卡拉OK，陈建民称之为“本体与外来合用词”。参见《词库建设通讯》创刊号第19页，1993年7月。

② 文中诸例均采自《现代汉语词典补编》。

“隆胸”、表“满座、座无虚席”的“爆棚”等香港粤语词语[1]以及表“避孕套”的“保险套”、表“未曾相见而以互相通信所结交的朋友”的“笔友”、表“倒买倒卖”的“炒作”、表“年轻新手在社会上初露头角”的“出道”、表“存在并继续下去”的“存续”、表“知名度高的、走红的”的“大牌”、表“违法翻印”的“盗版”、表“获得者”的“得主”、表“处于低潮”的“低迷”、表“输液”的“点滴”、表“在绘画、摄影、舞台、广告中将各种媒体组合在一起来表现的综合性的艺术”的“多媒体”、表“煽动感情”的“煽情”、表“一个社会单位的问题”的“个案”、表“溶化消解”的“化解”等台湾词语。[2] 不少人会以为这些词是大陆新造词，其实不然。

3. 行业词语、科技术语数量的不断膨胀既使词义架构的单一性特征更为突出，又为词义的派生发展准备了后劲。

新中国成立以来，尤其是改革开放以来，随着国内科学技术水平的不断提高、行业分工的日益精细，行业词语、科技术语的数量也在不断膨胀，这些行业语词、科技术语在没有进入全民交际语汇之前永远是单义词，这是由这类词语的专业性、精确性的特点所决定的。这类词语的大量增加使得现代汉语词义架构的单一性特征显得更为突出（参见第十章第二节“三”）。

国家经济建设快速发展所带来的广大人民群众物质文化水平和精神文化水平的长足进步，使得原本为某一行业、某种专业的人们所垄断、所独知而外人不甚了解的行业语词和科技术语也频频走进全民的交际语汇中。十多年前，有人断言，“二十世纪八十年代，由行业语词转化为全民性语词在数量上远远超过了历史上任何一个时期。”[3] 今天看来，这种势头在90年代依然保持强劲。而科技术语、行业语词转化为全民性语词的唯一途径就是词义的泛化，即由专指某种事物、状况转化为泛指与之相类似的其他事物、状况。如：《现代汉语词典补编》收了“克星”一词，释为“迷信的人用五行相生相克的道

① “花心”等诸例引自郑定欧《香港粤语词典》，江苏教育出版社，1997年。另外，《现代汉语词典补编》收录并注明为方言词的“打工”、“出街”等以及没注明方言词的“叉烧”、“洗钱”、“早茶”等，可能均来自香港粤语。还有些词，普通话中也有，但词义却同香港粤语大相径庭。如香港粤语中表“裸体照”的“写真”、表“专长”的“强项”、表“受聘于本地球队参赛的外国球员”的“外援”等同普通话中的词义就很不一样。

② “保险套”等诸例均采自邱质朴等《大陆和台湾词语差别词典》。台湾话中，不少词同大陆写法一样，但意义已很不一样，如表“过多裸露身体，强调性感”的“暴露”、表“后代、后辈”的“后进”、表“未婚恋人”的“爱人”、表“检查分析”的“检讨”、表“手段、技巧”的“手术”等。当然也有些词，如“爆满、杀手”等，两岸在词义上有同有异。至于像“色狼、水货、资深”等词，由于香港、台湾两地语汇中均有，所以很难弄清大陆是从何地引进这些词语的。

③ 参见武占坤、王勤：《现代汉语词汇概要》，第230页。

理推论有些人的命运也是相克的，把相克的人叫克星”，可见“克星”原是古代星相学术语。这个词现已成为全民性语词，词义可称为“泛指一切强劲的难以战胜的对手”。又如“克隆”一词，《现代汉语词典补编》等均未收，这是一个生物学术语，是英文 clone 的音译，“它的原意是指幼苗和嫩枝以无性繁殖或营养繁殖的方法培养植物。随着时间的推移，克隆的内涵已经扩大了。只要是由一个体细胞获得二个以上的细胞、细胞群或生物体，由一个亲本系列产生的 DNA 系列，就是克隆。可见克隆是一种无性繁殖的方法”。[①]这个词已有进入全民性词汇的明显迹象，其词义似可释为“泛指一切运用仿真技术所进行的复制。”这些眼下仍作为单义词存在的科技术语、行业词语将为日后词义的派生发展提供强大的后劲。

4. 新的词义更多地显示了人文关注和文明理念。

有些词义，在现代汉语词义系统中并不缺乏，但是它们依然伴随新词而充实到现代汉语词义系统中来。与固有词义不同的是，它们更多地显示了道德水准、文化素质大大提高了的人们的人文关注和文明理念。如同固有词“残疾”、“残废”相对应的“残障”、同“光棍”相应的“单身”、同“痴呆”、“弱智”相对应的“智障”、同“姘头”相对应的“第三者”、同“失业”相对应的“待业”、同“交媾”、“性交”相对应的“做爱”、同“厕所”相对应的“洗手间”、同“强奸”相对应的“强暴”、同“手淫”相对应的“自慰”、同“通奸”相对应的“婚外恋”等[②]，新词新义较之固有词义，要显得大气、儒雅，有较强的人情味和人文色彩。

第二节　固有词词义项的增加

这种类似于旧瓶装新酒的模式，也是现代汉语词义发展中较为常见的一种现象。考察新增加义项同固有义项及语素义的关系，我们可以将固有词词义项的增加分为两大类：词义项的派生式增加及词义项的非派生式增加。

---

① 参见金杏宝主编：《十万个为什么·动物分册》，少年儿童出版社，1999 年，第 30 页。

② 其中的一些词，如“残障”、“智障”、“自慰”等来自于港台地区语汇中。详见郑定欧：《香港粤语词典》及邱质朴等：《大陆和台湾词语差别词典》。

一、词义项的派生式增加

所谓“词义项的派生式增加”，是指新出现的义项是由固有词义项派生而来的。从新义项同固有义项的逻辑关系来看，主要有三种情形，即词义的扩大、词义的缩小和词义的转移。[①]

1. 词义的扩大。

所谓词义的扩大，是指新出现的词义较之固有词义在外延上拓宽了，由表种概念扩展到表属概念。如：

(1) 出击：①部队出动，向敌人进攻。②泛指在斗争或竞赛中发动攻势。[②]

(2) 抽头：①赌博时从赢得的钱里抽一小部分归赌博场所的主人或供役使的人。②泛指经手人从中获取好处。

(3) 跨度：①房屋、桥梁等建筑物中，梁、屋架、拱券两端的支柱、桥墩或墙等承重结构之间的距离。②泛指距离。

(4) 佛像：①佛陀，即释迦牟尼的像。②泛指佛教供奉的神像。

(5) 代价：①获得某种东西所付出的钱；②泛指为达到某种目的所耗费的物质和精力。

(6) 伯父：①父亲的哥哥。②称呼跟父亲辈分相同而年纪较大的男子。

(7) 赤裸：①（身体）裸露。②比喻毫无遮盖掩饰。

(8) 顶峰：①山的最高峰。②比喻事物发展过程中的最高点。

(9) 温床：①冬季或早春培育蔬菜、花卉等幼苗的苗床。②比喻对某种事物产生或发展有利的环境。

其中例（1）~例（5），第二个义项中均有“泛指”字样标明词义外延的扩展。例（6）虽没标明，但词义外延的扩展也是很明显的。例（7）、（8）、（9）三例可能会有不同的看法。词典释义中用“比喻”字样标出，是认定为

---

① 词义的扩大、缩小、转移，最初是由德国语言学家赫尔曼·保罗在他1880年问世的《语言史原理》一书中率先提出。后来经法国心理社会学学派代表人物之一的房德里耶斯《语言论》（1921）和美国描写语言学派的代表人物布龙菲尔德《语言论》（1938）等的引用及评说而得以广泛传播，成为西方，尤其是中国内地，关于词义发展演变的重要理论之一。今天看来，这套术语表达的角度有所不同，所以也不是十分严密的。在具体分析时，也存在分歧。

② 本节所有引例，凡不注明出处的，均采自《现代汉语词典》及《现代汉语词典补编》。

比喻义的。张永言认为“所谓意义的易位或转移就是指由相似联想和接近联想引起的名称的转移，即比喻和借代。”[①] 从张永言援引的例证来看，他是将词的比喻义作为典型的词义转移来处理的，这在眼下是颇具代表性的看法。我们认为，虽然比喻义中有相当大的部分确实是属于词义的转移的，但也不能否认有一部分是属于词义扩大的，具体的词义现象要作具体的分析。例（7）中“赤裸”的固有义是指人的身体毫无遮盖掩饰，而新出现的意义是指不限于人的一切事物的毫无遮盖掩饰，词义在外延上拓展了。同样，例（8）“顶峰”由专指山的最高处扩展到泛指一切事物发展过程中的最高处。例（9）“温床”由专指有利于蔬菜、花卉生长发育的环境扩展到泛指有利于一切事物产生发展的环境，这些无疑均应属于词义的扩大。

2. 词义的缩小。

所谓词义的缩小是指新出现的词义较之固有词义在外延上变窄了、收缩了，由表属概念缩小到表种概念。如：

（10）群众：①泛指人民大众。②特指没有加入共产党、共青团组织的人。

（11）传送带：①生产流水线中传送材料、构件、成品等的装置。②特指装置上的传送皮带。

（12）大陆：①广大的陆地。②特指我国领土的广大陆地部分。

（13）初速：①运动物体在一个特定运动过程开始时的速度。②特指弹头脱离枪、炮口瞬间的速度。

（14）大革命：①大规模的革命；②特指我国第一次国内革命战争。

（15）构件：①组成机械内部构造的单元，可以是一个零件，也可以是由若干零件构成的刚体。②组成建筑物某一结构的单元，如梁、柱。

（16）讲话：①说话；发言。②指责；非议。

（17）地梨：①多年生草本植物，野生在湿地里，地下茎像荸荠而较小，可以吃。②这种植物的地下球茎。

（18）丁香：①落叶灌木或小乔木，叶子卵圆形或肾脏形，花紫色或白色，有香味，花冠长筒状。②这种植物的花。

其中例（10）～例（14），第二个义项中均有“特指”字样标明词义外延的收缩。例（15）“构件”由泛指一切结构的单元到专指建筑物某一结构的

① 见张永言《词汇学简论》，第61页。

单元，例（16）“讲话”由泛指一般的说话到专指说一些责难、不满的话，均属词义外延的缩小。例（17）、（18）可能会有不同的意见。而且还牵涉到一批类似的情形，如“稻、麦、青稞、凤梨、菊花、高粱、牡丹、水仙”等。我们认为，由指称一种植物到只指称这种植物的一部分——花或果实，应该看作是词义外延的缩小，而且是颇为典型的一种缩小。

3. 词义的转移。

所谓词义的转移是指新出现的词义较之固有词义在内涵上有了根本性的改变，词义由指称甲事物转为指称乙事物。

需要说明的是，词义的扩大、缩小、转移，着眼点是略有不同的，词义的扩大、缩小着眼的是词义外延的变化，而词义的转移，则着眼的是词义内涵的变化。

词义的转移中最为典型的是如张永言所指的“由相似联想和接近联想引起的名称的转移”，即词的比喻义和借代义（参见第九章第二节“一”和“二”）。而在现代汉语这个平面上，以比喻义较为常见，如：

（19）大潮：①一个朔望月中最高的潮水。②比喻声势大的社会潮流。

（20）雏儿：①幼小的鸟。②比喻年纪轻、阅历少的人。

（21）钢铁：①钢和铁的合称。②比喻坚强。

（22）翅膀：①昆虫及鸟类等动物的飞行器官。②物体上形状或作用像翅膀的部分。

（23）风向：①风的来向。②比喻情势。

（24）大炮：①口径大的炮。②比喻好说大话或好发表激烈意见的人。

（25）红领巾：①红色的领巾。②指少先队员。

（26）白鼻子：①戏曲中的丑角，因其鼻梁上多抹有白色而得名。②借以指狡诈的人。

（27）红装：①妇女的红色装饰。②指青年妇女。

其中例（19）~例（24）为比喻义，例（25）、（26）、（27）为借代义。当然，也有非比喻义、借代义的，如：

（28）疯长：①农作物茎叶发育过旺，不结果实。②花卉枝叶长得很旺，不开花。

（29）货架子：①商店里放货物的架子。②自行车的座子后面的架子。

（30）缔交：①朋友订交。②缔结邦交。

例（28）、（29）、（30）中，词义由指称甲事物转为指称乙事物，也属词义的转移。

可见张永言所述的词义转移的两条途径——比喻性转移和借代性转移，并不能涵盖词义转移这种现象的全部内容。除了例（27）等之外词义转移中还有一种情况，也是颇为常见的，那就是词性的转移。① 如：

（31）监督：①察看并督促。②做监督工作的人。
（32）称呼：①叫。②当面称呼用的表示彼此关系的名称。
（33）侈谈：①夸大而不切实际地谈论。②夸大而不切实际的话。
（34）精神：①表现出来的活力。②活跃；有生气。
（35）纯净：①不含杂质；单纯洁净。②使纯净。

其中例（31）～例（33），由动词转化为名词；例（34）是由名词转化为形容词；例（35）是由形容词转化为动词。

需要指出的是，词义项的派生式增加，往往并不单纯划一，有时候，固有义同指产生的几个词义之间，既有外延的扩大现象，也有外延的缩小现象以及内涵的转移现象，呈交叉状分布。如：

（36）地道：①真正是有名产地出产的。②真正的；纯粹的。③工作或质量等实在；够标准。

（37）出纳：①机关、团体、企业等单位中现金、票据的付出和收进。②担任出纳工作的人。③泛指发出和收进的管理工作。

（38）靠实：①确实。②牢靠；可信赖。③情绪安定；放心。

例（36）中，义项①到义项②是词义的扩大，义项②到义项③是词义的转移。例（37）中，义项①到义项②是词义的转移，义项①到义项③是词义

① 最早指出词义转移中的词性转移现象的，是孙良明（1982.7）和符淮青（1985.3）。孙良明在《词义和释义》中将词义的转移分为五类：一类是平转，如“兵”由“兵器”转指“士兵”；一类是对转，如“仇”由“仇敌”转指“同伴”；一类是具体到抽象，如“道”由“路”转指“道理”；一类是词性转化，如“宣言”由动词的“宣扬”转指名词“文告”；一类是褒贬义的变化，如“爪牙”由褒义的“武臣”转指贬义的“打手、帮凶”。符淮青在《现代汉语词汇》一书中把词义转移分为两类：一类是词性不变的，如主人公、热烈、发行，另一类是词性转变的，如布告、环境、细软、交游、珍藏、修理、冲淡、粗、俊秀、勤劳、墨黑。孙、符在举例时均没有用现代汉语平面上的例子，而是把讨论扩展到了古汉语领域，从而给人一种错觉，似乎词义的转移，包括前面讨论的扩大、缩小，只存在于从古代汉语到现代汉语的发展过程中，现代汉语中似乎不存在这些现象。这种疏忽在其他以现代汉语词汇或词义系统为研究对象的论著中也存在。

的扩大。例（38）中，义项①到义项②是词义的转移，义项②到义项③也是词义的转移。

有时候，伴随词义的扩大、缩小、转移的，还有感情色彩义的改变。如：

（39）路道：①途径；门路。②人的行径（多用于贬义）。

（40）地煞：①星相家指主管凶杀的星。②指凶神恶鬼，比喻恶势力。

（41）货色：①货物（就品种或质量说）。②也指人或思想言论、作品等（多含贬义）。

（42）万金油：①药名，清凉油的旧称。②比喻什么都能做，但什么都不擅长的人。

（43）骄傲：①自以为了不起，看不起别人。②自豪。③值得自豪的人或事物。

（44）青天：①蓝色的天空。②比喻清官。

（45）宝货：①珍贵的物品。②活宝。

其中例（39）～例（42）均为由中性的词义派生出带有贬义色彩的词义。例（43）带有贬义色彩的词义派生出了两个带有褒义色彩的词义。例（44）则由中性的词义派生出了带有褒义色彩的词义。例（45）则由褒义色彩的词义派生出了带有贬义色彩的词义。

二、词义项的非派生式增加

所谓“词义项的非派生式增加”是指新出现的义项不是由固有义项派生而来的，而是同固有义一样均来自于其构成成分——语素的意义或组合。这种情况，我们在第四章讨论词义和语素义的关系时曾论及，但主要是从词义同语素义的一致性和不一致性角度来讨论的（参见第四章第一节“二”）。现在我们从词义发展的角度来讨论这种现象，以说明现代汉语词义发展中的一种重要现象——词义项的增加的多源性和复杂性。

如“平头”原来的意义是指“男子的一种发式”，后来《现代汉语词典补编》又增加了两个“补义”，其中一个是“普通；平常”。显然，原义来源于“平”的“表面没有高低凹凸，不倾斜”义和“头”的“人身最上部长着口、鼻、眼等器官的部分”义；新义来源于“平”的“普通的”之义和“头”的“名词后缀”义。又如“破家”是《现代汉语词典补编》新收的一个词，其义有两个，一个是指“毁坏家业”，一个是指“败落残余的家底”。

词义的不同，不但只因为“破”的意义有两个，一个是“使损坏”，一个是“完整的东西受到损伤变得不完整”，而且更为主要的是，在形成前一个词义项时，“破”和“家”处于一种动宾的结构关系，而在形成后一个词义项时，“破”和“家”处于一种偏正关系。类似的还有“火险”、“监控”、“出险”、“重播”、“成文”、“拿捏”等等，这些词新出现的义项均非从固有义派生而来，而是同固有义一样来自于不同的语素义及不同的语素组合关系中。这同样也是固有词词义项增加的一个重要途径。

第三节　一部分词义的淡出

伴随新词新义的迭出这种火暴场面的另一头是一部分词义的淡出。既然是淡出，就存在一个弱化的过程：有一些词义已失去了往日的轰轰烈烈，正在走向末路；有的则已完全隐没了。这是我们在比较了《现代汉语词典》（下简称“1983 年版”）和《现代汉语词典》（修订本）（下简称“1996 年版”）之后得出的结论。

一、一部分词义的隐没

“1996 年版”在“修订说明”中有这么一段话需引起我们的关注：

修订工作主要是增、删、改。增，是增加一些新的词语；删，是删去一些过于陈旧的词语及一些过于专门的百科词条；改，是修改那些词语有变化、有发展，在词义和用法上需要进行改动或补充的词条。

关于“增”，我们在第一节里已作了详尽的讨论；关于“改”，我们将在第四节中进行讨论，这里，我们要重点关注一下“删”。从上面的关于“删”的表述中，我们可以得到一点启示：词义的隐没最大数量、最常见的是伴随旧词的消亡。从消亡的旧词情况来看，主要有以下几类：

1. 专业术语，而且很多还是音译外来词。

我们对“1983 年版”和“1996 年版”分别作了抽样调查。在“A”字母统辖下的所有词条中，“1996 年版”删去了“1983 年版”中的 17 个词，其中 11 个是过于冷僻、已几乎不用的专业术语：阿的平、阿芒拿、阿米巴、阿是穴、阿托品、安息香、氨其比林、氨硫脲、氨水、奥陶纪、奥陶系等；在

“B”字母统辖下的所有词条中，修订本删去了“1983年版”中的84个词，其中55个是专业术语，如：八角鼓、巴比妥、巴克夏猪、巴黎绿、巴龙霉素、白垩纪、白垩系、爆震、宝卷、板羽球、伴生树、半夏、半边莲、包干制、拌种、半支莲、瓣腮类、报春花、抱草瘟、北路梆子、背光性、背日性、背斜层、贝母、本影、苯乙烯、碧桃、碧玉、蓖麻蚕、壁钱、鞭毛虫、鞭毛藻、扁卷螺、扁率、变频、便毒、标本虫、瘪螺痧、冰蛋、冰洲石、木并柑、丙酮、病植、波导管、波尔多液、波形、波状垫、玻璃粉、布鲁氏菌、步行虫等。从抽查情况来看，旧的专业术语在裁汰的旧词中占了较大的比例。

2. 反映过去的历史中存在过的事物、现象观念的“准历史词”。

为什么要称“准历史词”呢？那是因为我们现在所说的历史词是古语词的一个小类，它有时间限制，即古代通行的，而我们要讲的这些旧词，虽然性质同历史词一样，但时间却不是古代，而是现代——已成为过去的“现代”。

如第一次国内革命战争时期的“挨户团”、“农协”，第二次国内革命战争时期的“托派”、“大柏地”、“青帮”、“苏区”等，抗日战争时期的“平型关”、“抗币”、“武工队”、“双减”、“妇救会”、“伪军”等，解放战争时期的“津浦路”、“三野”、“整军”、“挺进报”等，建国初期的“互助组”、“集体化”、“合作社”、“工作队”等，抗美援朝时期的“汽油弹”、“上甘岭”、“板门店”、“邱少云”等，大跃进时代的“除四害”、“人民胜利渠”、“土高炉”、“赛诗台”、“土专家”、“共产风”、“人民公社化”等，文化大革命时期的“兵团”、“长征队”、“飞机头”、“红卫兵”、“工宣队”、“红五类”、“老三篇”、“文斗”、“大寨田”、“革委会”、“红宝书”、“语录歌”、“反潮流”、“走资派”、“大字报”、“知青点”、“大批判”、“样板戏”、“四人帮”等，这些都是“准历史词”。

3. 具有旧时代色彩已被新词取代了的旧词。

这些旧词的性质类似于古语词中的另一个小类“文言词”，它们所反映的有关事物、现象、观念今天依然存在，只是已由别的词语来代替。如：“按酒”、“案牍”、“按验”、“暗楼子”、“八面光”、“半拉子”、“棒头”、“悲郁”、“贲临”、“秘桓”、“变天账”、“兵操”、“捕处”、“捕快”、“捕拿”、“壁厢”等，这些“1983年版”所收录而“1996年版”均删除的旧词，有的注上了“多见于早期白话”、“旧时指”等标明其旧时代色彩的字样，有的则注上了“书”字样，标明其为书面语词，个别的则注上了“方”字样，属于早期现代汉语中所吸收的方言词。

除了一部分词义伴随旧词的消亡而隐没之外，还有一种情况，尽管“修订说明”中没有提及，但确实也是词义隐没的一条途径，那就是一部分词条中个别词义项的消失。如“右派”，“1983年版”中有两个义项：①在阶级、政党、集团内，政治上保守、反动的一派。②在我国特指反对社会主义的资产阶级反动分子。到了“1996年版”中则删去了第二个义项。又如“差池”，“1983年版”中有两个义项：①错误。②意外的事。到了“1996年版”中则只剩下了第一个义项。再如“现代”，“1983年版”中有两个义项：①现在这个时代，在我国历史分期上多指五四运动到现在的时期。②指社会主义时代。到了“1996年版”中则删去了第二个义项。

二、一部分词义的走软

除了词义的隐没之外，词义的淡出还表现为一部分词义的走软——正逐渐走向隐没。主要有两种情况：一种情况是，一部分反映早期事物观念的词义尽管仍存在，但已处于被淘汰的边缘。如“先生”一词的6个义项虽然“1996年版”一仍旧贯，但是除了“①老师。③称别人的丈夫或对人称自己的丈夫。”等2个义项势头依然强劲外，其余4个“②对知识分子的称呼。④医生。⑤管账的人。⑥以说书、相面、算卦、看风水等为职业的人。”等义项明势处于弱势，现在已不太使用。其他还有如“公公”的最后一个义项“对太监的称呼（多见于早期白话）”，“奶奶”的最后一个义项“少奶奶”，“门生”的第二个义项“科举考试及第的人对主考官的自称”，“花销”的最后一个义项“旧时称买卖产业或商品时的佣金和捐税”，“老板”的第一个义项“旧时对著名戏曲演员或组织戏班的戏曲演员的尊称”，“花边”的最后一个义项“银圆的俗称”等均属此类。另一种情况是，曾经因某个重大历史事件而在某一时段特别走俏的一部分词义如今已失去了往日的显赫，渐渐被打入冷宫，无人问津了。如“红心（比喻忠于无产阶级革命事业的思想）”、“牛鬼蛇神（比喻社会上的丑恶东西和形形色色的坏人”、“万岁（千秋万世，永远存在〈祝愿的话〉）”、“万寿无疆（永远生存〈祝寿的话〉）”、“造反（采取反抗行动）”、“招魂（招回死者的魂，多用于比喻）”、“毒草（有毒的草，比喻对人民、对社会主义事业有害的言论和作品）”等，这些词语曾经在文化大革命中风靡一时，频频露脸，而如今则门可罗雀、难觅踪影。

第四节　词义中理性义和感情色彩义的变化

如果说，新词义的不断涌现，固有词词义项的增加以及一部分词义的淡出所反映的是词义发展的宏观方面的话，那么本节中我们要讨论的词义中理性义和感情色彩义的变化，则反映了词义发展的微观方面。有一部分词义，粗看起来，似乎没什么变化，可一旦将其在不同时期理性义和感情色彩义的情况作一比较，我们就会发现它们已经发生了一定的变化。

一、理性义随着时代的改变而作相应的调整

如：

（46）财源："1983 年版" 解作 "钱财的来源，多指公家的或企业的"。
"1996 年版" 解作 "钱财的来源"。

（47）富矿："1983 年版" 解作 "通常指有用元素含量高的矿石。"
"1996 年版" 解作 "品位较高的矿石或矿床"。

（48）妓女："1983 年版" 解作 "旧社会里被迫卖淫的女人"。
"1996 年版" 解作 "以卖淫为业的女人"

（49）硕士："1983 年版" 解作 "学位的一级。大学毕业生在研究机关学习一、二年以上，成绩合格者，即可授予。"
"1996 年版" 解作 "学位的一级。大学毕业生在研究机关或高等学校学习一、二年以上，成绩合格者，即可授予"。

（50）特务："1983 年版" 解作 "参加国内外的反动组织，经过特殊训练，从事刺探情报、颠覆、破坏等活动的人。"
"1996 年版" 解作 "经过特殊训练，从事刺探情报、颠覆、

破坏等活动的人”。①

（51）人性论：“1983 年版”解作“一种主张人具有天生的、固定不变的共同本性的观点。欧洲文艺复兴时期，人性论的主要内容是反对封建制度和封建道德对个性的束缚，提倡个性解放，具有反封建的作用，但由于它撇开人的社会性和阶级性去解释人性，掩盖了阶级斗争的现实，后来被资产阶级和修正主义者用来宣扬阶级调和，反对无产阶级专政”。“1996 年版”解作“一种主张人具有天生的、固定不变的共同本性的观点”。

例（46）中词义的变化反映了改革开放以来个体经济的发展、私营业主群体的迅速崛起这么一个现实。例（47）中词义的变化则反映了人们对“富矿”内涵的更准确的把握，同它类似的还有例（49），目前的事实是，高校培养的硕士生要远远多于研究机关，这是 20 世纪 80 年代以来研究生教育飞速发展的结果。例（48）中词义的变化则反映了目前社会的一些阴暗面——旧社会的一些丑恶现象在改革开放以后的新时期又死灰复燃了。例（50）、（51）中词义的变化反映了人们已摆脱了那个以阶级斗争的眼光看待一切问题的时代的束缚和影响，开始理性地面对一些正面的、反面的事物、现象了。在理性义的变化中，以例（47）、（49）为代表的情形似乎要更为常见一些，如“阿斗”、“裁撤”、“裁断”、“才分”、“才思”、“才子”、“参议院”、“惨淡”、“惨然”、“草签”、“厕身”、“差异”、“插手”、“插嘴”、“查勘”、“拆兑”等等，均属其类。

二、感情色彩义随着认识、观念的变更而发生转化

如：

（52）财主：“1983 年版”解作“旧社会占有大量财产、靠剥削为生的人”。

① 偶翻闲书，看到山东画报出版社出的《老照片》一书第三辑中有一篇叫作《孤胆英雄尹奉吉》的，讲述一位朝鲜爱国热血青年尹奉吉舍身炸死参加“淞沪战争胜利祝捷大会”日军头目的故事。内中有一句话写道：“4 月 26 日，他（即尹奉吉）正式加入了由韩国独立党的特务队长金九组织成立的秘密组织——韩人爱国团，爱国团专以谋杀敌人的重要人物和破坏敌人的行政机关、争取祖国独立和自由为宗旨。”句中的“特务”只能按“1996 年版”的去解释，因为尹奉吉参加的并不是“国内外的反动组织”。

"1996 年版"解作"占有大量财产的人"。

（53）财运："1983 年版"解作"迷信的人认为发财要有运气，这种运气叫财运"。

"1996 年版"解作"发财的运气"。

（54）风流："1983 年版"解作"指跟男女间放荡行为有关的"。

"1996 年版"解作"指跟男女间情爱有关的"。

（55）老好人："1983 年版"解作"脾气随和，待人厚道，爱憎不鲜明，没有原则性的人"。

"1996 年版"解作"脾气随和，待人厚道，不得罪人的人。"

上述诸例不但理性义发生了变化，更主要的是感情色彩义也发生了转化，原义很显然，都是贬义的，但现在的词义则不是贬义的，从中反映了现代人对金钱、男女关系等的不同于 20 世纪 60、70 年代的看法和认识。

有些词义感情色彩义的变更很大，也很频繁，但在辞书中往往得不到反映。如"大少爷"、"小姐"，在早期现代汉语中，具有褒义色彩，用于对有身份、有地位的青年男女的尊称；建国以后，尤其是文化大革命中则转化为贬义色彩，指那些好逸恶劳的人；改革开放以后，"小姐"又恢复了最初拥有的褒义色彩，成为对青年女子的一种尊称①，而"大少爷"，也没有 20 世纪 80 年代以前所具有的那样强烈的贬义色彩了。又如"鼓吹"，作"宣传、提倡"解时，最初是褒义的；可由于在文化大革命中一直被用来描写反党反社会主义分子宣传他们的反动思想，所以，也就由褒义色彩转化成了贬义色彩。现在人们往往回避用"鼓吹"，而代之以"倡导"。

---

① 就在本书付梓之前，偶然看到《报刊文摘》2000 年 10 月 30 日第 4 版转摘的刊登在 10 月 23 日《光明日报》上的杨裕奇撰写的一篇文章。在这篇叫作《称呼的困惑》的转摘文章里，有这样一段文字颇有趣，兹录如下："（我）见一位穿着很时髦的年轻女子路过此地，便很有礼貌地学着电视、电影里对年轻女子的叫法：'小姐！请问……'话没问完，那女子却破口大骂起来：'放你的屁，谁是小姐……'后来得知，'小姐'这一称呼在那座城市里'名声'很臭，'小姐'只是对那些'三陪女'、'发廊按摩女'的俗称。"杨先生出差去的那座城市对"小姐"的这种新解是否会波及全国并被广泛认同，"小姐"的色彩是否会再度发生变异，我们只能拭目以待，静观其变。

第五节　基本义、一般义的相互转化

这里讲的基本义是指多义词词义中最常用的那个意义，一般义是指常用义以外的那些意义，同目前各本教材上的表述有所不同（参见第二章第二节“三”）

基本义同本义不同，它具有强烈的时代性，因而也具有较强的变异性，一个词义，在那个时代是基本义，到了这个时代可能会转化为一般义。在现代汉语中，由于时间的短暂，这种转化并不常见，但也是存在的。如：

（56）路线：①从一地到另一地所经过的道路。②思想上、政治上或工作上所遵循的根本途径或基本准则。

（57）东风：①指春风。②比喻革命的力量或气势。

（58）革命：①被压迫阶级用暴力夺取政权，摧毁旧的腐朽的社会制度。革命破坏旧的生产关系，建立新的生产关系，解放生产力，推动社会的发展。②具有革命意识的。③根本改革。

（59）新人：①具有新的道德品质的人。②某方面新出现的人物。③指机关、团体等新来的人员。④改过自新的人。⑤指新郎和新娘。

（60）信托：①信任人，把事情托付给他。②经营别人委托购销的业务的。

（61）信息：①音信，消息。②信息论中指用符号传送的报道，报道的内容是接收符号者预先不知道的。

上述诸例中，例（56）、（57），20 世纪 80 年代以前，第一个义项（本义）为一般义，第二个义项（派生义）为基本义；80 年代以后，地位发生转变，第一个义项成为基本义。例（58）中，建国以前，第一个义项为基本义，其余为一般义；新中国成立以后，80 年代以前，第二个义项为基本义，其余为一般义；80 年代以后，第三个义项为基本义，其余为一般义。例（59）中，80 年代以前，第一个义项为基本义，其余为一般义；80 年代以后，第二个义项为基本义，其余为一般义。例（60）、（61），80 年代以前，第一个义项为基本义；80 年代以后，第二个义项成为基本义。

思考与探索之十一

现代汉语词义的发展，显然又是一个共时系统中的历史范畴的话题。

如果说，20世纪80年代到90年代，人们对现代汉语这个共时系统中能不能讨论、要不要讨论诸如本义、派生义这样的属于历时范畴的话题尚心存疑虑——以至于本书初版本中在讨论词的本义、派生义之前还得论证现代汉语这个共时系统中也存在历时的问题的话（参见本书第二章第二节"一"的讨论，实际上这部分的讨论发生在1991年），那么到了今天，在大家普遍认同了张普、石定果关于"历时中包含有共时与共时中包含有历时"（2003年）的呼声①，普遍认同了刁宴斌独树一帜的关于"现代汉语史"的写作（2006年）② 的今天，这个问题已经不成为问题了。

本章讨论的是现代汉语词义的发展，而不是现代汉语词汇的发展。后者比较具体，比如新词的产生、旧词的消亡、新的构词形式——新词模的形成、新的构词要素——新词缀的出现等等，看得见，摸得着，容易把握；而前者则比较抽象，除了固有词义项的增减外，其他的都需要细细观察，或者换个角度才能有所收获。本书讨论的是词义问题，当然应讨论词义的发展，而不应讨论词汇的发展。

词义的扩大、缩小和转移是词义发展中最为常见的现象之一，所以成为大家共同关注的焦点，而且已经成为关于词义的发展演变话题的标准表述模式。国内几乎所有的现代汉语课程教材在讨论词义的发展演变这种现象时，均采用了这种标准表述模式，不但如此，国内几乎所有的现代汉语词汇学或词义学著作，在讨论词义的发展演变这种现象时，也均跳不出这种标准表述模式的藩篱③。1985年，国内有三部现代汉语词汇学或词义学的著作几乎同时问世，按出版的时间顺序，由南往北排列依次是：孙良明的《词义和释义》（3月出版），符淮青的《现代汉语词汇》（3月出版），

---

① 张普、石定果：《论历时中包含有共时与共时中包含有历时》，《语言教学与研究》2003年第3期。

② 刁宴斌：《现代汉语史》，福建人民出版社，2006年。

③ 1985年之前出版的现代汉语词汇学著作，如周祖谟的《汉语词汇讲话》（人民教育出版社，1959年）、谭全《实用词汇新知识》（商务印书馆香港分馆，1978年）、罗世洪《现代汉语词汇》（甘肃人民出版社，1984年）等著作，在讨论词义的发展演变时，几乎都采用了"词义的扩大、缩小、转移"的表述模式。

葛本仪的《汉语词汇研究》(9月出版)。三者关于词义的发展演变的表述依次是：词义的缩小，词义的扩大，词义的转移[①]；词义深化，词义扩大，词义缩小，词义转移，感情色彩变化[②]；词义的丰富和深化，词义的扩大，词义的缩小，词义的转移，义项的增多，义项的减少[③]。其中孙良明的是标准版，符淮青、葛本仪的是适度偏离版。符淮青增补的“词义感情色彩的变化”，增补得好；葛本仪增补的“义项的增加、减少”，也同样增补得好。但是，两者共同增补的“词义的深化”，则值得斟酌。

词义的深化是词义发展变化的现象之一吗？我们认为不是。我们来看符淮青提供的属于词义深化的例子：

土:《说文》：地之吐生物者也。
《现汉》：地球表面的一层疏松的物质，由各种颗粒状矿物质、有机物质、水分、空气、微生物等组成，能生长植物。
人:《说文》：天地之性最贵者也。
《现汉》：能制造工具并使用工具进行劳动的高等动物。
牛:《说文》：大牲也。
《现汉》：哺乳动物，身体大，趾端有蹄，头上有一对角，尾巴尖端有长毛。是反刍动物，力气大，供拉车或拉农具，有的供乳用，皮毛骨有用处。我国常见的有黄牛、水牛、牦牛等几种。

我们认为，这些例证并不能表示“土”、“牛”、“人”的词义发生了变化，而只能说明，《说文》的作者受当时科学技术水平、人类认识水平的局限，对“土”、“牛”、“人”的词义没有给予准确的表述，而“土”、“牛”、“人”的词义古今其实并没有发生变化，这同属于词义扩大的“脸、江、河”，属于词义缩小的“脚、学者、烈士”，属于词义转移的“主人公、热烈、发行”，属于词义感情色彩变化的“爪牙、复辟、勾当”等有着本质的区别，后者的词义是实实在在地发生变化了，今义与古义有霄壤之别。

而且，拿《说文解字》与《现代汉语词典》作比来讨论词义的发展变化的做法也是很危险的：因为《说文解字》作者的写作意图，是实践他

① 孙良明:《词义和释义》，湖北人民出版社，1985年，第61~74页。
② 符淮青:《现代汉语词汇》，湖北人民出版社，1985年，第92~110页。
③ 葛本仪:《汉语词汇研究》，湖北人民出版社，1985年，第149~167页。

因形求义的思想，重点放在了汉字形体结构的分析上，通过汉字结构及形体的分析来寻求字的本义，诚如王念孙在段玉裁《说文解字注·序》中所言："《说文》之为书，以文字而兼声音训诂者也。"在字义的诠释上往往比较粗略；而《现代汉语词典》是一部现代辞书，编纂者的宗旨就是为人们提供现代汉语中五六万个词的标准的规范的意义诠释，重点就放在了词义的表述上，此其一。《说文解字》解释的是字义，字义往往来自于字的形体构件及构件的结构布局，也就是我们常说的汉字的构形理据，而且许慎更是突出了这一点，他要让字义的解释成为他的"六书"理论的完美注解，他更要彰显他圈定的那 9 000 多个宝贝汉字的字形理据，而字义同词义是有距离的，有区别的，也是各有偏重的，两者并不对等，《现代汉语词典》解释的正是词义，此其二。

因此，词义的深化，用来表述释义的一种变化现象尚可，而用来表述词义的发展演变则欠妥。

当然，关于这个问题大家还可以进一步发表意见。

从 20 世纪 80 年代中期至 20 世纪末，关于词义发展演变讨论的论著无数，但基本上还是在前人所确立的框架内拾遗补缺，增删修订，没有较大力度的突破。

新世纪以来，情况有所改观，国内一些学者在这个问题上作了有益的尝试，取得了一定的甚至是较大的突破：

张志毅、张庆云在《词汇语义学》一书中将词义的发展演变现象概括为：①转移：相似转移，相近转移；②转类，即转移词类；③虚化：实词义虚化为虚词义，实词的具体意义虚化为抽象意义；④缩小；⑤扩大；⑥深化；⑦贬降；⑧扬升；⑨弱化和强化等。[①]

董为光在《汉语词义发展基本类型》一书中首先将词义的发展演变现象概括为两大类：语用性词义演变和非语用性词义演变。

其中，语用性词义演变又可以分为：①先行性词义演变，包括形似联想引发的词义演变、相关联想引发的词义演变、词类活用引发的词义演变和用语简省引发的词义演变等四种情形；②后续性词义演变，包括义点的独立、语境成分的渗入和句子语气的俯着等三种情形。

非语用性词义演变又可以分为：①物质进步引起的词义演变；②观念

① 张志毅、张庆云：《词汇语义学》，商务印书馆，2001 年，第 290 ~ 313 页。

更新引起的词义演变；③义场调整引起的词义演变等三种情形。[①]

周国光在《现代汉语词汇学导论》一书中首先否定了“扩大、缩小、转移”说，他认为“这种词义发展演变说没有把词义的发展演变放在整个词汇的语义系统中来考察，而只是孤立地分析一个词项的意义如何发展变化为另一个意义，缺乏系统观念”。而后便展示了他对词义发展演变现象的概括：①范畴内的词义发展变化；②跨范畴的词义变化。

其中，范畴内的词义发展变化又可分为层级变化、义域变化、词义转类和词义转象等四种情形。而层级变化又包括词义扩大（词义上升、词义扩展、词义扩散等)、词义缩小（词义贬降、词义收缩、词义集中等）等，义域变化也包括义域扩大、义域缩小等。

跨范畴的词义变化又可分为事物→动作行为、动作行为→事物、主体→性状等三种情形。

周国光在结束了上述讨论之后指出：“应该坦率地承认，我们的工作做得是很不够的。首先我们的描述分析只涉及了汉语词汇的事物范畴、动作行为范畴和性状范畴，其他范畴中的词义发展变化就没有论及。特别是从实体词的各个范畴到关系词的各个范畴的词义变化我们没有论及。其次，我们的描述分析是举例性的，而不是系统的、全面的。因此，尽管我们对汉语词义的发展变化的描述分析比传统的‘三类型’说（炜案：即指‘词义的扩大、缩小、转移’之说）丰富、创新了很多，但大家对这样的结果仍然是不满意的。由此可见对汉语词义发展变化的研究是多么薄弱和不足！对汉语词汇体系中词义的发展变化给出系统的、全面的、精细的描述是一项巨大的工程……”[②]

蒋绍愚的《汉语词义和词汇系统的历史演变初探——以“投”为例》一文是近年来讨论词义发展演变的难得一见的重要论文。文章的写作宗旨，诚如作者所言，是“意在探讨一种研究词义系统、词汇系统及其历史演变的方法”。在这篇长达4万字的长文中，作者提出：“以概念场为背景，考察其中成员及其分布在不同历史时期的变化，是研究词汇系统的历史演变的一种切实可行的方法。……词汇系统的历史演变最明显的表现是同一概念域中成员的变化，也就是通常所说的词汇替换。……词汇系统历

---

① 董为光：《汉语词义发展基本类型》，华中科技大学出版社，2004年，第117~306页。
② 周国光：《现代汉语词汇学导论》，广东教育出版社，2004年，第187~200页。

史演变的另一个重要方面是分布的变化。……成员和分布的变化，都是在一个概念域里观察到的词汇演变。除此之外，词汇系统还会由于人们对客观世界的‘不同’而产生变化。……处于同一个概念域中的成员是相互关联的，概念域也是互相关联的。……汉语词汇从古到今有一种‘从综合到分析’的演变趋势……”①

诚如周国光所言，在目前国内对汉语词义发展变化的研究依然很薄弱的背景下，再加上词义现象错综复杂、抽象空灵等各种因素，要想在短时间内完成对所有反映现代汉语词义发展的词义现象作一网打尽式的、全面而又准确的描写几乎是不可能的。本章的讨论也仅仅是个开始。

本章可以着手的论题

(1) 新中国成立以来关于词义发展演变的研究概论
(2) 关于词义发展演变中“词义的扩大、缩小、转移”说的得失
(3) 关于概念要素分析法在“词义发展演变”研究中的运用评述
(4) 张志毅等关于词义发展演变“九现象”说的得失
(5) 董为光关于词义发展演变“两类五种”说的得失
(6) 周国光关于词义发展演变“两类七种”说的得失
(7)《现代汉语词典》修订所反映的基本义与一般义的相互转化
(8)《现代汉语词典》修订所反映的感情色彩义变化

---

① 蒋绍愚：《汉语词义和词汇系统的历史演变初探——以“投”为例》，《北京大学学报》2006年第4期。

xian DAI han yu CI YI XUE

第十二章 现代汉语词义的解释

词义的解释是一个古老的话题，早在东西方的语文学时期就已备受关注，无论是在古希腊，还是在古印度，抑或是在古代的中国，可以说，东西方的语言研究就是而且都是从这里起步的，虽然现代意义的词（语）义学直到19世纪才从（西方）语言学中独立出来，不再作为语法的附庸而作为一门具有独立品格的学科被逐渐建立起来。

在中国，词义学学科的建立是20世纪中叶的事情了，但唯独对词义的解释这个问题的探索已绵延了2 000多年，那就是所谓的“训诂学”。——当然，词义的解释并不是训诂学的全部内容。“训诂学”是一门实践性、操作性很强的学科，今天看来，考释精细有余，理论发明不够①。而就是在这不多的发明中，却唯独对词义解释的方法作了较为全面的归纳和总结，这些方法今天仍然贯穿在我们对现代汉语词义的解释之中，只不过经过了现代词义学理论的洗礼，它们变得更加科学、精当。

到目前为止，在现代汉语词义解释的实践中，做得最好的要数中国社会科学院语言研究所词典编辑室编写的《现代汉语词典》。下面，我们打算从这部词典释义实践的角度谈谈现代汉语词义解释的模式、基本原则和方法等问题。

第一节　《现代汉语词典》所运用的释义模式

一部《现代汉语词典》为我们展示了释义手法的多样性和灵活性，其所运用的释义模式可以说涵盖了我们目前所能采用的所有的词义诠释的手段。它目前是，而且在未来较长的一段时间内也将会是现代汉语词义诠释实践的杰出代表和诠释模式的集大成者，虽然20世纪80年代以来辞书出版的速度加快，各种各样的辞典铺天盖地而来，其中也有一部分堪称是质量上乘之作。因此，对这部词典释义模式的考察、归纳，是可以窥一斑而见现代汉语词义解释手法之全豹的。

从在词义诠释中所起的作用、所处的地位来看，我们将词典释义的模式

---

① 徐通锵在《语言论》“绪论”中指出：“汉语的研究传统俗称小学。它以‘字’为中心研究文字、音韵、训诂。……这种研究传统到了乾隆、嘉庆时期达到了顶峰，形成了一般所说的乾嘉学派。这个学派重功力，轻理论；重视一字一义的研究，忽视整体思路的把握。”详见《语言论》，东北师范大学出版社，1992年，第3~4页。

分成两大部分，其中担纲主要释义任务的模式，我们称之为主要释义模式；处于从属地位，起辅助释义作用的模式，我们称之为辅助释义模式。这两大类释义模式，常常交织在一起，为了使讨论能够深入进行，有必要清理一下环境，即在讨论其中的一类模式时，无视另一类的存在，从而使讨论在“真空”状态下进行。

一、《现代汉语词典》的主要释义模式

《现代汉语词典》的主要释义模式概括起来说，大体有六种，即同义词或“不+反义词”模式、“语素义+语素义+结构义”模式、定义式叙述模式、迂回描述模式、增补还原模式和交待源流模式等。

（一）同义词或“不+反义词”模式

这是词义诠释中最方便、简捷的模式之一。即利用同被释词有同义关系或反义关系的词来解释被释词的意义。这种模式在《现代汉语词典》中被广泛采用。

1. 同义词模式。

我们在第十章讨论现代汉语词义的个性特征时曾指出：同义关系的丰富性、普遍性是现代汉语词义的一大特征（参见第十章第二节“一”）。无比丰富的同义词为“同义词模式”的运作提供了坚实的基础和有力的支撑。

适合运用“同义词模式”诠释的词主要有以下几类：

第一，大量的古语词中的文言词。如：

（1）畴昔：<书>从前。
（2）仇隙：<书>仇恨。
（3）绸缪：<书>缠绵。
（4）露布：<书>檄文。
（5）哀戚：<书>悲伤。
（6）胪列：①列举。②陈列。

第二，大量的方言词。如：

（7）毛窝：<方>棉鞋。
（8）电匣子：收音机。
（9）阿拉：<方>①我。②我们。
（10）犯嘴：<方>争辩；吵架。

（11）反水：<方>①叛变。②反悔；变卦。
（12）姑娘儿：<方>妓女。

第三，大量的书面语词。如：

（13）踌躇：犹豫。
（14）故园：故乡。
（15）探询：探问。
（16）困窘：①为难。②穷困。
（17）廓清：①澄清；肃清。②清除。
（18）惆怅：伤感；失意。

第四，一部分非通用的口语词。如：

（19）抽水：缩水。
（20）金糕：山楂糕。
（21）把风：望风。
（22）白果：银杏。
（23）轱辘：①车轮子。②滚动。
（24）郎猫：雄猫。

第五，一部分意义浅显的词。如：

（25）构想：构思。
（26）古玩：古董。
（27）股利：股息。
（28）挂毯：壁毯。
（29）浪涛：波涛。
（30）太监：宦官。

第六，一部分行业词和专业术语。如：

（31）孤立语：词根语。
（32）太阳年：回归年。
（33）炭精灯：弧光灯。
（34）音波：声波。
（35）暗喻：隐喻。

（36）语素：词素。

第七，一部分外来词，主要是音译外来词。如：

（37）鸸鹋：美洲驼。
（38）莱塞：①激光。②激光器。
（39）兰若：寺庙。
（40）门巴：医生。
（41）安琪儿：天使。
（42）来复线：膛线。

其中例（37）~例（41）均为音译外来词，例（42）为半音译半意译的外来词。

同义词模式在运用时经常会出现的问题是，用来诠释的词并不比被释词词义浅显，结果达不到诠释目的，如1983年版将“草莽”释作“草野”，便不甚妥当，所以1996年版作了修改，解为“旧指民间”，就比较合适了。

2. “不+反义词”模式。

有些词没有相应的较为合适的同义词，于是就在同被解词构成反义关系的词前面加上否定词“不”来诠释被释词。相对于“同义词模式”来说，这种“不+反义词”模式的使用率是较低的，如：

（43）碍眼：不顺眼。
（44）生硬：不柔和；不细致。
（45）模糊：不分明；不清楚。
（46）反对：不赞成；不同意。
（47）粗糙：（质料）不精细；不光滑。
（48）失意：不得意；不如意。
（49）动摇：不稳固；不坚定。
（50）冷淡：①不热闹；不兴盛。②不热情；不亲热。

3. 同义词/“不+反义词”模式。

有些词虽然也有相应的同义词，但在表述上则似乎不如“不+反义词”更为通俗、明了，或者为了表述得更全面、更清楚，于是就干脆来个组装，形成“同义词/‘不+反义词’”模式。这种模式的使用率虽也不能同“同义词模式”相抗衡，但却要高于“不+反义词”模式。如：

（51）陌生：生疏；不熟悉。

（52）润泽：滋润；不干枯。

（53）模棱：（态度意见等）含糊；不明确。

（54）背地：私下；不当面。

（55）寒碜：丢脸；不体面。

（56）粗疏：不细心，马虎。

（57）迟缓：不迅速；缓慢。

（58）稳重：谨慎；稳重；不浮躁。

（59）腌臜：<方>①脏；不干净。②（心理）别扭；不痛快。

（60）粗笨：①（身体、举止）笨拙；不灵活。②（物体）笨重；不精细。

同义词或“不＋反义词”模式，其运用上的方便、简捷，表述上的洗练直观、不枝不蔓等优点固然是很突出的，但同时也存在着诠释有可能失之笼统、流于浅表的问题，从而影响释义的准确性、科学性的弊端。好在这方面“1996 年版”已给予了足够的关注，这从它对“1983 年版”的一些修订中就可明显地感觉到。如“阿姨”，“1983 年版”运用同义词模式解作“姨母”，比较笼统，“1996 年版”改用我们后面要介绍的“定义式叙述模式”解作“母亲的姐妹”，就比较明确。又如“碍事”，“1983 年版”运用“不＋反义词”模式解作“不方便”，不太准确，“1996 年版”也换用了定义式叙述模式解作“妨碍做事；造成不方便”。

（二）“语素义＋语素义＋结构义”模式

现代汉语中，有一部分词的意义同语素义的关系极为密切——词义是语素义的简单组装（参见第五章第一节“一”，其中的一部分为缩略词，我们放在本小节“（五）”中加以讨论）。针对这一部分词，《现代汉语词典》一般采用的就是“语素义＋语素义＋结构义”模式（关于“结构义”，参见第二章第一节“三”及第四章第一节“二”），其中结构义决定语素义的组合方式。

1. “语素义＋语素义”式。

这种情形下的结构义是潜在起组合作用的，在词义表述中难觅其影踪。如：

（61）亢奋：极度兴奋。

（62）考订：考据订正。

（63）滑腻：光滑细腻。

(64) 留职：保留职务。
(65) 康复：恢复健康。
(66) 开学：学期开始。

尽管在词义表述中没有同结构义相对应的字眼，但其潜在的组合作用也是不言而喻的，尤其是在例（65）、（66）中表现得尤为突出。

2. “语素义 + 连词 + 语素义”式。这种情形下的结构义往往外化为连词“和、而、并、并且、又”等。如：

(67) 抗御：抵抗和防御。
(68) 寒暑：①冷和热。②冬天和夏天。
(69) 恳切：诚恳而殷切。
(70) 壮阔：雄壮而宽广。
(71) 劝勉：劝导并勉励。
(72) 困扰：围困并搅扰。
(73) 爱戴：热爱并且拥护。
(74) 敬畏：又敬重又畏惧。

3. “语素义 + 助词 + 语素义”式。这种情形下的结构义往往外化为助词“地、的”等。如：

(75) 悲鸣：悲哀地叫。
(76) 痛悔：深切地后悔。
(77) 偷生：苟且地活着。
(78) 横祸：意外的祸患。
(79) 体重：身体的重量。

4. “语素义 +（于）+ 语素义”式。如：

(80) 滑冰：在冰上滑行。
(81) 游水：在水里游。

例（80）中“滑冰”即“滑于冰”，表述为“在冰上滑行”；例（81）中“游水”即“游于水”，表述为“在水里游”。当然这种情形不太常见。

5. “使 + 词义”式。这种情形，由于词义比较浅显易懂，所以无需分解为语素义，而结构义在其中唱起了主角。如：

（82）和缓：使和缓。
（83）壮大：使强大。
（84）淡化：使淡化。

（三）定义式叙述模式

这是《现代汉语词典》中最为常用的一种释义模式，即“用简练的语言对词语所反映的概念的本质特征作确切的说明”。[①] 这种反映概念的本质特征的“说明”由两部分构成：一部分是表词义范畴的类词语，一部分是表词义特征的限制词语。从类词语、限制词语的分布来看，主要有以下三种情形：

1. 限制词语在前，类词语在后。如：

（85）礼单：送礼时开列礼物名称和数目的单子。
（86）陌路：路上碰到的不相识的人。
（87）累犯：指被判处有期徒刑以上刑罚，服刑完毕或者赦免后，在一定期内又犯必须判处有期徒刑以上刑罚的人。
（88）漫步：没有目的而悠闲地走。
（89）礼赞：怀着敬意地赞扬。
（90）刻画：用文学描写或其他艺术手段表现（人物的形象、性格）。

2. 类词语在前，限制词语在后。如：

（91）懒猴：猴的一种，比家猫略小，头圆耳小，眼大而圆，四肢粗短，白天在树上睡觉，夜间活动。
（92）木来木：落叶乔木，单叶对生，阔卵形，花黄白色，核果椭圆形，紫色。
（93）柞蚕：昆虫，比家蚕大，将变成蛹的幼虫全身长有褐色长毛，吃栎树的叶子，吐的丝是丝织的重要原料。
（94）色拉：西餐中一种凉拌菜，一般是由热土豆丁、香肠丁等加调味汁拌和而成。也译作沙拉。
（95）鱼其鳅：鱼，身体长而侧扁，黑褐色，头高而大，眼小，背鳍很长，尾鳍分叉深。
（96）畦灌：灌溉的一种方法，把灌溉的土地分成面积较小的畦，灌溉时，每个畦依次灌水。

① 参见黄伯荣、廖荣东：《现代汉语》（增订二版）上册，1997 年，第 330 页。孙良明所说的“义界”既包括定义式叙述模式，也包括同义词模式。详见孙良明《词义和释义》，第 92～96 页。

3. 类词语同限制词语杂糅交错、融为一体。

(97) 换亲：两家互娶对方的女儿做媳妇。

(98) 拦网：排球队员拦阻球网上方对方打过来的球。

(99) 拉纤：在岸上用绳子拉船前进。

(100) 乞怜：显出可怜相，希望得到别人的同情。

(101) 对接：指两个或两个以上航行中的航天器（航天飞机、宇宙飞船等）靠拢后接合成为一体。

定义式叙述模式常易出现的问题是，限制词语选择取舍的失当。“1996 年版”的部分修订工作正是着眼于此而展开的。如“夜总会”，“1983 年版”解作“资本主义社会的大都市中供有钱的人夜间吃喝玩乐的场所”，“1996 年版”则改作“大都市中供人们夜间吃喝玩乐的场所”，后者删去了前者中的一部分限制词语，从而使释义更加准确、精当。类似这样的修改在《现代汉语词典》中是屡见不鲜的，如我们在前面一章讨论词的理性义的变化中曾援引并加以讨论的例（47）“富矿”、例（48）“妓女”、例（49）“硕士”、例（50）“特务”、例（51）“人性论”以及虽援引而未展开的“战斗、才思、才子、参议院、插嘴”等均属此类（参见第十一章第四节“一”）。

（四）迂回描述模式

现代汉语中有一部分词语，既没有合适的同义词或反义词的否定式，又不能从语素义直接推知词义，而且也没有办法用简练的语言对其所反映的概念的本质特征给予揭示。针对这部分词语，《现代汉语词典》往往采用迂回的方法，即放弃对词的概念义的解释，而是抓住词义所反映的客观事物的性状来诠释词义的用法。从其诠释的特征来看，可以分为以下三大类：

1. 比喻类模式

这种模式的典型标志，便是位于释语之首的引导词“比喻”。如：

(102) 愁云：比喻忧郁的神色或凄惨的景象。

(103) 火坑：比喻极端悲惨的生活环境。

(104) 风头：比喻形势的发展方向或与个人有利益关系的情势。

(105) 骨肉：比喻紧密相连，不可分割的关系。

(106) 峥嵘：比喻才气、品格等超越寻常。

2. 形容类模式

这种模式的完整形态是：释语之首有引导词“形容”，释语之末有煞尾词

“（的）样子”。如：

（107）矍铄：形容老年人很有精神的样子。
（108）废然：形容消极失望的样子。
（109）怯生生：形容胆小畏缩的样子。
（110）潺湲：形容河水慢慢流动的样子。
（111）浑浑噩噩：形容混沌无知的样子。

更多的时候是“形容”、“（的）样子”两者省其一。省略“（的）样子”似乎更为常见一些。如：

（112）飞扬：形容精神兴奋得意。
（113）风靡：形容事物很风行，像风吹倒草木。
（114）痴心：形容沉迷于某人或某种事物。
（115）沉沉：①形容沉重。②形容深沉。
（116）滴溜儿：①形容极圆。②形容很快地旋转或流动。
（117）濯濯：形容山上光秃秃的，没有树木。

当然，也有部分是省略“形容”的，如：

（118）踌躇：得意的样子。
（119）纷披：散乱张开的样子。
（120）斐然：有文采的样子。
（121）霏微：雾气、细雨等弥漫的样子。
（122）愤愤：很生气的样子。

3. 其他模式。如：

（123）臭美：讥讽人显示自己漂亮或能干。
（124）拍胸脯：表示没有问题，可以担保。
（125）刮鼻子：刮自己的鼻子，表示使对方感到羞愧或难为情。
（126）寡酒：喝酒不就菜或无人陪伴叫吃寡酒。
（127）怪不得：表示明白了原因，对某种情况就不觉得奇怪。

上述诸例中，例（124）、（125）、（127）等中均以“表示”一词标明了词的转义及用法。例（123）则主要揭示了词义的用法。例（126）则通过解释“吃寡酒”来暗示“寡酒”的含义。

（五）增补还原模式

这主要是针对缩略词而采取的一种释义模式，即将两种缩略词——简称词和数缩词还原成最初形态。

1. 简称词的增补还原，如：

（128）化工：化学工业的简称。
（129）附小：附属小学的简称。
（130）高校：高等学校的简称。
（131）公制：国际公制的简称。
（132）军管：军事管制的简称。

2. 数缩词的增补还原。如：

（133）三伏：初伏、中伏、末伏的统称。
（134）三节：端午、中秋、春节合称三节。
（135）四呼：按照韵母把字音分成开口呼、齐齿呼、合口呼、撮口呼四类，总称四呼。
（136）五脏：指心、肝、脾、肺、肾五种器官。
（137）六腑：中医称胃、胆、三焦、膀胱、大肠、小肠为六腑。

（六）交待源流模式

为了让读者更清楚地了解、把握词义的内涵，《现代汉语词典》对一部分词语采用了先交待词语的来源、出处，再说明语词的含义的方法，这就是我们所说的“交待源流模式”。如：

（138）安息日：《圣经》记载，上帝在六日内创造天地万物，第七日完工休息。犹太教尊这天为圣日，名叫安息（即星期五日落到星期六日落的一昼夜时间）。这一天礼拜上帝，不做工作。基督教以星期日为安息日，又称主日。

（139）鸿门宴：公元前206年刘邦攻占秦都咸阳，派兵守函谷关。不久项羽率四十万大军攻入，进驻鸿门（今陕西临潼东），准备进攻刘邦。刘邦到鸿门跟项羽会见。酒宴中，项羽的谋士范增让项庄舞剑，想乘机杀死刘邦。刘邦在项伯、樊哙等人的护卫下乘隙脱逃（见于《史记·项羽本纪》）。后来用“鸿门宴”指加害客人的宴会。

（140）染指：春秋时，郑灵公请大臣们吃甲鱼，故意不给子公吃，子公很生气，就伸指向盛甲鱼的鼎里蘸上点汤，尝尝滋味走了（见于《左传》宣公四年）。后世用“染指”比喻分取非分的利益。

（141）入彀：<书>唐太宗在端门看见新进士鱼贯而出，高兴地说：“天下英雄入吾彀中矣。”（见于《唐摭言·述进士》）“彀”是使劲张弓，“彀中”指箭能射及的范围。后来用“入彀”比喻受人牢笼，由他操纵。

（142）丧钟：西方风俗，教堂在宣告本区教徒死亡或者为死者举行宗教仪式时敲钟叫做敲丧钟。因此用丧钟来比喻死亡或灭亡。

上述六种主要释义模式并非永远是井水不犯河水、泾渭分明的，它们有时也相互渗透、彼此合作来共同完成对词义的诠释。如：

（143）扩展：向外伸展；扩大。

（144）狂潮：汹涌的潮水，比喻声势浩大的局面。

（145）匡扶：匡正扶持；辅佐。

（146）恐吓：以要挟的话或手段威胁人；吓唬。

（147）卡介苗：一种预防结核病的疫苗，除能预防结核病外，还有防治麻风病的作用。这种疫苗是法国科学家卡默特（Albert Calmette）和介林（Camille Guerin）两人首先制成的，所以叫卡介苗。

其中，例（143）、（146）中融合了定义式叙述模式和同义词模式；例（144）中融合了定义式叙述模式和迂回描述模式；例（145）中融合了“语素义＋语素＋结构义”模式和同义词模式；例（147）中则融合了定义式叙述模式和交待源流模式。

二、《现代汉语词典》的辅助释义模式

除了六大类主要释义模式之外，《现代汉语词典》还运用了不少辅助释义模式。这些辅助释义模式对释义的准确性、完整性和清晰性起了极大的辅助、强化作用。

（一）括注法

1. 限定类括注。这是最常见的一种辅助释义模式，即用括号加注的形式来补充主要释义模式表述上的不足。主要是对被释词的各种用法以及所含色彩给予限定性的补充说明。如：

（148）捆绑：用绳子等捆（多用于人）。

（149）图说：以图画为主而用文字加以说明的著作（多用做书名）。

（150）同乡：同一籍贯的人（在外地时说）。
（151）私立：私人设立（用于学校、医院等）。
（152）打印：放大洗印（照片）。
（153）松散：（事物结构）不紧密，（精神）不集中。
（154）私情：指男女情爱的事（多指不正当的）。
（155）说理：讲理；不蛮横（多用于否定式）。
（156）图谋：暗中谋划（多含贬义）。
（157）保驾：旧指保卫皇帝，现泛指保护某人（多用于开玩笑的场合）。

2. 比较类括注。主要是引用同被释词意义相对或相反的词作比较性的补充说明。如：

（158）逆差：对外贸易上输入超过输出的贸易差额（跟“顺差”相对）。
（159）俗名：僧人、道士等出家前的名字（跟“法名”相对）。
（160）瘦：①脂肪少；肉少（跟“胖”或“肥”相对）。②（食用的肉）脂肪少（跟“肥”相对）。
（161）顺产：医学上指胎儿头朝下经母体阴道自然娩出（区别于“难产”）。
（162）死结：不是一拉就开的结子（区别于“活结”）。
（163）寄籍：指长期离开本籍，居住外地，附于外地籍贯（区别于“原籍”）。

3. 引源类括注。往往用于“交待源流模式”这种主要释义模式以及外来词（主要是音译外来词）的诠释中。如：

（164）神州：战国时人驺衍称中国为“赤县神州”（见于《史记·孟子荀卿列传》），后世用“神州”做中国的代称。
（165）推敲：传说唐代诗人贾岛骑着驴做诗，得到“鸟宿池边树，僧敲月下门”两句。第二句的“敲”字又想改用“推”字，犹豫不决，就用手做推、敲的样子，无意中碰上了韩愈，向韩愈说明原委。韩愈想了一会儿说，用“敲”字好（见于《苕溪渔隐丛话》卷十九引《刘宾客嘉话录》）。后人就用“推敲”来比喻斟酌字句，反复琢磨。
（166）阿訇：我国伊斯兰教称主持清真寺教务和讲授经典的人。［波斯ākhūnd］
（167）白兰地：用葡萄、苹果等发酵蒸馏制成的酒。含酒精量较高。［英

brandy］

（168）沙龙：泛指文学、艺术等方面人士的小型聚会。［法 salon，客厅］

4. 注解类括注。主要是对诠释表述中的个别词语，乃至引例给予必要的注解。如：

（169）同治：清穆宗（爱新觉罗·载淳）年号（公元 1862—1874 年）。

（170）圣经贤传：旧称儒家的代表性著作为圣经贤传（圣经：传说经圣人手订的著作。贤传：贤人阐释经书的著作）。

（171）白热：某些物质加高热（1 200～1 500℃）后发出白色的光亮；这种状态叫做白热。

（172）败北：打败仗（"北"本来是二人相背的意思，因此军人打败仗背向敌人逃跑叫败北）。

（173）素食：吃素：～者（长期吃素的人）。

（174）背躬：戏曲的旁白：打～（说旁白）。

（175）昆曲：流行于江苏南部（南昆）及北京、河北（北昆）等地的地方戏曲剧种，用昆腔演唱。

（176）罗掘：原指城被围困，粮食断绝，只得罗雀（张网捉麻雀）掘鼠（挖洞捕老鼠）来充饥的困窘情况（见于《新唐书·张巡传》）。后用来比喻尽力筹措或搜索财物。

5. 列举类括注。主要是对诠释表述中的个别词语给予示例性的补充说明。如：

（177）渗析：利用半透膜（如羊皮纸、膀胱膜）使溶胶和其中所含的杂质分离。用来提纯核酸、蛋白质等高分子化合物和精制胶体溶液。也叫透析。

（178）拜物教：原始宗教的一种形式，把某些东西（如石头、树木、弓箭等）当做神灵崇拜，无一定的组织形式。

（179）漏光：感光材料（如胶片、感光纸等）由于封闭不严密而感光。

（180）头胸部：某些节肢动物（如螃蟹、虾）的头部和胸部紧连在一起，合称为头胸部。

（181）代理人：受当事人委托，代表他进行某种活动（如贸易、诉讼、纳税、签订合同等）的人。

（二）异名排比法

即在释义的末尾一一排列出被释词的异名、别称。其引导词语往往是

“也叫”、“也说”、“有的地区叫”、“在不同的地区有……等名称”等。

(182) 水落管：把檐沟里的水引到地面的竖管，多用铁皮等制成。也叫雨水管。

(183) 八音盒：一种器物，开动匣里的发条后，能奏出各种固定的乐曲。也叫八音琴、八音匣子。

(184) 蛞蝓：软体动物，身体圆而长，没有壳，表面多黏液，头上有长短触角各一对，眼角在长触角上。背面淡褐色或黑色，腹面白色。昼伏夜出，吃植物的叶子，危害蔬菜、果树等农作物。也叫鼻涕虫，有的地区叫蜒蚰。

(185) 轮作：在一块田地上依次轮换栽种几种作物。轮作可以改善土壤肥力，减少病害。也叫轮栽、轮种、倒茬或调茬。

(186) 手电筒：利用干电池做电源的小型筒状照明用具。也叫手电、电筒或电棒。

(三) 举例说明法

即在诠释性的表述结束之后，用举例的方式来进一步说明被释词的具体状况和用法。主要有两种情形：

1. 具体状况举例，往往用“如”等词注明。如：

(187) 学科：①按照学问的性质而切分的门类，如自然科学中的物理学、化学。②学校教学的科目。如语文、数学。

(188) 瘦果：干果的一种，比较小，里面只有一粒种子，果皮和种子皮只有一处相连接，如白头翁、向日葵、荞麦等的果实。

(189) 手工艺：指具有高度技巧性、艺术性的手工，如桃花、刺绣、缂丝等。

(190) 退化：生物体在进化过程中某一部分器官变小，构造简化，机能减退甚至完全消失，叫做退化。如鲸、海豚等的四肢成鳍状，仙人掌的叶子成针状，虱子的翅膀完全消失。

(191) 外交：一个国家在国际关系方面的活动，如参加国际组织和会议，跟别的国家互派使节，进行谈判、签订条约和协定等。

2. 用法举例，往往用冒号标明。如：

(192) 告知：告诉使知道：把通信地址～在家的同志。

(193) 费时：耗费时间：这座大楼～一年才建成。

(194) 摧折：挫折：历尽～，终于回到祖国。

(195) 待业：（非农业户口的人）等待就业：~青年、~人员丨在家~。

有时候，两种类型的举例会共现于同一词条中，如：

(196) 里外：两方面合计。a）减少收入加上增加支出；b）减少支出加上增加收入；c）预料的收入加上意外的收入；d）预料的支出加上意外的支出：这个月省了五十块钱，爱人又多寄来五十块，~有一百块富余。

（四）提示法

有一些词的用法需要作特别的说明，或者需要同别的词的用法作比较，《现代汉语词典》往往以“注意”二字作特别的提示，以引起查阅者的注意。如：

(197) 加：加以：不~考虑丨严~管束。注意 “加”跟“加以”用法不同之点是“加”多用在单音状语之后。

(198) 去：用在另一动词前表示要做某事：你们~考虑考虑丨自己~想办法。注意 表示离开说话人所在地自行做某种事时用“去”，表示到说话人所在地参与某件事时用“来”。

(199) 她们：代词，称自己和对方以外的若干女性。注意 在书面上，若干人全是女性时用“她们”，有男有女时用“他们”，不用“他（她）们”。

(200) 之后：表示在某个时间或处所的后面：三天~我们又分手了丨文艺大队走在煤矿工人队伍~。注意 多指时间，少指处所。

(201) 捉摸：猜测；预料（多用于否定式）：难以~丨~不定。注意 反复思索的意思应该作“琢磨”（zuó·mo）。

（五）补充相关信息法

《现代汉语词典》在对一部分词的诠释过程中，往往会在释义之外补充一些同被释词有关的信息，以加深对被释词的深入了解。如：

(202) 口臭：嘴里发出的难闻的气味。引起这种症状的主要原因是龋齿、齿槽化浓、慢性口炎、消化不良等。

(203) 睡眠：抑制过程在大脑皮层中逐渐扩散并达到大脑皮层下部各中枢的生理现象。睡眠能恢复体力和脑力。

(204) 化石：古代生物的遗体、遗物或遗迹埋藏在地下变成的跟石头一样的东西。研究化石可以了解生物的演化并能帮助确定地层的年代。

（205）抗原：进入人或动物体的血液中能使血清产生抗体并与抗体发生化学反应的有机物质。一定种类的抗原只能促使血清中产生相应的抗体。

（206）切片：用特制的刀具把生物体的组织或矿物切成的薄片。切片用来在显微镜下进行观察和研究。

（六）图表法

对于一部分词语，大多是一些专业术语，《现代汉语词典》除了文字诠释之外，还辅之以图表，从而使解释图文并茂，更富于直观性。如在解释月食、仰角、骨骼、太阳系、圆台、脑子、输尿管、轮子、身体、眼、心、细胞、椭圆、梯形、日食、曲率、鳍、胚层、抛物线、脑、希腊字母、游标卡尺等词语时，便采用了图表法。

第二节　《现代汉语词典》释义的得与失

诚如前面所言，《现代汉语词典》在如何妥帖、精确地解释各种词语的意义这个问题上可谓动足了脑筋、使尽了招数，它的词义训释实践，从整体而言，是极其成功的，甚至可以说是前无古人的。但是，任何一部词典的释义均是一项浩繁的工程，其中难免会有一些疏漏，《现代汉语词典》也不例外。认真分析其中的得与失，并加以归纳总结，对今后现代汉语词义的诠释实践是大有裨益的。

一、《现代汉语词典》释义的成功之处

《现代汉语词典》的释义可圈可点之处颇多，择其要者，可以概括为以下四个方面：

1. 比较注重释义的科学性。释义的科学性问题是个很抽象问题，似乎很难说清楚。确实，单就一部词典来看，我们似很难判断其释义的科学与否，但若将几部性质类似的词典放在一块，那高下就判若鸿沟了。

一般的词典暂且不论。我们可以选择同为商务印书馆 20 世纪 80 年代初出版的、质量也属上乘的《新华词典》（下简称“新华”）与 1983 年版的《现代汉语词典》作个比较，从中不难发现，在对一部分词语的诠释过程中，后者较之前者，科学性显得更为突出一些。如：

（207）毛重："新华"：多指商品本身和包装材料合计的重量。
"1983 年版"：货物连同包装的东西或牲畜家禽等连同皮毛在内的重量。

（208）导演："新华"：组织和指导戏剧或电影的排演。
"1983 年版"：排演戏剧或拍摄电影时，组织和指导演出工作。

（209）林海："新华"：形容森林像海一样无边无际。
"1983 年版"：形容像海洋一样的一望无际的森林。

（210）浓缩："新华"：一般指运用一定的方法使溶液的溶剂减少，浓度增高的一种操作。
"1983 年版"：用加热等方法使溶液中的溶剂蒸发而增加溶液的浓度。

（211）向往："新华"：对某种事物因热爱、羡慕而想望。
"1983 年版"：因热爱、羡慕某种事物或境界而希望得到或达到。

例（207）中，"1983 年版"增加了"或牲畜家禽等连同皮毛在内"等内容，从而使解释更全面、科学。例（208）中，"新华"的释义在表述上就存在问题，"戏剧"可以说"排演"，而"电影"则一般不说"排演"，否则有语病的嫌疑。例（209）中，"林海"是名词而非形容词，所以"1983 年版"的"形容……的森林"就比较妥帖，"新华"的"形容……无边无际"就不够妥帖。例（210）中，"新华"的释义表述为"……的一种操作"，语言扞格，远没"1983 年版"的表述流畅。例（211）中"新华"的解释有两点逊色于"1983 年版"：一者是"想望"没有"希望得到或达到"表述得准确、明晰，二者是"1983 年版"在表述原因部分多了一个"境界"，也更全面。

《现代汉语词典》对释义的科学性的关注表现在它一次又一次的修订上，尤其是修改颇多的"1996 年版"，其释义的科学性更得到了强化（参见第十一章第四节"一"及本章第一节"一"）。这里再举几例：

（212）交易所："1983 年版"：旧时进行投机交易的市场，所买卖的可以是现货，也可以是期货。通常有证券交易所和商品交易所两种。
"1996 年版"：进行证券或商品交易的市场，所买卖的可以是现货，也可以是期货。通常有证券交易所和商品交易所两种。

（213）公务员："1983 年版"：①称在机关、团体中做勤杂工作的人员。②旧时称政府机关工作人员。
"1996 年版"：①政府机关的工作人员。②旧时称机关、团体中做勤杂工作的人员。

（214）公差："1983 年版"：①临时派遣去做的公务。②差役。
"1996 年版"：①临时派遣去做的公务：出～。②旧时在衙门里当差的人。

例（212）中，"1996 年版"对"1983 年版"中反映的过去时代对"交易所"的偏见予以了修正。例（213）中，"1996 版"对"1983 年版"中的表述作了 180 度的大调整，比较准确地反映了新时期政治体制领域的改革发展。例（214）中，"1983 年版"用"差役"去解释"公差"，殊为不妥，经"1996 年版"的修改之后，则浅显易懂，达到了诠释的目的。

2. 比较注重表述的简约性。尽管《现代汉语词典》不断强化释义的科学性，词义表述力求准确、全面，但却丝毫不影响它总体表述上的简约性，该详尽的时候详尽，该简略的时候也简略。这也可从同"新华"的比较中窥知一二。如：

（215）爱情："新华"：男女之间一方对另一方所产生的爱慕恋念的感情。
"1983 年版"：男女相爱的感情。

（216）牺牲："新华"：为祖国、为人民、为革命而舍弃自己的生命。
"1983 年版"：为了正义的目的舍弃自己的生命。

（217）洋场："新华"：旧指帝国主义侵略势力所及、洋商聚集、藏垢纳污的地方。一般指新中国成立前的上海、天津等都市。有时也特指这些地方的外国租界。
"1983 年版"：指旧时洋人较多的都市，多指上海（含贬义）。

（218）能源："新华"：指社会生产、生活等各方面所需要的能量的来源。现在，煤、石油、天然气以及水力、风力等是主要能源。原子能、太阳能的利用正在发展。对潮汐、地热等的利用正在开始。
"1983 年版"：能产生能量的物质，如燃料、水力、风力等。

(219) 国宴：“新华”：国家元首或政府首脑为招待国宾或在节日为招待各界人士而举行的隆重宴会。

“1983 年版”：国家元首或政府首脑为招待宾客而举行的隆重宴会。

例（215）中，“新华”的表述略显啰嗦，而“1983 年版”则相对简略。例（216）中，“为了正义的目的”较之“为祖国、为人民、为革命”既简洁又概括力强。例（217）、（218）中，“1983 年版”均要比“新华”简洁得多。例（219）中，“新华”中的“为招待国宾或在节日为招待各界人士”在“1983 年版”中被概括成了“为招待宾客”，言简意赅。

3. 比较注重释义方式的多样性和灵活性。《现代汉语词典》为了保证释义的科学性、简明性、易解性，针对不同的词语，采用了不同的诠释模式，其中主要的诠释模式有：同义词或“不 + 反义词”模式，“语素义 + 语素义 + 结构义”模式，定义式叙述模式，迂回描述模式，增补还原模式，交待源流模式等（参见本章第一节“一”）；辅助的诠释模式有：括注法、异名排比法、举例说明法、提示法、补充相关信息法和图表法等（参见本章第一节“二”）。从而使释义方式呈现多样性和灵活性，也保证了诠释的针对性和准确性。

4. 比较注重引例的示范性和精当性。这里我们所说的引例是专指词典关于被释词用法的举例。相对于《新华词典》而言，《现代汉语词典》的引例要多得多，许多词语在《新华词典》中均不引例，而《现代汉语词典》则一般都会引例。不但引例，而且还根据词语不同的用法分别引例。如：

(220) 浩瀚：〈书〉广大；繁多：典籍～｜～的沙漠。

(221) 谅解：了解实情后原谅或消除意见：他很～你的苦衷｜你们应当互相～，搞好关系。

(222) 亮：发光：手电筒～了一下｜天～了｜屋子里～着灯光。

(223) 好意：善良的心意：好心～｜一番～｜谢谢你对我的～。

(224) 漂亮：①好看；美观：长得～｜衣服～｜节日里，孩子们打扮得漂漂亮亮的。②出色：事情办得～｜打了一个～仗｜普通话说得很～。

这种对引例的示范性的关注和强调，无疑给使用者带来了便利。如通过例（220）中的引例，我们可以知道，“浩瀚”常同“典籍”、“沙漠”等搭配，常作谓语和定语。例（222）设若没有引例，我们恐怕很难从“发光”

去推知“亮”的用法，因为许多用“亮”（“发光”意）的地方并不能用“发光”去置换，如说“天亮了”可以，而说“天发光了”则不可以，所以在这里，3 个引例是对释义的不可或缺的补充，从某种意义上来说，它们比释义显得更为重要，人们从引例中获得的关于“亮”的各种词义信息，要比从“发光”的释义中获取的多得多。

《现代汉语词典》不仅注重引例的示范性，而且也极关注引例的精当性，这可以从“1996 年版”对“1983 年版”的修订中得到证实：一部分的修订工作的着眼点便是对引例的增补删改。主要有以下四种情况：

1. “1983 年版”没有引例的，“1996 年版”补上。如：

（225）流散：“1983 年版”：流转分散。
“1996 年版”：流转散失；流落分散；有的文物～国外｜当年～在外的灾民陆续返回了家乡。

（226）高傲：“1983 年版”：自以为了不起，看不起人；极其骄傲。
“1996 年版”：自以为了不起，看不起人；极其骄傲：神态～｜～自大。

（227）路人：“1983 年版”：行路的人，比喻不相干的人。
“1996 年版”：行路的人。比喻不相干的人：～皆知｜视若～。

（228）热线：“1983 年版”：为了便于马上联系而经常准备着的直接连通的电话或电报线路，多用于各国首脑之间。
“1996 年版”：为了便于马上联系而经常准备着的直接连通的电话或电报线路：～点播｜～联系｜～服务。

2. “1983 年版”虽有引例，但并没展示其各种用法的，“1996 年版”增补上。如：

（229）流转：“1983 年版”：经常流动转移，不固定在一个地方：～四方。
“1996 年版”：流动转移，不固定在一个地方：岁月～｜～四方｜～的眼波。

（230）盛况：“1983 年版”：盛大热烈的状况：～空前。
“1996 年版”：盛大热烈的状况：～空前｜电视台将转播大会的～。

（231）全力：“1983 年版”：全部力量或精力：～支持｜～以赴。

"1996 年版"：全部力量或精力：用尽～｜～支持｜～以赴。

(232) 失手："1983 年版"：手没有把握住，造成不好的后果：一～把碗摔破了。

"1996 年版"：因手没有把握住或没有留意，而造成不好的后果：～伤人｜一～把碗摔破了。

3. "1983 年版"引例欠佳，"1996 年版"换用新例。如：

(233) 觉悟："1983 年版"：由迷惑而明白；由模糊而认清；醒悟：阶级～｜共产主义～｜中国广大的革命知识分子都～到有积极改造思想的必要｜经过学习，大家的～都提高了。

"1996 年版"：由迷惑而明白；由模糊而认清；醒悟：政治～｜经过学习，大家的～都提高了｜他终于～到蛮干是不行的。

(234) 斗争："1983 年版"：①矛盾的双方互相冲突，一方力求战胜另一方：阶级～｜思想～｜跟修正主义作坚决的～。②群众用说理、揭发、控诉等方式打击敌对分子或坏分子：～反革命分子。③努力奋斗：为建设美好的未来而～。

"1996 年版"：①矛盾的双方互相冲突，一方力求战胜另一方：阶级～｜思想～｜跟歪风邪气作坚决的～。②群众用说理、揭发、控诉等方式打击敌对分子或坏分子：开～会。③努力奋斗：为建设美好的未来而～。

(235) 确立："1983 年版"：稳固地建立或树立：～制度｜～共产主义世界观。

"1996 年版"：稳固地建立或树立：～制度｜～信念。

(236) 群众："1983 年版"：泛指人民大众：～大会｜～路线｜听取～的意见｜～是真正的英雄。

"1996 年版"：泛指人民大众：～大会｜深入～｜听取～的意见。

(237) 失措："1983 年版"：举动失常，不知怎么办才好：茫然～｜仓皇～。

"1996 年版"：举动失常，不知怎么办才好：茫然～｜惊慌～。

（238）全民："1983 年版"：一个国家内的全体人民：～皆兵。
"1996 年版"：一个国家内的全体人民：～公决｜～动员。

例（233）、（234）、（235）、（236）中部分引例的修改，主要是因为修改前的引例还多少带上了极"左"时期的一些观念色彩，修改后的引例则比较平实、稳妥。例（237）、（238）中部分用例的修改，主要着眼的是浅显、常用："仓皇失措"显然没有"惊慌失措"浅显易懂；而"全民皆兵"在和平年代显然也没有"全民公决"、"全民动员"来得常用。

4. "1996 年版"对"1983 年版"的引例给予必要的删汰。如：

（239）权门："1983 年版"：权贵人家：～之子｜依附～｜奔走～。
"1996 年版"：权贵人家：依附～。

（240）任务："1983 年版"：指定担任的工作；指定担负的责任：政治～｜生产～｜超额完成～｜本校今年的招生～是五百名。
"1996 年版"：指定担任的工作，指定担负的责任：生产～｜超额完成～｜本校今年的招生～是五百名。

（241）共总："1983 年版"：一共：这几笔账～多少？｜今年全县～有一百二十个生产队粮棉超产。
"1996 年版"：一共；总共：这几笔账～多少？

（242）构筑："1983 年版"：修筑（军事工程）：～工事｜～堡垒。
"1996 年版"：建造；修筑：～工事。

（243）碌碌："1983 年版"：①平庸；没有特殊能力：庸庸～｜～无为｜～无能。②形容事务繁杂、辛辛苦苦的样子：～半生｜忙忙～。
"1996 年版"：①平庸；没有特殊能力：庸庸～｜～无为。②形容事务繁杂、辛辛苦苦的样子：～半生。

例（239）中"1996 年版"删除了"1983 年版"中的两个不太常用的引例，例（240）、（241）中，"1996 年版"删除了"1983 年版"中带有文革时代印记的引例各一个；例（242）及（243）的第一个义项中，"1996 年版"分别删除了"1983 年版"中的两个雷同的引例中的后一个；例（243）的第二个义项中，"1983 年版"将"忙忙碌碌"作为"碌碌"的引例有误："忙忙碌碌"实为形容词"忙碌"的重叠式，而不是"忙忙"同"碌碌"的并列式组合。

当然，"1996 年版"在对"1983 年版"的引例修订过程中也会存在一些疏失（参见本小节“二”），但从总体来看，这些修订是精当、妥帖的。

二、《现代汉语词典》释义的可商兑之处

《现代汉语词典》（尤其是1996年版）释义从总体上看是成功的，但这并不意味着整部词典的释义均无懈可击，其中也存在着一些不和谐的音调，有些做法也值得商榷。

1. 对一部分词，主要是一些动植物的名称，释义时总觉得无章法可寻，有时简洁，有时详尽，随意性较大。如：

(244) 羊：哺乳动物，反刍类，一般头上有一对角，分山羊、绵羊、羚羊等多种。

(245) 牛：哺乳动物，身体大，趾端有蹄，头上长有一对角，尾巴尖端有长毛。是反刍类动物，力气大，供役使、乳用或乳肉两用，皮毛、骨等都有用处，我国常见的有黄牛、水牛、牦牛等几种。

(246) 猪：哺乳动物，头大，鼻子和口吻都长，眼睛小，耳朵大，脚短，身体肥。肉供食用，皮可制革，鬃可制刷子和做其他工业原料。

(247) 驴：哺乳动物，比马小，耳朵长，胸部稍窄，毛多为灰色。尾端有毛。多用做力畜。

(248) 马：哺乳动物，头小，面部长，耳壳直立，颈部有鬣，四肢强健，每肢各有一蹄，善跑，尾生有长毛。是重要的力畜之一，可供拉车、耕地、乘骑等用。皮可制革。

(249) 骡子：哺乳动物，驴和马交配所生的杂种，比驴大，毛多为黑褐色。寿命长，体力大，我国北方多用做力畜。一般不能生殖。

(250) 狗：哺乳动物，种类很多，嗅觉和听觉都很灵敏，毛有黄、白、黑等颜色。是一种家畜，有的可以训练成警犬，有的用来帮助打猎、牧羊等。

(251) 猫：哺乳动物，面部略圆，躯干长，耳壳短小，眼大，瞳孔随着光线强弱而缩小放大，四肢较短，掌部有肉质的垫，行动敏捷，善跳跃，能捕鼠，毛柔软，有黑、白、黄、灰褐等色。

(252) 鸡：家禽，品种很多，嘴短，上嘴稍弯曲，头部有肉质的冠。翅膀短，不能高飞。

(253) 鸭：鸟类的一科，嘴扁腿短，趾间有蹼，善游泳，有家鸭、野鸭两种。肉供食用，绒毛用来絮被子、羽绒服或填充枕头。

上述诸例可分为4组：例（244）、（245）、（246）为一组，其中“牛”和“猪”的诠释中均涉及其皮、毛、肉等的用途，而“羊”的诠释中则只字未提，其实羊的皮、毛、肉的用途并不比“牛”、“猪”逊色多少。例（247）、（248）、（249）为一组，其中“马”的诠释最详，“骡子”次之，“驴”最简略，差异最大的是体态特征描写，“骡子”只涉及毛这一项，“驴”涉及耳朵、胸部、毛、尾端四项，“马”则涉及头、面部、耳壳、颈部、四肢、尾等六项。例（250）、（251）为一组，“狗”的诠释简略，“猫”则详尽；“狗”的诠释中有近一半文字是有关其用途的，而猫则只有三个字“能捕鼠”；“猫”的诠释中有大量关于其形体特征的描写，涉及面部、躯干、耳壳、眼、瞳孔、四肢、掌部等，而“狗”只涉及毛的颜色。例（252）、（253）为一组，“鸡”简略，“鸭”详尽；“鸡”为“家禽”，“鸭”则为“鸟类的一科”；“鸭”分家鸭、野鸭；“鸡”则“品种很多”；“鸭”的肉、毛颇有用途，而“鸡”的肉、毛似别无用处。

这4组10例，较为典型地反映了《现代汉语词典》对这类词的释义随意性较大，往往无缘由地厚此薄彼，从而影响释义的客观性和科学性。

2. 义项的分合有时把握得不够严谨。如：

（254）抬头：把头抬起来，比喻受压制的人或事物得到伸展。

（255）甩手：①手向前后摆动。②扔下不管（多指事情、工作）。

例（254）中“抬头”的“本义”同“比喻义”合立在一个义项中，而例（255）中“甩手”的“本义”却同其“比喻义”分立为两个义项，同样的情况，不一样的处理，显然有欠严谨。类似的还有如“水土”、“烧香”、“上坡路”等本义、派生义单立，而“伸手”、“头痛”、“收篷”、“开场”等本义、派生义却合立在同一个义项中（参见第四章第二节“二”）。“1983年版”如此，“1996年版”也如此。

当然，应该注意到，“1996年版”对“1983年版”中一部分合立在一个义项中的两个词义给予了分立。如“流血牺牲”中的“牺牲”同“牺牲休息时间赶修机器”中的“牺牲”意义上有较大区别。前者是指“为了正义的目的舍弃自己的生命”，后者则是“泛指放弃或损害一方的利益”，“1983年版”将两者合立在同一个义项中，有失妥当，“1996年版”则将两者分立，比较可取。同样的，还有如“死罪”、“基石”、“老牌”等，“1983年版”将本义、派生义合立在一个义项中，系单义词，而“1996年版”中则分立为两个义项，为多义词。只可惜这样的修订并没贯彻始终。

3. 一部分词语的用法举例仍有待于完善。诚如前面多次提及的，“1983年版”在一部分词语的用法举例上存在着这样或那样的问题，或多或少地带上了极“左”时期的一些观念偏见，或用词艰深，或引例过多甚至雷同等等，“1996年版”对此均作了必要的修改。修改后的本子从总体上来看，要优于以前的本子，但也存在一些问题，主要有以下两种情形：一种情形是“修订”力度不够，沿袭较多，一部分词语，“1983年版”没有引例，“1996年版”依然没有增补，从而影响使用者对词语用法的把握。如“老到”、“豪横”、“改辙”、“干碍”、“临池”、“脉动”等词均需要以引例来交待其用法上的特点。另一种情形是修订欠当，将1983年版原来仅有的一个引例给删除了，这同样也会影响对词义的把握。如：

（256）急先锋：“1983年版”：比喻积极领头的人；建设社会主义的～。
“1996年版”：比喻在行动上积极领头的人。

（257）萧条：“1983年版”：①寂寞冷落，毫无生气：荒山老树，景象十分～。②经济衰微……：百业～。
“1996年版”：①寂寞冷落，毫无生气：荒山老树，景象十分～②经济衰微……

例（256）中“1983年版”仅有的一个用法引例以及例（257）“1983年版”第二个义项中仅有的一个用法引例均在“1996年版”中遭删汰，似无道理。有时候，“1983年版”的不同引例是用来交待词的不同用法的，删除任何一个均属欠妥。如：

（258）消散：“1983年版”：（烟雾、气味、热力以及抽象事物）消失：雾渐渐～了丨睡了一觉，疲劳完全～了。
“1996年版”：（烟雾、气味、热力以及抽象事物）消失：雾渐渐～了。

例（258）中，1983年版的两个用法举例是用来交待“消散”的不同用法的：既可用于雾、烟、热力等抽象物，也可用于人的精神状况，而1996年版则将表示可用于人的精神状况的举例给删除了，这将有损于对“消散”词义的全面把握。

第三节　现代汉语词义解释的基本原则和方法

一、现代汉语词义解释的基本原则

通过对《现代汉语词典》释义实践中的得与失的剖析，我们注意到，现代汉语词义的解释必须牢牢把握以下几个原则：

1. 科学性原则。即词义的诠释应该同自然、社会、思维等的客观规律的分科的知识体系相一致，而不是相背离。随着科学技术水平和人类思维水平的不断提高，人们对客观现象的认识越来越深入，对客观事物的本质特征的反映越来越触及或接近其本真，词义解释中的反科学性问题日益减少，但要彻底杜绝则绝非易事，因为人类现有的认知水平尚没有达到洞察一切的地步，如“1996 年版”对“飞碟”的解释是“指空中不明飞行物，发光，速度很快，多呈圆形”，这可能是目前对“飞碟”的最好的解释，但仍是很不完美、科学性也勉强的解释。

2. 客观性原则。即词义的诠释应该客观、平和，不宜搀入个人、小集团或所在阶级、阶层的是非好恶。这种情况以前是很严重的，所以《现代汉语词典》也不能幸免，“1983 年版”中，对“夜总会”、“人性论”、“右派”、“妓女”、“特务”、“财主”、“财运”、“风流”、“老好人”等词语的解释均或多或少地带上了无产阶级的阶级感情、价值取向。这种阶级情结甚至渗透到了词义的用法举例中，如“觉悟”、“斗争”、“树立”等词的用法举例便是如此，这种情况，在改革开放以后的新时期则大有扭转，告别了以前那个疯狂年代的中国人愿意而且可以平和、冷静地对待一切异己事物，世界观、价值观日趋成熟，在“1996 年版”的修订过程中，上述种种均得到了修正。

3. 准确性原则。即词义的诠释应该准确、贴切，既不超出词义所涵盖的范围，又不能有所缺漏。做到这一条是最难的，几乎每一部词典都有这方面的遗憾。“1983 年版”中，对“富矿”、“硕士”、“阿斗”、“才子”、“插嘴”、“碍事”等的释义均不够准确、贴切，有所缺漏，“1996 年版”予以了增补，使其更加完善。

4. 通俗性原则。即词义的诠释应该浅显通俗，不能越释越深。如“1983 年版”将“阿姨”释作“姨母”，就不够通俗浅显，“1996 年版”改作“母亲的姐妹”，就浅显多了。当然，词语的诠释表述有典雅、庄重的要求，但这并不妨碍表述的深入浅出，“1996 年版”的释义基本贯彻了通俗性原则，但仍不失其表述语言的典雅、庄重的风格。

5. 简明性原则。即词义的诠释应该简明扼要，切忌烦琐冗长，面面俱到。虽然在词义同概念在反映客观事物的本质特征上有多大的差异这个问题上尚存在分歧，但词义不必像概念那样反映客观事物的全部特征这一点，恐怕已初步被人们所普遍接受，诚如德·高尔斯基所言：“词义只包含一些足以确定适合于该词的概念的外延的特征。”① 所以在诠释时要尽可能抓住词义所反映的客观事物的一两个最本质的特征，而不必对所有特征均一一揭示。在这一点上，我们认为，无论是“1983 版”，还是“1996 年版”，对“人”这个词的释义是最简单的，堪称经典。“人”的本质特征是多方面的，如“直立行走”、“能使用语言”、“能制造并使用工具进行劳动”、“擅长抽象思维”等等，而词典只选择了“能制造并使用工具进行劳动”这一个本质特征加以揭示，从而形成了“能制造并使用工具进行劳动的高等动物”这个词义，可谓以简叙繁，为不刊之论。可惜的是，在对其他动、植物词等诠释时并没贯彻简明原则，而且随意性很大，如“羊”、“驴”、“鸡”等的诠释相对来说，尚属简明，而“牛”、“猪”、“马”、“狗”、“鸭”等的诠释则过于烦琐（参见本章第二节“二”），这样的词义，不要说小孩子，就是成年人也难于掌握。

二、现代汉语词义解释的基本方法

我们这里所讲的基本方法，是指对于一般的词语，我们该如何着手进行解释，从何处下手，而不是指词义采用什么模式——关于这一点，《现代汉语词典》已经为我们展示了迄今为止所有的词语注释常用模式（义素分析模式除外，它目前也并没推及所有词语）。

词义解释的基本方法，概括起来主要有以下两种：

1. 以词义的理据为依托诠释词义。现代汉语中有一部分单纯词和大部分合成词的词义是有理据性的（参见第五章第一节、第二节），在对这部分词进行诠释时就可以利用其词义理据推求词义。如“委培”是个新词，“1996 年版”也未收，在诠释其词义时，我们可以注意到它同“词义：语素义的简单组合”中的 A 组“知青、军工、外事、公廉”等一样，是由“委托培养”缩

① 参见德·高尔斯基：《论语言在认识中的作用》。

减而成，所以将它还原成原形便可。又如“商调”也是个新词，在诠释其词义时，我们也同样可以注意到它同“词义：语素义的互补、推演”中的“谢幕”、“协作”、“快报”等一样，可以表述为“以协商的方式进行人员调动”。

2. 依据上下文语境诠释词义。现代汉语中也有一部分词的词义是无理据性的，在对这部分词进行诠释时可以依据其能够出现的所有上下文语境中的含义加以综合概括而形成词义的表述。从这个意义上来说，词义也应该是其语境义分布的总和。如“克隆”这个词，大家都知道是一种无性繁殖的方法，但在汉语中常可见到它出现在下列语境中：

I：英国人不久前克隆出了一头小羊。

II：你同他像极了，简直像克隆的一样。

III：勾践剑被“克隆”出售，国家文物局表示重罚！（文章标题）①

……

据此，我们可以对“克隆”的词义作出如下的概括、归纳：克隆：①一种无性繁殖的方法。②通过无性繁殖等方法复制人或动物。③泛指一切运用仿真技术所进行的复制。

当然，词义的解释是个极为复杂的问题，牵涉到方方面面的东西，不是三言两语所能说得清道得明的。上述这些原则也好，方法也罢，也不过是提供一种参考。真正成为词义诠释的行家里手，还有待于在大量的词语诠释实践中锻炼、摸索、总结。不过，把握好词义解释的原则，了解、熟悉词义解释的方法，会使我们的诠释工作少走一些弯路，从而达到事半功倍的效果，而这正是我们所企望的。

思考与探索之十二

词义的解释是运用释义性元语言对词义（义位）所进行的描写，获得

① 该例见2001年1月4日的《姑苏晚报》第5版。文章很短，兹引述如下：“杭州电 针对勾践剑被‘克隆’出售一事，昨日下午，国家文物局和上海博物馆分别表明各自态度。下午3点40分，国家文物局政策法规处处长王军在电话中对记者说：复制文物如果办理了相关程序，可以复制，是合法的；否则，是违法的，将按照国家文物法条例来从重处罚。下午4点10分，据有关媒体报道上海交大参与了对勾践剑的复制工作，为弄清事情真由和报批程序，记者迅速与上海博物馆取得联系。该馆办公室工作人员明确表示：他们对上海交大参与复制勾践剑一事，从头到尾一点也不知道；按有关程序，湖北省博物馆应知道，如果不知道，复制是违法的。”

的是关于一个词义（义位）的本质性的区别于其他词义的特征。

词义的分析则是运用具体的可操作的方法对词义（义位）进行条分缕析，获得的是比词义更小的构成单位。

从理论上讲，词义解释所获得的关于一个词义（义位）的本质性的区别于其他词义的特征同词义分析所获得的词义的各种构成单位之和应该是重合的。

所以，将词义解释与词义分析看作是同一问题的两个层面也未尝不可。如果从其所获得的结果来看两者的关系，那么词义解释是词义分析的综合，而词义分析则是词义解释的拆分。词义的准确解释可以为词义的分析提供参考，因此，符淮青们在讨论词义分析问题的时候，是万万离不开《现代汉语词典》的释义实践的，那既是产生他们所发明的词义分析方法的源头，又是检验他们所倡导的词义分析方法是否具有科学性和可操作性的最便捷、最有效的方法和路径；而一种科学的词义分析的方法，又可以有助于人们更准确地解释词义，从这个角度说，词义解释是词义分析的目的之一，而词义分析又是词义解释的基础和途径。所以，词义解释与词义分析有着千丝万缕的联系。

但是，词义解释与词义分析毕竟有别，这是无须论证的。而且，词义分析仅是词义学关注的问题，而词义解释既是词义学关注的问题，也是词典学关注的问题，是两属的。因此，对词义解释进行研究的，有词义学者，也有辞书学者，阵容较之词义分析的要强大很多，而且词义解释的研究还有一块令其他词义问题研究者艳羡的学术交流阵地——《辞书研究》，双月刊，中国辞书学会和上海辞书出版社共同主办，上海辞书出版社出版发行。种种因素共同作用，不由得它不兴旺。

国内关于词义解释的研究，起步很早。20 世纪 80 年代，重要的论著就有：

刘叔新的《词汇学和词典学问题研究》。全书共收录作者 20 世纪 70 年代末至 80 年代初发表的 12 篇论文，其中有 6 篇是词典学的论文，讨论或涉及词义解释问题的有 4 篇①。其中，发表在《天津师院学报》1979 年第 2 期上的《词性和词的释义》，发表在《辞书研究》1979 年第二辑上的《词典字头的性质及其释注》以及发表在《辞书研究》1980 年第四辑上的

① 刘叔新：《词汇学和词典学问题研究》，天津人民出版社，1984 年。

《词语的意义和释义》等，均是当年研究词义解释的重要成果。

孙良明的《词义和释义》。该书共分两章，第一章为“词义”，第二章为“释义”。在“释义”这一章中，作者讨论了“释义任务、释义原则、释义方法、释义应该注意处理的几种关系”等，为当时讨论词义解释问题比较详尽、全面的著作。

从20世纪80年代初到90年代末，在词义解释问题研究上成果最为卓著、影响也最大的学者是符淮青。他的《词典学词汇学语义学文集》收录了他从1982年起至2000年间发表的28篇论文，其中绝大多数是讨论词义的解释问题的。诚如作者本人在“序”中所言：“词典学、词汇学、语义学的探讨各有重点，在分析问题时往往互相关联，界限难以严格分开。……不能机械地把论文归入不同的学科。”[①] 符淮青的论文往往会将词义分析与词义解释融合在一起，所以，不少论文既是词义分析问题研究的论文，也是词义解释问题研究的论文。从20世纪80年代初期的《词的释义方式》、《名物词的释义》、《表动作行为的词的意义分析》、《表性状的词的释义》，到20世纪90年代初期的《词典释义的比较》、《词典释义方式剖析》，再到90年代中期的《略论词典释义中的继承和抄袭》、《汉语表眼睛活动的词群》、《概念义分析的形式化》、《“词义成分—模式”分析（表行为动作的词)》，直至90年代末的《“词义成分—模式”分析（表名物的词)》、《词义单位的划分》、《词义和词的分布》等等。这些论文的发表为词义解释理论的深入探讨打下了坚实的基础，同时也推动了90年代词义解释问题研究的蓬勃兴起和发展。

新世纪以来，关于词义释义研究的强劲势头依然不减，成果颇丰，下面的论著颇值得一读，尤其是准备涉猎词义解释研究领域的研究生同学：

苏宝荣的《词义研究与辞书释义》。全书共五章，后两章讨论释义问题：第四章“语文辞书释义的原则与方法”，讨论了语文辞书释义的基本原则、语文辞书释义的层次性等问题；第五章“汉语词义构成成分分析与语文辞书释义的探索”，讨论了汉语词义构成成分的分析，词的义系、义点、义位与语文辞书的义项，汉语语素组合关系与语文辞书释义等问题。[②] 虽然是两章，但占了全书的一半篇幅。苏宝荣是词义解释问题研究的资深

---

① 符淮青：《词典学词汇学语义学文集》，商务印书馆，2004年。

② 苏宝荣：《词义研究与辞书释义》，商务印书馆，2000年。

专家，他的一些观点新颖独特，颇能给人以启迪。

苏新春的《汉语释义元语言研究》。全书共八章，依次为：第一章“综述·理论·方法”，第二章“《现汉》词目语言研究”，第三章“《现汉》释义语言研究”，第四章“同义释词研究”，第五章“释义元语言的提取”，第六章“释义元词的构成”，第七章“释义元语言的特征分析”，第八章“结论”。

安华林的《现代汉语释义基元词研究》。全书共七章，依次为：第一章“现代汉语释义基元词研究的背景和思路”，第二章“现代汉语释义性词语的计量研究”，第三章“现代汉语受限词汇的选择”，第四章“现代汉语释义基元词的提取”，第五章“现代汉语释义基元词的验证”，第六章“现代汉语释义基元词的优化及体系”，第七章“现代汉语释义基元词的理论和应用价值”。安华林是南京师范大学2004届博士研究生，其导师是李葆嘉。本书是李葆嘉主持的国家社会科学基金项目“面向信息处理的现代汉语元语言系统研究”的阶段性成果，也是作者的博士论文。李葆嘉担纲的南京师范大学文学院语言科技系显然已成为国内释义元语言研究的重镇。

李尔钢的《词义与辞典释义》。全书共十四章，与词义解释有关的章节依次为：第四章“注释的释义与辞典的释义”，第五章“定义释义”，第六章“辞典释义方式”，第七章“专科释义与知识附加”，第八章“虚词释义”，第九章“多义词的释义”，第十章“同形词及其注释”，第十一章“词类与词性标注”，第十二章“解释使用中的语言”，第十三章“释义元语言”，第十四章“双语释义”。李尔钢系崇文书局（湖北辞书出版社）的社长，从事辞书研究数十年，是一位出版家——曾获得全国首届“百佳出版工作者”称号，也是一位辞书学家。他的研究务实，切近辞书实际，所研究的均是辞书编纂者所面临的具体问题，可读性很强。

上面四本著作中有两本是研究现代汉语释义元语言的专著，另两本则有专章讨论。释义元语言是辞书释义的依凭和工具，构成释义元语言的所谓“释义元词”或叫“释义基元词”的精选，以及由此带来的基元词数量上的限定，将给现代汉语词典的释义表述带来一场革命。

现代汉语释义元语言的研究无疑是新世纪以来现代汉语词义解释研究的亮点。

关于词义解释的研究，不能不提张志毅。张志毅自1981年发表他的

第一篇词义解释研究的论文《〈现代汉语词典〉释义的语文性》起，一直笔耕不辍，先后发表了《〈现代汉语词典〉的性质及欠缺》、《反义词词典的释义和举例》、《语文性辞书的语义学原则》、《现代语文性辞书的整体观》等一系列重要文章。[①] 尤其是进入新世纪以来，张志毅以垂暮之躯撰写并发表了多篇具有较高学术水平的论文：《语文辞书的历时原则》、《语文辞书元语言的规则》、《〈现代汉语词典〉释义体系的创建与完善——读〈现代汉语词典〉第5版》等，无论在词汇学界，还是在辞书学界，均产生了重要影响。

新世纪以来现代汉语词义解释研究还有一个亮点就是《现代汉语词典》第5版与其他各版本的释义比较研究。

关于辞书间释义比较的研究很早就有，苏新春首次将计量统计的方法引入《现代汉语词典》两种版本间的一系列与词汇学相关的问题研究，因此定名叫《汉语词汇计量研究》。该书的研究依据的是《现代汉语词典》1983年版与1996年版，如关于1996年版对1983年版“旧词语”释义的修订研究，关于1996年版与1983年版之间“比喻义”的变化研究等等。[②]

新世纪以来辞书出版界的一件大事就是商务印书馆推出了《现代汉语词典》第5版。《现代汉语词典》第5版的问世，带来了一个第5版与其他各版本的比较研究热，这类题材的论文一时间蜂拥而出，还出现了这类比较的第一本论文集——刘中富等的《对比描写与统计分析——〈现代汉语词典〉专题研究》[③]。

中国词语释义研究数十年来，有一本专门的刊物和一本持续出版的会议论文集也是不能不提的，那就是上海辞书出版社出版的国内独此一家的辞书学理论刊物——《辞书研究》和中国辞书学会学术委员会编的历届中国辞书学会年会的论文集——《中国辞书论集》。这一刊一集的出版发行对推动释义研究的深入持久的开展起到了极为重要的作用，尤其是《辞书研究》，我们前面所引的绝大多数释义研究的重要论文均是通过这份刊物

① 张志毅：《〈现代汉语词典〉释义的语文性》，《辞书研究》1981年第3期；《〈现代汉语词典〉的性质及欠缺》，《烟台师院学报》1984年第1期；《反义词词典的释义和举例》，《辞书研究》1988年第3期；《语文性辞书的语义学原则》，载《中国辞书论集1997》，商务印书馆，1999年；《现代语文性辞书的整体观》，《中国语文》1999年第4期。

② 苏新春：《汉语词汇计量研究》，厦门大学出版社，2002年。

③ 刘中富等：《对比描写与统计分析——〈现代汉语词典〉专题研究》，山东人民出版社，2006年。

得以发表的。

本章可以着手的论题

(1) 新中国成立以来的现代汉语词义解释研究
(2) 改革开放以来的释义元语言研究
(3) 名物类词的释义元语言研究
(4) 表示动作行为的词的释义元语言研究
(5) 表示性状的词的释义元语言研究
(6) 释义元语言与义素分析法
(7)《现代汉语词典》第5版动物词语释义元语言研究
(8)《现代汉语词典》第5版植物词语释义元语言研究
(9)《现代汉语词典》第5版人体器官词语释义元语言研究
(10)《现代汉语词典》第5版释义元语言中“括号内文字表述”研究
(11)《现代汉语词典》第5版释义元语言中所使用的上义（位）词研究
(12)《现代汉语词典》第5版拟声词释义框架研究
(13)《现代汉语词典》第5版方位词释义框架研究
(14)《现代汉语词典》第5版颜色词释义框架研究
(15)《现代汉语词典》第5版与《朗曼当代英语词典》亲属词释义元语言比较研究
(16)《现代汉语词典》第5版比喻义中的释义元词研究

xian DAI han yu CI YI XUE

第十三章 现代汉语词义和语境

语境在词义研究中的作用正日益受到人们的重视。“在英国，语言分析和语言理论主要是根据言语环境（context of situation）来研究意义的。”① 在现代汉语中，语境参与词义研究的程度虽不如英语，抛开语境的静态研究仍然占据着词义学的大半壁江山，但大家对运用中的词义在语境的作用下所表现出来的种种变化的兴趣正在不断加强，这是一个不争的事实。

语境除了我们通常理解的上下文之外，还包括更为深广的内容，“个人的身份、家庭和社会关系的差别，亲疏程度，相对的年龄，以及诸如此类的其他因素（它们同把句子看作逻辑命题的表达无关）都是在言语环境这个恰当的名目下加以研究的。”② 这些语境因素均会对运用中的词义施加影响，从而使词义产生种种微妙的程度不等的变异。处于具体语境中的词义往往同处于静态之中的词典中的词义有这样那样的不同，因为其含义“既包括可说是单个词的所指意义的那些方面，又包括应说是属于句子的、甚至是属于作为一个整体的整个话语的那些方面”。③ 因此，考察静态中的词义进入具体语境之后会产生哪些变异，便成了一个饶有趣味的问题。此外，语境在词义的诠释理解中具有哪些作用，语境在词义的组合中又扮演了何种角色等等，均是一些值得关注的问题。本章拟就上述问题展开讨论。

第一节　语境中词义的变异

由于语境的作用、影响，一部分处于静态中（词典中）的词义一旦到了具体的上下文中，便会产生变异，这种变异既反映在理性义上，也反映在色彩义上。

一、语境中理性义的局部变异

语境中理性义的变异是词义变异中较为常见的一种现象，其中又以理性义的局部变异最为普遍，主要有以下三种情形：

1. 义素的增加。如：

---

① 参见罗·亨·罗宾斯：《普通语言学概论》，第 39 ~ 47 页。
② 参见罗·亨·罗宾斯：《普通语言学概论》，第 39 ~ 47 页。
③ 参见罗·亨·罗宾斯：《普通语言学概论》，第 39 ~ 47 页。

(1)“六一”期间，不少学校组织孩子们去大公园看恐龙。

(2)上了这闷子车已经三天了，可就是不知道它往哪去，黄连长同战士们一样，感到纳闷。

(3)这乳猪，味儿确实好，难怪当年周总理用它来招待尼克松时，尼克松会赞不绝口。

“恐龙”的词典释义为“古代爬行动物，在中生代最繁盛，种类很多，大的长达30米，在中生代末期灭绝”，而在例(1)中只能是这种古代爬行动物的模型，这“模型”的义素便是语境赋予的。“闷子车”的词典释义为“带有铁棚的货车”，而在例(2)中则是指“带有铁棚的、秘密运送部队及武器装备的货车”，这“秘密运送部队及武器装备”的义素是在语境中产生的。“乳猪”的词典释义是“幼小的猪”，而在例(3)中则是指“烤乳猪”这道名菜，其中“经特殊方法烤熟”这个义素也是在语境中产生的。

2. 义素的删削。如：

(4)楼下有人在按门铃，他清楚是反贪局的人到了。

(5)半年多来的野外写生，使小钱初步掌握了创作风景画的一些技巧。

(6)这位村支部书记可是远近闻名的土皇帝，谁都不敢惹他，就连当地的公安政法部门也畏他三分。

“门铃”的词典释义是“安装在门里边的铃铛或电铃，门外的人可在门上拉铃或按电钮唤人开门”，而在例(4)中“铃铛”、“拉铃”等义素则被语境删削了；“写生”的词典释义是“对着实物或风景绘画”，而例(5)中“实物”这个义素也被语境删削了；“土皇帝”的词典释义是“盘踞一方的军阀或大恶霸”，而在例(6)中“军阀”这个义素也被语境删削了。

3. 义素的调整。如：

(7)影视武打片中，大凡最后一个出场与敌方交手过招的往往是高手。

(8)这次下去考察的三名副处级干部中，有一人是我的外甥，作为组织部长，我还是回避一下的好。

“高手”的词典释义是“技能特别高明的人”，在例(7)中则是指“武艺特别高明的人”，其中“技能”这个义素被调整为“武艺”。“回避”的词典释义是“侦破人员或审判人员由于同案件有利益关系或其他关系而不参加该案的侦破或审判”，而在例(8)中则是指“领导干部由于同考察对象有利害关系或其他关系，而不参加该对象的考察工作”，其中“侦破人员或审判人员”被调整为“领导干部”，“案件”被调整为“考察对象”，相应地，“侦破或审判”也被调整为“考察”。

二、语境中理性义的整体变异

有些词义的理性义从静态到动态的变异是非常大的，并非像例（1）～例（8）那样，只是局部的变异，只是个别义素的增删调整，而是变得面目全非、大相径庭。从语境中的词义同词典中的词义的联系来看，主要有以下三种情形：

1. 相似性变异，即语境中的词义是由词典义（静态义）经由相似性联想而形成的。如：

（9）这家工厂被几只大老鼠折腾了不到两年，就由一个利税大户跌落到亏损企业的行列。

（10）你呀，就是不听我的话，一朵玫瑰花插在了牛粪上。

（11）这伙歹徒不仅流窜各地作案，也频频回家乡吃窝边草。

（12）这个盗窃犯原本是个受害者，一个厚道朴实的农民，如今在狼窝里呆久了，也沾染上了不少坏习气。

例（9）中“老鼠”的词典释义为“哺乳动物的一种，种类很多，一般的身体小，尾巴长，门齿很发达，没有犬齿，毛褐色或黑色，繁殖力强，有的能传播鼠疫”，而在这里则是指“那些贪污受贿、挖单位或集体墙角的腐败官员”，这是从“老鼠”的词典义经由相似性联想而成的。例（10）中“玫瑰花”的词典释义为“落叶灌木，茎干直立，刺很密，叶子互生，奇数羽状复叶，小叶椭圆形，花多为紫红色，也有白色的，有香气，果实扁圆形。是栽培较广的观赏植物”，而在这里则是指“年轻漂亮的女子”，这也是“玫瑰花”的词典义经由相似性联想而成的；同样，“牛粪”也从静态的“表牛的排泄物”的词义转变为语境中的“丑陋无能的男子”的动态词义。例（11）中的“窝边草”也从静态中的“动物巢穴周围的青草”的词义经由相似性联想而形成语境中的“家乡的居民百姓的财产”的动态义。例（12）中的“狼窝”也从“狼的巢穴”的静态义经由相似性联想而形成语境中的“盗窃团伙的隐匿处”的动态义。

2. 相关性变异，即语境中的词义是由词典义（静态义）经由相关性联想而形成的。如：

(13)“我们的原则是党指挥枪，而不是枪指挥党。”政委提高了嗓门喊道。

(14)老汉常对人说，人人心里都有一杆秤。

(15)九十年代以来，各地的公交系统中涌现出了一大批李素丽。

(16)她喜欢上了这身橄榄绿，决心以自己的行动来为它添彩增光。

例（13）中“枪”的词典义是“口径在2厘米以下，发射枪弹的武器”，经由相关性联想而形成了这里的“军队”的动态义。例（14）中“秤”的词典义为“测定物体重量的器具”，经由相关性联想而形成了这里的“衡量是非、判断好恶的标准、尺度”的动态义。例（15）中“李素丽”的静态义是指北京公交系统的一个售票员，而在这里却是指“公交系统的优秀服务标兵、先进模范人物”，这也是由相关性联想形成的语境义。例（16）中“橄榄绿”的词典义是“像橄榄果实那样的青绿色”，经由相关性联想而形成了这里的“军装”的语境义。

3. 对转性变异，即语境中的词义是由词典义（静态义）经由对转（逆反）性联想而形成的。对转性变异实际上是相关性变异的一种极端形式，即词典义同语境义构成了一种反义关系。如：

(17)你可真是个智多星啊，憋了三天竟拿不出一点办法。

(18)战争尚没打响，就已经拟好了乞降和约，嗨，这一群民族的英雄。

(19)皇军真仁义，从不烧、杀、抢、淫，糟蹋中国的老百姓。

(20)这家饭店的服务可算是到家了，服务员每天只露一次面，客房内的设施大多已没法使用。

例（17）中“智多星”的词典义是“《水浒》中吴用的绰号。泛指计谋多的人”，而在这里则是指“愚蠢无谋的人”，词义发生了对转性变异。例（18）中“英雄”的词典义为“不怕困难，不顾自己，为人民利益而英勇斗争，令人钦敬的人”，而在这里显然是指“贪生怕死，出卖民族利益的堕落、变节分子”，词义发生了对转性变异。例（19）中的“皇军”指的是日本侵略军，只要稍稍了解抗战历史的人都知道这“皇军”在中国土地上所留下的斑斑劣迹，所以这里的“仁义”已由词典中的“性情和顺善良”之义转变为了“残忍凶恶”的语境义了。例（20）中的“到家”，词典义是指“达到相当高的水平或标准”，而在这里显然是指“服务的水平和标准相当低”，词义发生了对转性变异。

三、语境中色彩义的变异

除了理性义的变异之外，色彩义——主要是感情色彩义的变异也是语境中词义变异的重要表现。

语境中词的感情色彩义的变异，主要有以下五种情形：①由静态中的褒义色彩转变为动态中的贬义色彩，也就是俗讲的褒词贬用。②由静态中的贬义色彩转变为动态中的褒义色彩，也就是俗讲的贬词褒用。③由静态中的贬义色彩转变为动态中的无色彩义，即通常说的“中性词”。④由静态中的无色彩义转变为动态中的褒义色彩。⑤由静态中的无色彩义转变为动态中的贬义色彩。这五种情形，我们在第三章第二节中详细讨论过，这里就不再展开了。

第二节　语境和词义的诠释、理解

一、语境是词义诠释、理解的重要依据

语境是词义诠释、理解的重要依据，无论是对静态义的诠释，还是对动态义的理解，均需要依赖于语境。

1. 语境是静态义诠释的重要依据。我们在第十三章第二节“二”讨论“现代汉语词义解释的基本方法”时曾经指出：对于一部分词义无理据性的词，在诠释时“可以依据其能够出现的所有上下文语境中的含义加以综合概括而形成词义的表述”。其实，不管是词义有理据性的还是无理据性的词，其词义必然也应该是其语境义分布的总和，经过高度抽象、概括了的词的静态义同其平常状态而非超常状态下的动态义是基本一致，不相抵触的。在此基础上作逆向性的思考，就会得出如下结论：通过考察词的平常状态下的动态义的总体分布，是可以推求出词的静态义的基本面貌的。“打”的静态义的获取就是一个很好的证明。

“打”，《康熙字典》只列出了其 4 个静态义：（1）击也。（2）谓捶打。

(3) 与"挞"同。(4)"白打"。[①] 但也同时指出"俗助语每与本辞反，其于'打'字用之尤多，凡'打叠'、'打听'、'打量'、'打睡'无非打者。"而到了现代汉语中，"打"的静态义呈日益发达之势，迄今静态义已达25个之多。[②] 这几十个静态义，基本上反映了现代汉语平面上"打"在平常状态下的动态义的总体分布，我们不必去一一记忆这几十个"打"的静态义，而只需从"打"在具体语境中的含义去一一推知。如从"他打了一把大刀。""我已打了一套家具。"等中可以获得"打"的一个静态义"制造"；从"我去店里打点色拉油。""他上街打了二两老白干儿。"等中可以获得"打"的另一个静态义"购买"；[③] 从"快去井里打桶水来。""妈从锅里打了一碗稀粥端给了这位叔叔。"等中也可以获得"打"的又一个静态义"舀取"，如此等等。

从语境入手解决词的静态义的诠释问题，往往是诠释新词或旧词新义的一个最便捷的方法，如我们在第十一章第一节"3"中所举的一个新词"克隆"，《现代汉语词典》、《汉语大词典》均未收，我们依据其动态义的总体分布情况而初步确定出它的静态义应有三个：①一种无性繁殖的方法。②通过无性繁殖等方法复制人或动物。③泛指一切运用仿真技术所进行的复制。

2. 语境为动态义的确解提供保障。不少词的静态义往往不止一个，可到了具体语境中，往往并不会产生理解上的困难和麻烦，个中缘由便是语境的限制功能在发挥作用。经过语境的限制，不少多义词一旦进入具体语境中便呈现出单义性。如"骄傲"一词依次有三个静态义：①自以为了不起，看不起别人。②自豪。③值得自豪的人或事物。是个多义词。而在下列句子中，因为语境的作用，"骄傲"只呈现单一的意义：

(21) 我们为我们伟大的祖国感到骄傲和自豪。
(22) 骄傲自大的人是没有不跌跤的。[④]
(23) 他不愧是中华民族的英雄和骄傲。

例(21)中的"骄傲"所表示的只能是它的第二个静态义，例(22)中

---

① "白打"在古代有两个含义，《康熙字典》中所列的"白打"是其中的一个含义，指的是古代的一种球类运动——蹴踘戏的玩法之一，两人对踢叫"白打"，三人竞踢叫"官场"。其中的"打"表示"做某种游戏"之义。"白打"的另一个含义是指一种徒手相搏的游戏，即拳术，俗称打拳。《现代汉语词典》不收此词，《汉语大词典》收录该词。可参见《汉语大词典》(缩印本)中卷第4797页。

② 依据《现代汉语词典》(修订本)，1996年。

③ 光光一个"打油"、"打酒"，并不能确定"打"的含义便是"购买"，而非"舀取"。1996年版《现代汉语词典》"打"的"买"义下出示了这两个用例，似不妥。

④ 参见王希杰：《汉语修辞学》，北京出版社，1983年，第155～160页。

的“骄傲”所表示的也只能是它的第一个静态义；例（23）中的“骄傲”所表示的只能是它的第三个静态义。

有学者曾将这种现象视作是语流中词义的“同化”现象，并论证道：“由于受到邻近的语义单位的影响，一个词同它邻近的那个词的意义接近了。”[①]比如，在例（21）中“自豪是褒义词，受到它的影响，骄傲一词中也只有褒义而无贬义”。而在例（22）中“自大是贬义词，受到它的影响，骄傲一词也只有贬义而无褒义了。”[②] 这其实是一种误解，犯了形而上的错误。实际上，例（21）、（22）等中“骄傲”词义的不同，是其所在的具体语境对它的制约、选择所致，这语境并非就是“自豪”、“自大”等词，而应该是包含“自豪”、“自大”在内的所有语词。之所以有这样的误解，是因为“自豪”、“自大”比较抢眼——其浓烈的感情色彩与所在句子所要表达的思想感情恰好一致，从而给人一种错觉：似乎是语境的作用转移给了某个词，该词直接影响其他词义变化，实则不然。我们若将例（21）中的“自豪”删去，“骄傲”依然呈现褒义；同样，若将例（22）中的“自大”删除，“骄傲”也依然呈现贬义。可见即使没有了“自豪”、“自大”，语境依然在起限制作用。

当然，将语境的限制功能分为“同化”的和“异化”的两种类型，作为一种尝试、一种探索，其做法本身值得肯定。问题是，事情往往并非那么简单。仍然以“骄傲”为例，试比较下面两个句子：

（24）自从他得了一百分之后，他多少有些骄傲了。

（25）使他多少有些骄傲的是，他得了一百分。

例（24）中的“骄傲”显然是“自以为了不起”之义；例（25）中的“骄傲”则是“自豪”之义。这是为什么？什么在起作用？句式乎？抑或是人们的语言习惯？这些问题均有待于进一步的观察、研究。

二、语境是检验释义准确与否的主要手段

我们在介绍起源于西方的义素分析法的时候，曾指出：义素分析的最后一个程序是“检验分析结果”，即“将分析出来的义素置于语料库中去检验，看是否有与语言事实相乖违的义素，若有则及时纠正。”（参见第七章第二节

① 参见王希杰：《汉语修辞学》，第155～160页。

② 参见王希杰：《汉语修辞学》，第155～160页。

“二”）。可见语境是检验所析义素是否正确的一种主要手段。同样地，语境也是检验整个词义（义位）诠释准确与否的主要手段。如我们依赖语境就可以发现《现代汉语词典补编》（下称作《补编》）中收录的一些吴方言语词在释义上存在着同现实语境及语言事实相乖违、不协调的问题。

“柴爿”，《补编》释为“劈柴”，没有提供用例。而“柴爿”经常出现的上下文语境是：

(26) 小伙子正用斧头劈着柴爿。
(27) 你看满地的柴爿，也不堆好。
(28) 他妈让他去院子里搬点柴爿到灶间。

可见，“柴爿”在吴方言里是指“做燃料用的碎木材、树枝等”。

“吃瘪”，《补编》释为“伏输”，提供的用例是“当众吃瘪”。这也违背现实语境和语言事实，“吃瘪”可出现的上下文语境是：

(29) 我要揭他的老底，让他当众吃瘪。
(30) 他力气小，打不过人家，只好吃瘪。
(31) 只要李所长到场，管叫他当场吃瘪。

在例（29）中，“吃瘪”显然是指“受窘”，而非“伏输”；例（30）中，“吃瘪”则是指“被迫屈服”；例（31）中，“吃瘪”才是指“伏输”。

“吃豆腐”，《补编》释为“去丧家吊唁”，也同现实语境及语言事实不符。吴地习俗，村里哪家死了人，乡邻亲属都会被邀请去吃饭，这就是所谓的“红白喜事”中的“白喜事”，一般吃两顿，中午是便饭，不上酒，晚上则比较隆盛，若只去吊唁（一般是送些钱或礼品）而不吃饭，则叫“吊好”。其能够出现的上下文语境是：

(32) 李家请你们吃豆腐去，你们就别在灶间忙活了。
(33) 来吃豆腐的人中，最高兴的莫过于小孩子了，因为不少东西过年的时候才有得吃。
(34) 我们今天正好有客人来，就不去吃豆腐了，待会儿我去吊个好。

可见，“吃豆腐”在吴方言里是指“去丧家吃饭”，而非指“去丧家吊唁”。

“洋钿”，《补编》释为“银元”，没有提供用例。而其经常出现的上下文语境是：

(35) 一共才几角洋钿，算了，不要找了。
(36) 他路过人民商场，想去买几段真丝料子，一摸身上，没有带洋钿。
(37) 他办这个丝织厂，花了不少洋钿，其中一大部分是银行贷款。

可见“洋钿”在吴方言中是指“钞票”，而“银元”在吴方言中称作“银洋钿”，如：

(38) 黄家翻造房子的时候，从老屋地基下挖出了几瓮银洋钿。
(39) 那些银洋钿要是保存到现在，那就值大钱了。

另外，有一些词的释义可能只注意到了在个别方言中的含义，有待于增补、完善。这也同样可以从语境中获得。如：

(40) 这几件衣裳真出客，是谁的？
(41) 广家里最最出客的是西头克昌的小女儿。
(42) 钱家的老二长得越来越出客了。

所以，“出客”似应在“出门做客”这个义项后再增补一个义项“漂亮”。

“板门”，《补编》列出了两个义项：①用木板做的比较简陋的门。②店铺临街的一面由多块木板组成的门，早晨卸下，晚上装上。在其他方言中可作此解，而在吴方言中，“板门”属禁忌语。吴中风俗，人死之后，尸体头朝南，脚朝北，用木板门负载而放在堂屋正中供吊唁，那负载尸体的木板门就叫作“板门”，常出现在下列语境中：

(43) 我这口气，躺到了板门上才咽得下去。
(44) 我看你啊，要到了板门上才安闲。
(45) 你这个杀千刀的，快去板门上挺尸吧！

所以，“板门”似应增补一个义项：③专指停尸的木板门（常用作詈词）。

第三节　语境和词义的组合

词义的组合是个颇为复杂的问题。两个词义能够组合或不能够组合，个中缘由也有许多，而语境的因素恐怕是最值得关注的。对那些从词义本身角度来看存在组合障碍的不寻常词义组合而言，语境往往是起撮合作用的决定性因素；而对那些就词义本身而言并无组合障碍的荒诞词义组合来说，语境往往也是真正的“元凶”。

一、语境使荒诞组合合理化

现代汉语中有一些原本荒诞的组合，在语境的作用下，可以一扫其荒诞色彩而变得合理、正常。

如“吃皮带”，作为一种一般的情形，是荒诞的、怪异的，如：

(46) 今天中午，我们去吃皮带好吗？

(47) 同学们正排队买皮带吃。

例（46）、（47）之所以让人觉得荒诞，是因为“皮带”并不具有“吃”要求它必备的义素“食物”。

但是，当我们给“吃皮带”设置如下的语境时，就无荒诞可言了：

(48) 中国工农红军在长征途中曾一度陷于弹尽粮绝的困境，为了生存，战士们吃完了草根吃树皮，吃完了树皮吃皮带，硬是坚持着到达了陕北。

(49) 屏幕上出现了一只巨大的怪兽，它似乎对货架上的皮带情有独钟，竟将上百条皮带吃了个精光。

例（48）、（49）之所以并无荒诞之感，是因为，由于语境的作用，使“皮带”也获得了“食物”这个义素。

有时候，一些词义组合虽不属荒诞组合，但也属“问题组合”——词义组合存在障碍，而语境也能起一种清障的作用。

如“吃香烟”这个组合，在下列句子中是有问题的：

(50) 我请他吃一支香烟，他就是不吃。

(51) 他每天吃一包香烟，看来是吃上瘾了。

原因同例（46）、（47）相似，因为“香烟”并非食物，只能“吸”、“抽”，不能“吃”。

但是，在下列语境中，“吃香烟”这个组合就不存在什么问题：

(52) 那个上海人凑上来献殷勤：“老伯伯，来，吃支香烟。”

(53) 他的苏州籍老婆埋怨道："你一日吃一包香烟，看样子是吃上瘾头哉!"

那是因为，在吴方言中，"吸烟"、"抽烟"就称作"吃香烟"。例(52)、(53)显然已设置了吴语语境。

二、语境使合理组合荒诞化

现代汉语中也有一些原本合理、正常的组合，在语境的作用下，可以变得荒诞可笑。

如：恐龙吃草、(某人)打电话、(某国王)特爱喝啤酒等等组合原本是很平常的一些组合，人们并没有感到它们有什么特异之处。可在下列语境中，它们就变得荒诞无稽了：

(54) 生物系的学生们纷纷去动物园观看恐龙吃草。
(55) 李白在离开长安之前给杜甫打了个电话。
(56) 秦始皇特爱喝啤酒。

例(54)之所以荒诞，是因为恐龙早在远古中生代末期便已灭绝，现代何以能看到其吃草？例(55)之所以可笑，是因为李白时代尚无电话。例(56)之所以无稽，是因为秦始皇时代尚无啤酒可喝，中国最早的类似于啤酒的麦酒据考证是东汉才有的。上述种种荒诞无稽，均是语境造成的。对于一个不了解生物学常识以及中国传统文化的人来说，可能并不感到其中的荒谬绝伦，因为他处在语境的真空中。

正因为语境可以使合理的组合荒诞化，所以相声、小品中常据此制造包袱逗人开怀。当然，由于这种包袱完全是建筑在语境的基础之上的，只有依赖语境才能抖开包袱，否则就成了哑炮，起不到逗笑的效果。如下面一段笑话，国人听了都会捧腹：

甲(为难地)：杨贵妃想吃新鲜的荔枝。
乙(不以为然地)：那就派人去取呗。
甲(故作轻松地)：是啊，唐玄宗立即致电广东省政府，让其迅速派员督办此事。
乙(满脸疑惑)：唐玄宗致电？
甲(得意洋洋地)：是啊，想讨贵妃娘娘的欢心哪！广东省政府立即召开紧急会议，讨论最佳方案，并成立了“精选荔枝”领导小组，由一位副书记直接牵头。

乙（一头雾水）：我怎么越听越糊涂哇？那是哪朝哪代的事啊？

甲（得意而略带矜持地）：那是唐代的事啊。那时候，只要皇上吩咐的事，不论大小难易，都要成立领导小组，有时候哇，一个月中就会成立十几个乃至几十个领导小组呢。

乙（面带惊异地）：我怎么以前从没听说呢？

甲（故作神秘地）：那是你孤陋寡闻呗。你知道后来这贵妃娘娘吃的荔枝是怎么送来的吗？

乙（迷惑不解地）：不怎么清楚，听说好像是靠快马传送的，不是有句诗叫作“一骑红尘妃子笑，无人知是荔枝来”吗？

甲（鄙夷不屑地）：老土了，是不是？那是为了掩人耳目，故意叫御用文人这样写的，为的是掩盖杨贵妃的奢侈挥霍。你可能有所不知，为了这几筐荔枝，广东境内列车停运一小时，以便让运送荔枝专列迅速直达广州；广州白云机场各航班全部延迟一小时起飞，以便让运送荔枝专机安全迅速起飞，直抵长安机场。事后，据杨国忠办公室的一位副主任透露，这批荔枝从产地采摘、筛选、保鲜处理、上路直到后宫，总共花了不到 4 个小时，为此，一大批有功人员得到了朝廷的表彰和嘉奖，一部分护送荔枝进京城的人员还得到了杨贵妃的亲切接见并合影留念呐。

乙（恍然大悟地）：你在瞎掰胡编哪！

如果将这段相声翻译给不了解中国历史的外国人听，可能他们并不会感到其中存在的荒诞组合，因为一旦离开了语境，这些组合并不荒诞无稽。

思考与探索之十三

词义和语境的关系研究，也是词义学中的一个热点问题。这一个领域的研究人员主要有三大群体：一个群体是从事汉语修辞研究的学者，一个群体是从事汉语词汇研究的学者，还有一个群体是从事外语教学与研究的学者。

从事汉语修辞研究的学者是国内关注语境与词义理解关系最早的也是人员最多的群体，这一方面是因为这一群体的领袖人物、中国现代修辞学的奠基人陈望道在《修辞学发凡》这部被誉为现代汉语修辞学的奠基之作中就有专节讨论“修辞同情景和题旨”[①]，另一方面，也是更为重要的是，修辞研究也确实离不开语境的介入。这一群体撰写了大量的研究语境与修辞关系的研究论文，其中每每涉及语境与词义变异的问题。这个群体的代表作是王建华等的《现代汉语语境研究》[②] 和王占馥的《境况语义学导论》[③]，关于前者，郭熙 2006 年有一个比较详细的评说[④]，可以一阅；关于后者，常敬宇也有一个比较中肯的书评[⑤]，可以一阅。

从事汉语词汇研究的学者对语境与词义关系问题的关注程度明显低于从事修辞研究的群体，而且，无论是研究人员，还是研究成果，在数量上均大大少于从事修辞研究的群体。从已有的成果来看，重复研究的多，富于理论创新的少。

1989 年，罗昕如发表了《论现代汉语词的言语义》一文，对语境中产生的词义变异现象进行了探讨[⑥]，却无人响应。

1991 年，常敬宇发表了《谈语言义向言语义的转化》一文，再次讨论了语境中的词义变异现象[⑦]，依然无人响应。

1995 年，王希杰发表了《关于词义的层次性问题的思考》一文[⑧]，再次提出了词的“言语义”现象。一石激起千层浪，一时响应者众，“言语义”研究成为翌年以后一段时间内的热门话题，出现了一批关于这个话题的文章，如刘桂芳、沈庶英的《谈谈词的言语义》（1996），许皓光的《言语义刍论》（1997），盛林的《论言语义的分类》（2002），刘桂芳、姜云龙的《关于词的言语义的思考》（2006）等等。这些文章均对言语义的研究有所推进，但大多数推进不大，缺乏深度。

进入新世纪以来，这个群体在语境与词义关系问题上的讨论几乎没有什么突破，值得一读的有张志毅、张庆云的《词汇语义学》第四章第二节

---

① 陈望道：《修辞学发凡》，大江书铺，1932 年；上海世纪出版集团，2006 年。

② 王建华等：《现代汉语语境研究》，浙江大学出版社，2002 年。

③ 王占馥：《境况语义学导论》，福建人民出版社，2000 年。

④ 郭熙：《语境研究与社会语言学——读王建华等新著〈现代汉语语境研究〉》，《汉语学习》2006 年第 5 期。

⑤ 常敬宇：《境况义值得研究——王占馥的〈境况语义学导论〉简介》，《语文研究》2001 年第 1 期。

⑥ 罗昕如：《论现代汉语词的言语义》，《湘潭大学学报》1989 年第 4 期。

⑦ 常敬宇：《谈语言义向言语义的转化》，《语文研究》1991 年第 4 期。

⑧ 王希杰：《关于词义的层次性问题的思考》，《汉语学习》1995 年第 3 期。

“义位语境论”；还有聂莉娜的《词义的语境变体》[①] 一文。

从事外语教学与研究的学者对语境与词义问题的关注程度一点也不亚于从事汉语修辞研究的群体，而且大有后来者居上的态势。

在20世纪90年代，这个群体奉献给我们的关于汉语语境对语义理解的干涉、影响的最重要成果是钱冠连的《汉语文化语用学》[②]，这是一部充满智慧与灵气的著作，很值得一读。

进入新世纪以来，这个群体关于语境与词义关系问题讨论的成果首推任绍曾的《词语语境线索与语篇理解》一文。文章首先论证了词汇意义作为语境线索对语篇理解的重要性，而后讨论了词汇语境线索的四个特征：①语境线索是语篇中的一个词或词组；②并非任何语篇都需要语境线索；③语境线索赋予的情景意义是通过推理得到的；④词汇语境线索激活的图式应该是动态的。接着，作者进一步讨论了词汇语境线索的五种具体功能：①排除歧义的功能；②解决表面搭配不当的功能；③帮助理解令人费解的临时组合的功能；④使词义由笼统变为明确的功能；⑤帮助理解新词新义的功能。[③]

该文发表后不久，即出现一些仿效之作，如2004年《零陵学院学报》第3期发表的《词汇语境线索的分析》一文，其基本观点乃至观点的语言表述均仿效《词语语境线索与语篇理解》一文，只是例证由英语的换成了日语的，当然对例证的分析随之也作了更换。至于其他的一些讨论语境与词义关系问题的论文，在理论和方法上均无大的推进。

这个时期，这个群体中也出现了一些优秀的研究语境理论的论著，尤其是出现了一些研究认知语境的论著，在理论和方法上往往能够给人以启迪，但由于这些论著关注的是语境与句义的关系，探讨的是在认知语境中的话语（炜案：均为句子）理解问题，对语境与词义的关系关注甚少甚至基本不涉及[④]，因此，在这里我们就不再援引了。

语境与词义的关系，是一种非常复杂的关系，要想在短时间内就把两

---

① 聂莉娜：《词义的语境变体》，《广西社会科学》2003年第6期。

② 钱冠连：《汉语文化语用学》，清华大学出版社，1997年。

③ 任绍曾：《词汇语境线索与语篇理解》，《外语教学与研究》2003年第4期。

④ 就像北京大学出版社2006年10月出版的朱跃的《语义学》一书，其第二章是“意义和语境”（第59~103页），个中涉及语境与词义关系问题的讨论极少，基本讨论的是语境对话语意义理解的影响，而话语的基本单位是句子而不是词。这还是一部讨论语义问题的著作，尚且如此，更遑论这个群体中其他的讨论语境问题的论著。

者关系摸得一清二楚是一种十分天真的想法。在这里，需要提醒研究生同学的是，国外研究语境和词义关系的历史比国内长一些，成果也多，所以，要想在这一个领域有所突破，借鉴国外的理论和方法是颇为需要的，也是值得倡导的，他山之石，可以攻玉！

本章可以着手的论题

(1) 改革开放以来语境与词义关系研究
(2) 相声中“包袱”的效果与语境关系研究
(3) 语境与詈词的形成及效果研究
(4) 语境与禁忌语的形成及消失
(5) 语境与敬辞关系研究
(6) 语境与人名关系研究
(7) 语境与商标名称关系研究
(8) 语境与店名用词关系研究
(9) 社会环境的差异对海峡两岸与港澳地区人名用词的影响
(10) 社会环境的差异对海峡两岸与港澳地区店名用词的影响
(11) 从詈词的差异看中英社会价值评判标准的差异
(12) 语境与词义的非常规组合
(13) 语境与新词词义的获取
(14) 语境与歧义的排除

xian DAI han yu CI YI XUE

第十四章 现代汉语词义的组合方式和言语表达[①]

① 本章曾以论文的形式先后发表于《镇江师专学报》1992 年第 4 期和中国人民大学书报资料中心《语言文字学》1993 年第 3 期上。

随着语言科学的发展，语言研究的范围已从研究语言系统本身扩展到了研究这一系统的运用——即言语交际的领域。句子是言语交际最基本的单位，而句子又是由一个一个的词组合而成的。词的组合，从深层来讲，是词义的组合，所以言语交际中最基本的问题，说到底实质上是词义的组合问题。这个问题的重要性是不言而喻的，但是传统的语言学除了在句法部分及修辞部分对词义的组合问题有所涉及之外，从没把它作为一个理论问题认真地研究、讨论过，这不能不说是一个缺憾。词义的组合，一方面受词义本身的制约，如“暗杀青蛙”若不是在童话作品里，通常是一种不能成立的组合，之所以不能成立是受“暗杀”和“青蛙”这两个词义本身的制约：“青蛙”并不包含“暗杀”所要求于它的必备义素“人”；另一方面，词义的组合也受现实生活、情理、语境等的制约，有些就词义本身来看可以成立的组合却因有乖情理而实际上不能成立，如前一章所讨论的“去动物园看恐龙。”“看恐龙”这个组合，就词义本身来看没什么问题，可作为一种爬行动物的恐龙早在远古中生代末期便已灭绝，除非去看它的标本模型，否则便乖违情理，因而不能成立；而有些就词义本身来看不能成立的组合在具体的语境中却可以成立，如前一章所援引的“吃皮带”作为一种一般的情形也是一种不能成立的组合；因为“皮带”并不具有“吃”要求它必备的义素“食物”，但是当我们用来描述当年工农红军二万五千里长征的情形时，这个组合却是成立的，因为在极度饥饿的情况下，红军官兵确实曾将“皮带”当作食物煮来吃，从而使“皮带”也具备了“食物”这个义素。根据现代汉语词义组合时词义间存在的不同联系，我们认为，现代汉语词义组合的方式主要有以下三种：一为交叉式组合，二为包孕式组合，三为跳跃式组合。这三种词义组合方式各有各的适用语域，在言语表达上呈现出各自的作用和特色。

第一节 词义的交叉式组合和言语表达

所谓词义的交叉式组合是指两个组合中的词义 A 和 B，其中 A 包含 B 所具有同时也要求 A 必备的义素，从而使 A、B 在词义上构成一种交叉关系。词义的交叉式组合是最基本的一种词义组合方式。我们看下面这个例子：

（1）王某邀请李某去餐厅喝酒。

例（1）包含6对交叉式词义组合：王某邀请、邀请李某、李某去、去餐厅、李某喝、喝酒等，它们的词义联系如图所示：

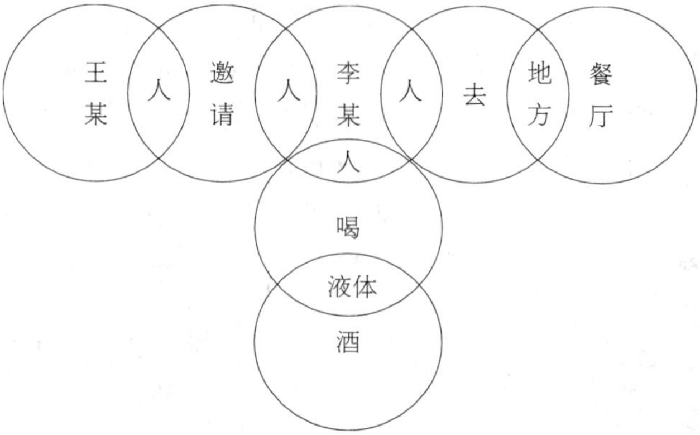

从上图中可以看到，这6对交叉式组合各自所具备的交叉义素分别为：人、人、人、地方、人、液体等。这些交叉义素犹如一个个铆钉把一个个词义铆接起来，从而形成环环相扣的“词义交叉链”，使句义波浪式地向前延伸、发展，不断地丰富、完善，信息量也如滚雪球似的越积越多。

正因为如此，词义的交叉式组合在言语表达上具有使表达精确、严密的作用，所以被集中地运用于公文事务语体及科技语体中。例如，一部《中华人民共和国宪法》，其中的336个句子每一句均是一个“词义交叉链”，表达准确、严谨，体现了法律语体庄严的风格。另外，由于交叉式组合中词义与词义的联系紧密、直接、明了，用不着借助诸如类比、联想等辅助手段来沟通语义联系，所以往往呈现出一种平实、简洁的表达风格，因而还往往被运用于人们的日常谈话语体中。例如甲请乙去海滨游泳，可以表达为：

A. 我们去海边游泳吧。
B. 我们去接受大海的拥抱吧。

A句由3对交叉式词义组合组接而成，听来自然、贴切，很符合日常谈话语体简洁、平实的特点，B句包含着其他类型的词义组合（下面将会谈到），词义间的联系需通过类比、联想方能沟通，所以不太适合于简洁、平实的日常谈话语体，听起来有些别扭、做作，很不自然。

第二节　词义的包孕式组合和言语表达

所谓词义的包孕式组合是指两个组合中的词义 A 和 B，其中 A 便是 B 所具有同时也要求 A 必备的义素——这里的 A 具有二重性，它既是与 B 对等的词义，同时又是 B 所包含的义素，这一点颇类似于“学”这样的集词和语素两种身份于一身的语言单位——从而使 A、B 在词义上形成包孕与被包孕的关系。例如：

(2) 小李请人了。

(3) 老赵在吃东西。

例（2）中“请人”属包孕式组合，“请”具有并且要求同它组合的词义也具有的义素正是“人”；例（3）中“吃东西”也属包孕式组合，“吃”具有并且要求同它组合的词义也具有的义素正是“东西”（“东西”在这个特定的语境中意义等同于“食物”）。例（2）、（3）中“包孕式组合”词义间的关系可图示如下：

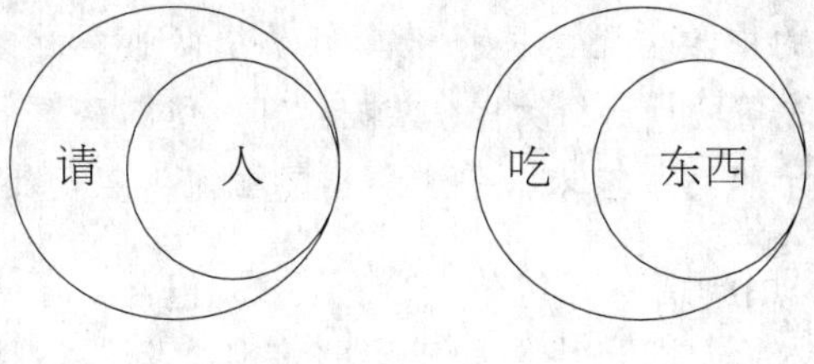

在一般情况下，像“请人”、“吃东西”这种组合很类似于人们经常所指的“废话”，因为孤立地静止地去看，“请人”并没比“请”增加多少信息量——“请”的肯定是“人”，所以这样的词义组合似乎没有存在的价值，“吃东西”也同此。但是若把它们放在特定的语境中作动态的考察，这些信息量似乎等于零的组合就不是可有可无的了，往往很有其存在的价值：

1. 它们往往可以产生某种会话含义，从而具有一种意在言外、委婉含蓄的表达效果。例如：

(4) 甲看到乙外出，便问乙：“到哪儿去呀？”乙回答：“噢，去一个地方。”

例（4）乙的回答中“去一个地方”便是包孕式组合，“去”的意义构成中包含“一个地方”这个义素。这个包孕式组合在例（4）这样的特定语境中传达出了这样一个会话含义：乙不想让甲知道他要去的地方。如果甲知趣的话，便不会再打听这“一个地方”究竟是什么地方，因为乙已委婉地拒绝了对甲的提问的实质性回答。正因为包孕式组合在言语表达上有这样一种特殊的功用，所以常常被运用于戏剧、电影的对白之中，给情节增添几分曲折。例如在某部反映母女两代人之间的“代沟”现象的电视剧中有这么一个片断：

（5）母亲看到女儿在翻找东西，便问：“你找什么？”女儿答：“找一件东西。”母亲又问：“什么东西？”女儿答：“本子”。母亲还问：“什么本子？”女儿答：“写字的本子呗。”母亲从衣兜里掏出一本日记：“是这个吧？”女儿：“你……”

例（5）女儿找的当然是“东西”，“本子”当然是用来“写字”的，这是两个包孕式组合，它们为观众提供了这样两个字面以外的信息：一是这母女俩之间存在着隔阂，相互不太信任；二是女儿根本不想让母亲知道她所寻找的东西。

2. 它们还可以起一种提示或强调的作用。例如：

（6）一个顽皮的中学生无意中将卡车启动了，他一时慌了手脚，不知如何止住车子，边上的驾驶员急得大喊：“快刹车，用脚踏！”

（7）有的战士干脆用手搓米，手上磨出了血泡，但仍然愉快地搓。

例（6）中的“用脚踏”是包孕组合，“踏”包含“用脚”这个义素。我们或许都有这样的体验，即当我们处于紧张慌乱之际，往往会连一般的常识也忘记，这时若有人稍作提示，便会猛然醒悟。在例（6）中“用脚踏”也正是起着一种突出、提示的作用：它突出了“踏”所包含的众多义素中“用脚”这个义素，从而提示那个不知所措的中学生该用什么去止住启动了的卡车。例（7）中的“用手搓”也是包孕式组合，“用手”是“搓”所包含的众多义素中的一个，在表达作用上，它与例（6）中的“用脚踏”稍稍有别，它并不起提示作用，只是一种强调作用，强调革命战士在艰难困苦的环境中不怕吃苦、迎难而上的精神。

当然，还有一些包孕式组合在言语表达上可能并没什么“言外之意”，也不具有“提示或强调”等作用，而只是为了照顾某些语法规则。例如：

（8）他们让我把裤管往上提，然后扶着我蹚过了小溪。

例（8）中“往上提”为包孕式组合，“提”的词义中包含“往上”这个义素。这个包孕式组合的存在是为了不违背下面这条语法规则：在“把”字句中，单音节动词一般不能是光杆动词，像“把裤管提”这种说法除了在诗歌、戏曲中可以见到外，一般交际中是不这样用的。为了避免“提”成为光杆动词，于是在前面加上了“往上”。

同词义的交叉式组合有别，词义的包孕式组合一般不适用于公文事务语体和科技语体，而更多地出现在文艺语体及日常谈话语体之中。在言语风格上则同交叉式组合类似，以平实、简洁为主。例（4）、（5）、（6）、（7）正反映了它的上述特点，这里就不再举例说明了。

最后需要指出的是，词义的包孕式组合若使用不当，也会导致言语表达的冗赘、啰嗦。例如：

（9）这句话的后面，包容了多么丰富的无声的潜台词啊。

例（9）中的“无声的潜台词”是包孕式组合，“潜台词”包含“无声”这个义素。这个包孕式组合除了在表达上造成冗赘效果之外没有任何积极作用，似无存在的必要，应删去其中的“无声”。胡裕树先生主编的《现代汉语》（增订本）在修辞部分讨论“句子的锤炼”问题时这样指出：“有些词语的运用已形成习惯，如‘用手拿东西’、‘用眼去看他’、‘用脚去踢球’等等就是。‘拿东西’自然用‘手’，这是人所共知的常识，何必一定要说‘用手拿东西’呢？这种用法近乎习非成是，但是严格地说是一种冗赘现象”。对消极地使用包孕式词义组合的现象作了独到的分析，只是没有进一步阐明像“用脚去踢球”这类组合在某些特定的语境中也有其特殊的功用，正如例（4）、（5）、（6）、（7）、（8）诸例中的包孕式组合那样。

第三节　词义的跳跃式组合和言语表达

所谓词义的跳跃式组合是指两个组合的词义 A、B，其中 A 并不具有 B 所要求它的义素 C，但通过类比、联想，A 可以跳跃成为 C 或者包含 C 的 D 而与 B 顺利组合。例如：

（10）小草偷偷地从土里钻了出来，嫩嫩的，绿绿的。

例（10）中的“小草”和“钻”本不可组合，因为“钻”要求同它组合的词义必须具有“动物”这个义素，而“小草”却是植物。于是借助丰富的联想，“小草”跳跃成为一种“动物”而与“钻”组合起来。这个跳跃组合过程可以图示如下：

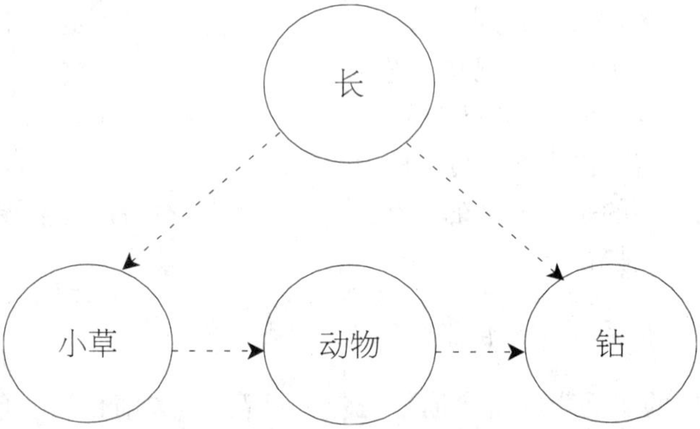

图中双虚线表示词义间的跳跃，实线表示非跳跃性的一般词义组合（这里是包孕式组合），单虚线表示整个跳跃组合过程所依赖的基础：“小草”之所以可以与“钻”组合，还在于“小草从土里长出来”这种情形与“动物从土里钻出来”这种情形颇为相似。假如这个基础不可靠，甚至荒谬的话，便会影响跳跃式组合的成立。试比较：

（11）当我们走进饭厅时，热气腾腾的白面馒头正向我们频频点头。
（12）当我们在高粱地里穿行时，路两旁沉甸甸的高粱向我们频频点头。

例（12）成立而例（11）不成立，为何同是跳跃式组合，一个成立而另一个不成立呢？关键在于所依赖的基础可靠与否：例（11）中“馒头”跳跃成为“人”与“点头”组合未尝不可，只是“馒头冒着热气”同“人频频点头”这两种情形相去甚远，毫无相似之处，基础不可靠，联想受阻；而例（12）中“沉甸甸的高粱上下摇晃”同“人频频点头”颇为相似，以此为基础，使“高粱”跳跃成为“人”与“点头”顺利组合。所以跳跃组合的基础确实不能忽视。

在词义的跳跃式组合中，词义与词义之间的联系不像交叉式、包孕式组合那样是直接的、明了的，而是一种间接的、曲折的联系，内中有一个跳跃过程，这个需借助类比、联想等辅助手段来沟通词义联系的过程给人们留下了一个驰骋想象的空间。如果说，交叉式、包孕式组合基本上是一种单一的、平面的组合的话，那么跳跃式组合则是多样化的、立体式的组合，真可谓横看成岭侧成峰，各人的教养、阅历、性格等的不同，从中所领略的感觉、所获取的信息量的多寡也不同。正因为如此，跳跃式组合的运用，往往能在言语表达上起到生动、新颖、令人回味无穷的特殊效果，从而使行文呈现出一种繁丰、藻丽的风格，因而被广泛地运用于文艺语体之中，一些中外散文名篇，如高尔基的《海燕》，朱自清的《春》、《绿》以及刘白羽的《长江三日》等更是大量地运用了这种奇特的词义组合方式，令人百读不厌，常读常新。

综上所述，交叉式、包孕式和跳跃式是现代汉语中三种最基本的词义的组合方式，其中以交叉式最为常见，它们在言语表达效果及风格上各有自己的特色。需要指出的是，纯粹的交叉式组合——“词义交叉链”并不乏见，而纯粹的包孕式、跳跃式组合则实不多见，更多的是交叉式中掺和着包孕式或跳跃式，从而使言语表达呈现出斑斓多姿的色彩。

思考与探索之十四

虽然早在20世纪的60年代，相当多的语言学者都已认同词语的搭配组合问题，其实质是语义和语用问题，而非以往认为的句法问题，但是，词义的组合搭配研究依然大大落后于其他词义问题的研究。李裕德在1998年问世的《现代汉语词语搭配》一书中的一段话并非无稽之谈：“至于语义学中的搭配问题，学者们研究得就更少了，可以说基本是没有什么人专门研究，只是某些文章里涉及一下，专门研究搭配问题的著作至今还没有见到。我国虽然出版了几本搭配词典，但是关于词义搭配是怎么一回事，到底为什么这两个词能够搭配，那两个词不能搭配，就几乎没有什么研究成果。这么一来，本书在写作当中就困难重重。好在语义的研究（请注意，不是搭配的研究）还有一些成果可以介绍，可以借用来说明搭配是怎么一回事。”①

确实如此，在20世纪90年代，国内关于词义组合搭配的讨论是极为罕见的。想必詹人凤的关于词义组合问题讨论的写作②也有李裕德般的郁

---

① 李裕德：《现代汉语词语搭配》，商务印书馆国际有限公司，1998年，第21、22页。

② 詹人凤：《现代汉语语义学》，商务印书馆，1997年，第213~232页。

闷，从正文前石安石的“序”来看，那是发生在1994年之前的事情。本章的写作也是在那个时候，先是发表在了《镇江师专学报》1992年第4期上，翌年又被中国人民大学书报资料中心《语言文字学》全文转刊，当时写作的艰辛可想而知。

其实，纵观李裕德的《现代汉语词语搭配》一书，并非是全部从词义组合角度来讨论现代汉语词语搭配中出现的各种搭配现象的，相反，倒是更多地从句法关系的角度来考察分析词语的搭配问题的。虽然，作者在“前言”中明确交代“语义问题的研究，是语言学研究中的薄弱环节，而词语搭配问题的研究，又是语义学研究当中的薄弱环节。本书所要谈的正是这样一个薄弱环节中的薄弱环节”，但事实上，书中只在“一、一个难题”和“二、搭配是怎么一回事”这两个部分讨论了一些词义搭配现象，分析了词义搭配的民族性、时代性、地方性、多样性和主观性等复杂性表现，并介绍了义素学说和“格”理论在解释词义搭配中的功用和存在的问题。其余十二个部分基本都是从句法关系角度讨论词语的搭配的，说“基本”是因为其中还夹进了“词义不合造成主谓搭配不当”、“词义不合造成动宾搭配不当”、“词义不合造成定中搭配不当”、“词义不合造成状中搭配不当”等话题的讨论，这些讨论在理论性或方法论上对词义组合问题研究的开展意义不大。

詹人凤对词义组合问题的讨论虽然在书中占的篇幅很小，但富有独创性。讨论分为三个方面：①词义的简单组合。讨论了词义组合的特殊性、影响词语组合的诸种语义关系以及五种组合关系的语义内涵等问题。②显性语法关系与隐性语法关系。讨论了语言结构的层次分析、连续性和非连续性、非连续性与非层次性的语义关系、显性语法关系与隐性语法关系、语法关系的隐显程度以及词义组合关系的概括等问题。③隐性语法关系和句子分析。讨论了词语分布与隐性语法关系、形式与意义相结合的原则的深入发展以及动结式补语表述中形式与意义的结合等问题。

詹人凤的《现代汉语语义学》共分三个部分：通论部分、聚合篇、组合篇。其中，组合篇篇幅最小，但写得相对较为精彩。

进入新世纪以来，关注词义组合问题的学者渐多，出现了一些在理论上、方法论上有较大推进的成果，其中最值得关注的是张志毅、张庆云关于词义组合问题的有关讨论。

张志毅、张庆云在《词汇语义学》一书中专门设一节“义位组合论”，讨论词义（义位）的组合问题。其中重点讨论的问题有：义位组合的类型，义位组合的选择原则，义位组合的序列原则，义位的组合意义[①]。尤其是义位组合的选择原则的讨论以及义位组合的序列原则的讨论，论证缜密，理论色彩浓郁，读来令人耳目一新。

本章可以着手的论题

(1) 改革开放以来的汉语词义组合问题研究
(2) 从词义组合角度来看“副+名”组合
(3) 汉语“名+名”结构中包含的词义组合意义
(4) 汉语“名+名”结构中的词义组合关系研究
(5) 汉语“形+名”结构中的词义组合关系研究
(6) 汉语“动+名”结构中的词义组合关系研究
(7) 汉语“名+动”结构中的词义组合关系研究
(8) 词义组合的类型研究
(9) 制约词义组合的因素研究
(10) 词义组合和言外之意
(11) 词义组合中的词义同化、异化现象研究
(12) 词义组合中词义的变化研究
(13) 词义组合中产生的构式义研究
(14) 词义组合中的词义羡余现象研究
(15) 词义组合和民族文化背景
(16) 词义组合与社会群体

① 张志毅、张庆云：《词汇语义学》，第206~258页。

xian DAI han yu CI YI XUE

第十五章 现代汉语词义组合中的歧义现象

本章讨论的是现代汉语书面语词义组合中存在的种种歧义现象。从歧义产生的原因来看，主要有以下五种类型：①与语音问题有关的歧义；②与词（语）义问题有关的歧义；③与词（语）形问题有关的歧义；④与句法结构关系相关的歧义；⑤与深层语义关系相关的歧义。当然有的时候，产生歧义的原因是多方面的，而且有些歧义现象的形成原因一时还说不清楚，有待于作更深入的考察。

第一节　与语音问题有关的歧义

现代汉语书面语词义组合中的一部分歧义主要是由语音差异引起的。这类歧义的特点是：它们只存在于书面语中，到了口语中则并不存在歧义。

一、由读音轻重引起的歧义

(1) 几天之后，他终于想起来了。

(2) 告诉你们一个好消息，吴鸣叔叔来看望大家了。

(3) 你们笑什么？

(4) 他爬过山没有？

例（1）中“起来”若读轻声，则表示一度忘却的事情又再度想起，动词“想”和趋向动词“起来”为动补关系；“起来”若重读，则表示打算起床了，动词“想”和趋向动词“起来”为动宾关系。例（2）中“叔叔”若读轻声，是对跟父亲辈分相同而年纪较小的男子的称呼，“吴鸣叔叔”为复指关系，“叔叔”便是“吴鸣”；“叔叔”若重读，则表“叔父”之义，“吴鸣叔叔”是偏正关系，指的是吴鸣的叔父。例（3）中“什么”如读轻声，则表示责难，“笑什么”意谓“不应该笑”；“什么”若重读，则表示疑问，“笑什么”意谓“为什么笑”。例（4）中“过”若读轻声，为动态助词，“爬过山”意谓“参加过爬山活动”；“过”若重读，为动词，“爬过山”意谓“越过山顶”、“翻过山头”。

二、由内部屈折引起的歧义

(5) 她不要钉了。
(6) 这个地方没有缝。
(7) 你可能不知道，她有点儿难处。
(8) 这些人没有活路，于是就干起了偷鸡摸狗的勾当。

例（5）中“钉”若读阴平，表“钉子”，“要钉”为动宾关系，意谓“希望得到钉子”；“钉”若读去声，表“钉钉子”，“要钉”为偏正关系，意谓“想要钉钉子”。例（6）中“缝”若读阳平，表“用针线将原来不在一起的东西缝上”，“没有缝”为偏正关系，意谓“没用针线缝好”；“缝”若读去声，表“缝隙”，“没有缝”为动宾关系，意谓“不存在缝隙”。例（7）中“难处”的“处”若读去声，则表“困难”；“有点儿难处”为动宾关系，意谓“碰到了一些困难”；“难处”的“处”若读上声，则表“不容易相处”，“有点儿难处”为偏正关系，意谓“不很容易相处”、“相处时会有一些麻烦”。例（8）中“活路”的“路”若读去声，则表“能够生活下去的办法”，“没有活路”意谓“无法生存下去”；“活路”的“路”若读轻声，则表“各种体力劳动”；“没有活路”意谓“找不到活儿干”。

三、由语音停顿的差异引起的歧义

(9) 十二加三乘以五等于多少？
(10) 由于孩子不适当地浇水，那些果苗全死了。
(11) 他们三个一组，去下岗工人家庭作调查。
(12) 请大家放心，我们会考虑安排这些事情的。①

例（9）从书面文字来看，具有多解性：若在“三”后停顿，则等于七十五；若在“加”后停顿，则等于二十七。例（10）若在“地”后停顿，则说明浇水是一种不合适的举措，因为孩子浇了水，所以导致果苗死亡；若在

① 例（9）~例（12）这类情形的歧义，不少人可能会归为“与句法结构关系相关的歧义”，这自然也是有其道理的，但我们认为，其句法结构关系的多解性说到底还是由于语音停顿的不同造成的。而且，这类歧义只发生在书面语中，到了口语中则没有歧义，这更反映出语音问题在这类歧义形成或消除中的作用。类似的还有如“这个人，别人说他不行，我说他行”、“照片可以放大一点”、“你一定要替他安排好工作”等等。

“不”后停顿，则要看“不”否定的是谁，或叫作“语义指向谁”；若否定的是“浇水”，则说明浇水是一种合适的举措，而孩子没浇水；若否定的是“适当”，则说明浇水必须掌握分寸，而孩子由于浇水不当，导致果苗死亡。例(11)若在“他们”后停顿，则表示“他们”一群人按三个人一组的方式出去调查；若在“三个”后停顿，则表示“他们”一共才三个人，组成一个小组后出去调查。例(12)中若在“考虑”后停顿，则“安排这些事情”就成为“考虑”的对象、内容，“考虑”同“安排这些事情”构成动宾关系；若在“安排”后停顿，则“考虑”同“安排”构成联合关系，意谓“考虑并且安排”，“考虑安排”同“这些事情”构成动宾关系。

第二节　与词(语)义问题有关的歧义

现代汉语词义组合中的一部分歧义主要是由词(语)的多义性或多功能性引起的。这类歧义与前面我们所讨论的语音问题引起的歧义有所不同，那就是它们并不受书面语的限制，即使在口语中也依然存在歧义。

一、词的多义性引起的歧义

(13) 你别急，我去买饭。
(14) 来的多半是苏州大学文正学院的学生。
(15) 曹教授上街向摆摊的农民买了一扎豇豆。
(16) 这八辆大卡车清一色装的全是炉渣。

例(13)中“饭”有三个意义：一是指煮熟的谷类食品；二是特指大米饭；三是指每天定时吃的食物，句中“饭”所指不明确。例(14)中“多半”有两个意义：一个表数量概念，释作“大半；超过半数”；一个表推测，释作“大概；也许”，所以例(14)可以理解为“来的大多数是苏州大学文正学院的学生”，也可以理解为“来的大概是苏州大学文正学院的学生”。例(15)中曹教授买的“一扎豇豆”，可以是一扎豇豆苗，买回去种植搞试验，也可以是一扎豇豆的果实——嫩荚，买回去炒来吃，因为“豇豆”便有这两个意义。类似的如“茄子、黄瓜、番茄、马铃薯、甘薯、甘蔗、南瓜、冬瓜”等都会因为有两个意义而引起歧义。例(16)中这八辆卡车装的可能是“冶炼时杂质经氧化与金属分离形成的渣滓”，也可能是“煤燃烧后结成的焦渣”，前者可以用来制作炉渣水泥、炉渣砖、炉渣玻璃等，而后者则可以铺路，铺就的路俗称煤屑路。

二、短语的多义性引起的歧义

（17）这孩子样样都好，就是不会说话。
（18）老张家的小颖哪，就是因为嘴不好，到现在还没有婆家。
（19）大家都说他手长，我倒没发觉。
（20）她喜欢走后门，我可从来不走。

例（17）中，“不会说话”有两种含义：一是指“不擅长表达”，即口拙；一是指“根本不能说话”，即哑巴。例（18）中，“嘴不好”也有两种含义：一是指“说话刻薄”，即嘴尖；二是指一种生理缺陷——唇裂，即豁嘴，也叫兔唇。例（19）中的“手长”，可以理解为“手臂的长度超过一般人”，中国民间以为是富贵相；也可以理解为“平时爱小偷小摸”。例（20）中的“走后门”，可以理解为“通过托情、行贿等不正当手段达到某种目的”，也可以理解为“不从前门走，而从后门走”。

三、词的多功能性引起的歧义①

（21）请告诉小青，我的饭不热了。
（22）依我看，地还是不平整的好。
（23）你瞧，他们兄弟俩在那里呢，一个在上，一个在下。

例（21）中，“热”既可以作形容词，这时的“热”的词义是“温度高”，不热了意谓“凉了”；“热”又可以作动词，这时的“热”的词义是“使热；加热”，“不热了”意谓“不用加热了”。例（22）中，“平整”为形容词时，可以释为“平坦整齐”；“平整”为动词时，可以释为“填挖土方使土地平坦整齐”。前者是说，“地还是凹凸不平的好”，后者是说“地还是去

① 词的多功能性往往带来词的语法意义的多样性，而不少词的语法意义时间久了往往会沉淀在词的理性义中，形成理性义中的结构义（参见第二章第一节“一”），所以多功能性往往同多义性纠缠在一块，有鉴于此，我们将由词的多功能性引起的歧义放在“与词义问题有关的歧义”这部分中来讨论。

平整一下的好”。例（23），当“在”为动词，表示“人或事物的位置”的意义时，“上”、“下”均为方位名词，分别表示“位置在高处的”、“位置在低处的”之义；当“在”为副词，表示“正在”的意义时，“上”、“下”均为动词，分别表示“由低处到高处”、“由高处到低处”之义。

第三节　与词（语）形问题有关的歧义

所谓词（语）形问题，是指词（语）的书写形式问题。有些意义迥然有别的词语，不但读音相同，甚至连书写形式也相同，这种情况也会引起词义组合中的歧义。

一、词的书写形式相同引起的歧义

（24）站在山顶俯瞰，只见漫山遍野的丁香迎风摇曳，空气中弥漫着沁人的芳香。

（25）此地盛产白头翁，山民家家户户都养，所以随处可见。

（26）他的牙床有问题，你最好去看看。

（27）你断了他的香烟，他哪能不跟你急？

例（24）中的“丁香”是书写形式相同的两个词，一种是观赏性植物，也叫紫丁香，是落叶灌木或小乔木，花紫色或白色；一种是实用性植物，为常绿乔木，花淡红色，可入药，种子可以榨丁香油，用做芳香剂。例（25）中的“白头翁”也是书写形式相同的两个词，一为鸟类，一为多年生草本植物。[①] 例（26）中的“牙床”也是词形相同的两个词，其一指的是齿龈，其二指的是一种家具——床。[②] 例（27）中的“香烟”，其一指的是“香火”，“断了香烟”意谓“断绝了后代”、“绝了根”，其二指的是“卷烟”，“断了香烟”意谓“不供给卷烟”、“切断了获取卷烟的渠道”。

---

① 详见第八章第一节“二”例（5）。

② 详见第八章第一节“二”例（1）。

二、词与短语同形引起的歧义

(28) 这孩子手大，将来会有出息的。
(29) 你难道不知道他为什么头痛吗？
(30) 他哭着闹着，原来是要烙饼。
(31) 听我的话，你最好不要伸手。

例（28）中“手大”可以是短语，表“手的大小超过常人”；也可以是词，表“花钱不在乎”。例（29）中“头痛”可以是短语，表“头部疼痛”；也可以是词，表“为难”。例（30）中，“烙饼”可以是短语，表“把生的面饼放在烧热的铛或锅上加热使熟”；也可以是词，表“烙成的饼”。“烙饼”为短语时，“要”为助动词，表“做某件事的意志”，“要烙饼”为偏正短语；“烙饼”为词时，“要”为一般动词，表“希望得到”，“要烙饼”为动宾关系。例（31）中“伸手”可以是短语，表“伸出手”；也可以是词，表“向别人或组织索要东西、荣誉等”。

第四节　与句法结构关系相关的歧义

现代汉语词义组合中的一部分歧义同语音问题无关，同词义问题也无关，而是由于词与词之间存在着不止一种的语法关系所造成的。

一、由结构关系的多解性引起的歧义

(32) 下面那根长三寸。
(33) 关于学习文件的事，以后就不要再提了。
(34) 凡是我校的学生家长都要参加这个会议。
(35) 下放干部一定要注意工作方法。

例（32）中的“长三寸”既可以构成主谓关系，意谓“长度为三寸”；也可以构成动宾关系，意谓“长度上多出三寸”。例（33）中的“学习文件”既可以构成偏正关系，意谓“供学习用的文件”、“需要加以学习的文件”；也可以构成动宾关系，意谓“阅读、研究文件”、“对文件加以学习”。例

(33) 中的“学生家长”既可以构成偏正关系，意谓“学生的家长”；也可以构成联合关系，意谓“学生和家长”。例（35）中的“下放干部”既可以构成动宾关系，意谓“将干部下放”；也可以构成偏正关系，意谓“下放的干部”。

二、由层次关系的多样性引起的歧义

(36) 你这次出国考察，一定要摸清西欧的石油的价格。
(37) 患病人群主要分布在安徽和江苏的北部。
(38) 我是在楼梯口碰到刚刑满释放回来的杨兴林的哥哥的。

例（36）中“西欧的石油的价格”存在着两种层次关系，一种是“西欧”同“石油的价格”构成直接成分，一种是“西欧的石油”同“价格”构成直接成分。前者，“石油”可以是西欧的，也可以不是西欧的；而后者中的“石油”则肯定是西欧的。例（37）中“安徽和江苏的北部”，若第一层切分在“安徽”同“江苏的北部”之间，则是指“安徽全省和江苏的北部地区”；若第一层切分在“安徽和江苏”同“北部”之间，则是指“安徽和江苏两省的北部地区”。例（38）中，“刚刑满释放回来的杨兴林的哥哥”既可以在“杨兴林”之前作第一层次的切分，那么“刑满释放回来的”就是杨兴林的哥哥；也可以在“哥哥”前作第一层次的切分，那么“刑满释放回来的”便是杨兴林了。

第五节　与深层语义关系相关的歧义

现代汉语的词义组合中，很多时候，表层结构和深层结构是同步一致的，如在“那位批评了小王的老师”这个组合中，“批评”是动作，“小王”是动作的受事，“老师”是动作的施事，三者的深层语义关系同表层语义关系是一致的、同步的。即使深层语义关系有歧义，也会在表层的结构层次关系中表现出来，如在“批评了小王的老师”这个组合中，“老师”既可以是施事，也可以是受事，“小王”既可以是受事，也可以是领属，这种深层语义关系的歧义，反映在表层的结构层次关系上就是：可以在“批评了小王的”后面作第一层次切分，这是个偏正短语；可以在“批评了”后面作第一层次切分，

这是个动宾短语。这就是我们在前一节讨论的“与句法结构关系相关的歧义”。但是，需要指出的是，并非所有的深层语义关系都可以通过表层结构层次的分析捕捉得到，尤其是当深层语义关系明明有歧义而在表层结构层次关系中又得不到反映时，我们就不可能从表层结构层次关系的不同分析中去发现这种歧义。这种在句法结构关系层面得不到反映的较为隐秘的歧义就是我们下面所要讨论的“与深层语义关系相关的歧义”。

一、深层语义关系不同引起的歧义

（39）由于通知的人搞错了，会议只好改期。
（40）他呀，连我也不认识了。
（41）前面不远处就有一家妇女理发店。
（42）姐姐又去吹风了。

例（39）中“通知的人”有两种深层语义关系：一种是动作（通知）同受事（人）的关系。另一种是施事（人）同动作（通知）的关系，前者说的是被通知开会的人搞错了，后者说的是通知别人开会的有关人员搞错了。例（40）中，“他”可以是施事，“我”则成了受事，意思是说“他竟然不认识我了”；“他”也可以是受事，而“我”则成了施事，意思是说“我竟然认不出他了”。例（41）中的“妇女理发店”，既可以理解为理发师清一色全为妇女的理发店——服务对象可男可女，也可以理解为专门为妇女服务的理发店——理发师不一定是妇女，有可能全为男子。例（42）中，“姐姐”可以是施事，意思是说“姐姐为顾客吹风”；也可以是受益者，意思是说“姐姐又去理发店或美容院让理发师或美容师为自己吹风”。①

二、副词或副词性短语语义指向不同引起的歧义

（43）这些点心同学们都吃了。
（44）他喝完了一壶酒后才说了一句话。
（45）战士们在城楼上发现了敌人。
（46）吴工程师在水中做试验。

① 详见拙作：《关于施事格、受益格歧义句的考察》，《南京师大学报》1993 年第 4 期；又载中国人民大学书报资料中心：《语言文字学》1993 年第 12 期。

例（43）中副词“都”的语义可以指向“点心”，意思是说“同学们把点心全部吃完了，但也许每个同学都吃到了，也许有的同学没吃到”；“都”的语义也可以指向“同学们”，意思是说“每一位同学都吃了点心，但点心也许没吃完，还有多余，也许吃完了。”例（44）中副词“才”的语义若指向“说”，则表示“说的动作发生得晚，好长时间之后才开始说话”；“才”的语义若指向“一句话”，则表示“说的话少，这么长时间之后，仅仅说了一句话”。例（45）中，副词性的介宾短语“在城楼上”的语义若指向“战士们”，则表示“战士们在城楼上，而敌人则不一定在城楼上”；若指向“敌人”，则表示“敌人在城楼上，而战士们则不一定在城楼上”。例（46）中，介宾短语“在水中”的语义若指向“吴工程师”，则表示“吴工程师在水中，试验则不一定在水中做”；若指向“做试验”，则表示“试验在水中做，但吴工程师则不一定在水中”。

第六节　歧义现象的复杂性

上面，我们就歧义产生的原因对现代汉语书面语中的歧义现象作了大致的分类。其实，有的时候，产生歧义的原因是多方面的，从类型上来看，具有一定的骑墙性。如：

（47）看见了她的男人非常紧张。①

例（47）的歧义首先是由语音停顿的差异引起的。若在“她”之前停顿，则“她的男人非常紧张”为“看见了”的宾语；若在“非常”之前停顿，则仍有歧义。这时的歧义则属由结构关系的多解性引起的歧义：“看见了她的男人”和“非常紧张”既可以构成主谓关系，也可以构成连动关系，前者的意思是说“男人看见她，所以显得非常紧张”，后者的意思是说“某个女子看见了自己的丈夫之后，显得非常紧张”。因此，例（47）既包含“与语音问题有关的歧义”，也包含“与句法结构关系相关的歧义”，从类型上来说，是跨类的。

现代汉语中歧义现象的复杂性，不仅表现在歧义类型上的骑墙性，还表

① 此例引自吴新华：《语法修辞阐微》，江苏教育出版社，1991年，第21页。原书中的引例为“看见他的女人非常高兴”，今仿改。

现在有一些歧义现象的暂时无法归类上。如：

(48) 这位广州来的知青干了一天的活。①

例(48)中的“一天”既可以极言其多，表示这位广州来的知青能吃苦、很积极、拼命干活、干了一整天的活；也可以极言其少，表示这位广州来的知青怕吃苦，极少干活，前前后后算起来总共只干了一天的活。有人认为例(48)的歧义是由“一天”的多义引起的，②我们认为并非如此，“一天”本身只表一个时段，并不包含长短多少的意义。类似的还有如：

(49) 黄书记开了三天的会。
(50) 这个地方打了一个月的假。
(51) 他讲了一天的课。

均属同例(48)一样的歧义，既可极言其多、其长，又可极言其少、其短。这种歧义的归类似有待于作进一步的研究。

思考与探索之十五

词义组合中的歧义问题既是个语法问题，也是个词义问题。

关于现代汉语词语组合中的歧义问题的讨论是现代汉语语法学中的热门话题，但不是现代汉语词义学中的热门话题。

我们这样说的依据是，几乎所有的语法学著名学者均撰写过有关歧义问题研究的论文，均参与过有关歧义的讨论，但其中很难看到词义学研究者的身影。

20世纪60年代以来所发表的关于歧义问题讨论的论著数以百计，其中属于词义研究者的只有石安石的《说歧义》，许德楠的《实用词汇学》第九章“词语的歧义”、詹人凤的《现代汉语语义学》第十三章“歧义与歧义的识别”以及本章的讨论，其余的均为语法学者的讨论。现代汉语词义学或词汇学的著作里一般均不谈这个问题，有的著作可以谈词义的组

---

① 此例引自文炼、允贻：《歧义问题》，黑龙江人民出版社，1985年，第29页。原书中的引例作“他干了一天活”，今仿改。

② 文炼、允贻认为：“一天可以表示整整一天，说明他工作的勤奋；又可表示这‘一天’是与二天三天相对而言的，也许是指一周中干了一天活，那么说明他工作的懒惰。”所以将之归在“如果多义词在句子中有几种意义可讲，那就出现了歧义”这一类中。详见《歧义问题》，第29~30页。

合，词义组合中义位的变异，但就是不谈歧义问题。

我们先来看看词义研究者关于现代汉语词义组合中的歧义问题的讨论。

石安石的《说歧义》和许德楠的《实用词汇学》第九章“词语的歧义”是20世纪80年代词义研究者关于现代汉语词义组合中的歧义问题的讨论。

石安石《论歧义》是80年代歧义问题研究中最为精彩的文章之一，也是石安石语义研究系列论文中最为精彩的一篇。在这篇文章中，作者讨论了研究歧义问题的意义，歧义与多义、双关等的区别，歧义与模糊的区别，歧义与笼统的区别，词汇歧义与词语间语义关系歧义的区别，语言学探讨的歧义的范围，形成歧义的“同形”的界定，歧义的类型，歧义的格式等九个方面的问题①。对于歧义问题这么深入的讨论，在80年代是比较罕见的。

许德楠《实用词汇学》第九章“词语的歧义”一上来就说：“探讨词的意义，不能不涉及词的歧义问题。”接着便讨论了语境歧义词语、偏正或同位关系歧义词组、偏正或述宾关系歧义词组、双宾或单宾关系歧义词组、偏正层次关系歧义词组以及主动与非主动的歧义等六种歧义现象②。该第九章总共3 000来字，因此基本以罗列现象为主，讨论极少，几乎没有什么展开。

詹人凤的《现代汉语语义学》第十三章“歧义与歧义的识别”与本章的文字是90年代词义研究者关于现代汉语词义组合中的歧义问题的讨论。

詹人凤《现代汉语语义学》第十三章“歧义与歧义的识别”共分三小节。第一节“歧义是一种普遍现象”共讨论了“什么是歧义”、“词汇性歧义”、“组合性歧义”等三个问题。第二节“歧义与语境”共讨论了“上下文语境对歧义的作用”、“社会情景语境对歧义的作用”、“社会心理、文化背景、生活习俗对歧义的影响”等三个问题。第三节“歧义结构的识别”共讨论了“歧义现象的识别”、“受事主语的性质及构成”、“受

① 石安石：《说歧义》，《中国语言学报》1988年第3期。

② 许德楠：《实用词汇学》，北京燕山出版社，1990年，第95~99页。从该书作者的“前言”来推断，该书正文当写作于1989年8月之前，因此我们这里将该书第九章歧义问题的讨论作为20世纪80年代词义学研究者的有关讨论。

事主语中谓语动词的性质”、“谓语结构中的附加成分”等四个问题①。上述这些讨论，总体上是总结性的，因为到了20世纪90年代后半期，语法学界关于词语组合歧义的讨论已如火如荼地展开，文中讨论的现象此前均已为语法学者所关注。

与词义学界的冷淡形成强烈对比的是国内语法学界对词语组合歧义问题的持久的探索热情，从20世纪60年代起至今，这种热情始终没有降温过，歧义问题研究成为汉语语法学界一个持续了几十年的热门话题。

关于语法学者们对词语组合中歧义问题的讨论在这里无法一一细说，我们只能拣其荦荦大者罗列一下而已。

在20世纪60年代，国内讨论现代汉语词语组合中的歧义现象最有影响的成果是朱德熙的《论句法结构》。全文依次讨论了语法构造的层次性、层次分析、语法形式、狭义同构、广义同构、异类同构、同型结构、变换等八个方面的问题②。其中的“咬死了猎人的狗”、“山上架着炮”等均已成为讨论歧义的经典例子。

到了20世纪70年代，国内研究歧义现象的文章有所增多，比较有影响的成果有朱德熙的《“的”字结构和判断句》(1978)、吴葆棠的《现代汉语词组歧义现象初探》(1979年)、徐仲华的《汉语书面语言歧义现象举例》(1979)、朱德熙的《汉语句法里的歧义现象》(1979)等③。

到了20世纪80年代，国内讨论现代汉语中的歧义现象的文章逐渐增多，比较重要的成果有王希杰的《节律和歧义》(1980)、吴竞存和侯学超的《现代汉语句法分析》(第六节)(1982)、沈开木的《表示“异中有同”的“也”字独用的探索》(1983)、吕叔湘的《歧义类例》(1984)、沈开木的《“不”字的否定范围和否定中心的探索》(1984)、黄国营的《现代汉语的歧义短语》(1985)、马庆株的《述宾结构歧义初探》(1985)、徐思益的《在一定语境中产生的歧义现象》(1985)、邹绍华的

① 詹人凤：《现代汉语语义学》，商务印书馆，1997年，第235~250页。

② 朱德熙：《论句法结构》，《中国语文》1962年第8期。

③ 朱德熙：《“的”字结构和判断句》，《中国语文》1978年第1、2期；吴葆棠：《现代汉语词组歧义现象初探》，《延边大学学报》1979年第1期；徐仲华：《汉语书面语言歧义现象举例》，《中国语文》1979年第2期；朱德熙：《汉语句法里的歧义现象》，《中国语文》1980年第5期。其中朱德熙的《汉语句法里的歧义现象》一文曾在1979年召开的第十二届汉藏语言学会议上宣读，朱先生在收入其《现代汉语语法研究》一书时就将写作时间标为1979年，所以我们这里将该文作为70年代的成果。

《歧义的倾向性》(1988)、王维成的《从歧义看句法、语义、语用之间的关系》(1988) 等①。这个时期还出现了研究歧义问题的第一部专著：文炼、允贻的《歧义问题》(1985)②。

到了20世纪90年代，国内对歧义现象的研究可以用空前繁荣来形容，但大多数没有多少更新的发现，值得一读的有沈家煊的《"语义的不确定性"和无法分化的多义句》(1991)、邵敬敏的《歧义分化方法探讨》(1991)、王希杰的《论多义与歧义和双关及误解和曲解》(1993)、蔺璜的《三个不同平面上的歧义现象》(1993)、曹炜的《关于施事格、受益格歧义句的考察》(1993)、柳广民的《歧义类型研究》(1994)、冯志伟《论歧义结构的潜在性》(1995)、邢凯的《歧义现象和语言的不确定性》(1997)、詹卫东《PP〈被〉+ VP_1 + VP_2 格式歧义的自动消解》(1997)、张宁的《语境等级与歧义》(1998) 等③。这个时期也出现了一本半讨论歧义的著作：一本是吴英才、李裕德的《现代汉语的歧义》；还有半本是吴新华的《语法修辞阐微》，该书共分两部分：第一编是"书面歧义探讨"(共分四章)，第二编是"语法修辞散论"(共分四章)，各占一半篇幅。④

进入新世纪以来，国内语法学界关注歧义现象的热情不减，但重复研

---

① 王希杰：《节律和歧义》，《汉语学习》1980年第5期；吴竞存和侯学超：《现代汉语句法分析》(第六节"同形结构")，北京大学出版社，1982年；沈开木：《表示"异中有同"的"也"字独用的探索》，《中国语文》1983年第1期；吕叔湘：《歧义类例》，《中国语文》1984年第5期；沈开木：《"不"字的否定范围和否定中心探索》，《中国语文》1984年第6期；黄国营：《现代汉语的歧义短语》，《语言研究》1985年第1期、马庆株：《述宾结构歧义初探》，《语言研究》1985年第1期；徐思益：《在一定语境中产生的歧义现象》，《中国语文》1985年第5期；邹绍华：《歧义的倾向性》，《求是学刊》1988年第5期；王维成：《从歧义看句法、语义、语用之间的关系》，《语言教学与研究》1988年第1期。

② 文炼、允贻：《歧义问题》，黑龙江人民出版社，1985年。

③ 沈家煊：《"语义的不确定性"和无法分化的多义句》，《中国语文》1991年第4期；邵敬敏：《歧义分化方法探讨》，《语言教学与研究》1991年第1期；王希杰：《论多义与歧义和双关及误解和曲解》，《延安大学学报》1993年第3期；蔺璜：《三个不同平面上的歧义现象》，《语文研究》1993年第3期；曹炜《关于施事格、受益格歧义句的考察》，《南京师大学报》1993年第4期；柳广民：《歧义类型研究》，《广西社会科学》1994年第6期；冯志伟：《论歧义结构的潜在性》，《中文信息学报》1995年第4期；邢凯：《歧义现象和语言的不确定性》，《南开学报》1997年第3期；詹卫东：《PP〈被〉+ VP_1 + VP_2 格式歧义的自动消解》，《中国语文》1997年第6期；张宁：《语境等级与歧义》，《汉语学习》1998年第1期。

④ 吴英才、李裕德：《现代汉语的歧义》，宁夏人民出版社，1993年版；吴新华：《语法修辞阐微》，江苏教育出版社，1991年。

究的成果日增，值得一读的有施春宏的《歧义现象的演绎分析》（2000）、杨亦鸣的《试论“也”字句的歧义》（2000）、袁毓林的《流水句中否定的辖域及其警示标志》（2000）、尤庆学的《歧义度的调查与分析》（2000）、张亚旭的《词汇歧义消解的认知研究——理论、方法与现状》（2000）、詹卫东的《面向中文信息处理的现代汉语短语结构规则研究》（第四章和第五章）（2000）、刘宇红的《心理空间理论与词汇歧义》（2002）、李芳杰、冯雪梅《语义结构与歧义分解》（2002）、李宗宏《词汇语用学和语言歧义性探索》（2006）等①。

关于国内外歧义研究的基本情况，可以参阅戴黎刚的《现代汉语歧义研究述评》一文②。不过需要指出的是，该文在引用文献时有些粗疏。如朱德熙的《汉语句法里的歧义现象》一文，明明发表在《中国语文》1980年第5期，文中却说成《中国语文》1962年第8～9期；石安石的《说歧义》一文，是发表在1988年出版的《中国语言学报》第3期上的，文中却说成《中国语言学报》1989年第3期。所以，研究生同学使用其中所引的文献资料时务必要去一一核对原作。

歧义无处不在，相信歧义问题作为一个热门话题的状况还会持续下去。但愿这一片天空，不是全属于语法研究者的；词义研究者不但应该分享，还应该后来者居上，在这一片天空下写下瑰丽的篇章。

本章可以着手的论题

（1）词义在汉语句法结构歧义中扮演的角色研究

（2）“名＋的＋名”组合中词义对歧义的制约研究

（3）“动＋名”组合中词义对歧义的制约研究

---

① 施春宏：《歧义现象的演绎分析》，《语言教学与研究》2000年第1期；杨亦鸣：《试论“也”字句的歧义》，《中国语文》2000年第2期；袁毓林：《流水句中否定的辖域及其警示标志》，《世界汉语教学》2000年第3期；尤庆学：《歧义度的调查与分析》，《汉语学习》2000年第5期；张亚旭：《词汇歧义消解的认知研究——理论、方法与现状》，《北京师大学报》2000年第5期；詹卫东：《面向中文信息处理的现代汉语短语结构规则研究》（第四章、第五章），清华大学出版社，2000年；刘宇红：《心理空间理论与词汇歧义》，《外语学刊》2002年第1期；李芳杰、冯雪梅：《语义结构与歧义分解》，《武汉大学学报》2002年第6期；李宗宏：《词汇语用学和语言歧义性探索》，《宁夏大学学报》2006年第6期。

② 戴黎刚：《现代汉语歧义研究述评》，《北方论丛》2004年第3期。

(4)“动 + 得 + 形”组合中词义对歧义的制约研究
(5)“动 + 的 + 是 + 名”组合中词义对歧义的制约研究
(6)“动 + $名_1$ + 的 + $名_2$”组合中词义对歧义的制约研究
(7)“在 + 名 + 动 + 名”组合中词义对歧义的制约研究
(8) 语音与歧义的关系再研究
(9) 改革开放以来关于词汇歧义的研究
(10) 句法结构歧义中词义可能出现的变异

Xian DAI Han yu CI YI XUE

第十六章 现代汉语词义研究的现状及展望

第一节　现代汉语词义研究的窘迫现状

我们之所以在“现状”前加上“窘迫”二字，一者是对目前现代汉语词义研究状况的客观描写、忠实记录，二者也是希望唤起语言学界的同仁们更多地关注这一亟须投入、亟待开发的领域。

冰冻三尺，非一日之寒，现代汉语词义研究的这种窘迫的现状也是长久而形成的。

早在20世纪80年代中期，朱德熙、陆俭明就已明确指出：“词汇研究一直是个薄弱环节，特别是词义的研究更薄弱。”① 80年代末，刘叔新在其《汉语描写词汇学》一书的“序”中更是进一步指出：“自共时语言学兴起以来，对语言的研究大多注重于语音和语法，词汇则似乎被漠视。以现代汉语来说，语法方面不仅有一支人数颇为可观的研究队伍，而且研究得比较深入，成果相当显著。但是词汇方面却很少有人专门研究或深入探讨，显得十分冷清。汉语词汇中的许多现象和问题，大率只有泛泛的一般观察，只有比较简单和表面的认识。”② 然而，令人感到遗憾的是，十多年过去了，时至今日，现代汉语词汇研究——尤其是词义研究的这种“冷清”的局面并未有多大的改观，这一领域依然笼罩在一片萧条寂寥的气氛中。

一、缺乏一批具有方法论意义的突破性成果

虽然晁继周在回顾半个世纪的现代汉语词义研究的基本状况时，分别从五个方面介绍了这个领域的一批代表性成果③，给人的感觉是：成果颇丰；虽然符淮青在勾勒“70年代中期、80年代以来的现代汉语词汇研究”的概貌

① 见朱德熙、陆俭明：《现代汉语研究现状和发展》，载《现代汉语语法研究的现状和回顾》，语文出版社，1987年。

② 见刘叔新：《汉语描写词汇学》，商务印书馆，1990年。

③ 见晁继周：《二十世纪的现代汉语词汇学》，载《二十世纪的中国语言学》，北京大学出版社，1998年。晁氏从五个方面来介绍二十世纪现状汉语词义研究的概况，这五个方面依次是：“从训诂学到现代词义研究”、“词义的性质”、“词义的演变”、“同义词、反义词研究”、“词义分析方法的新探索”等。

时，也详细介绍了一批重要的专著论文[①]，给人的感觉依然是：成果颇为可观；但是，当我们一旦从中跳将出来，将这些代表性成果置于整个现代汉语研究所取得的全部重大成果的大范围中来考察，我们难免会为此感到赧颜，甚至有些泄气——同现代汉语语法研究相比，现代汉语词义研究的成果是那样的微不足道，两者无论在数量上还是质量上均有天壤之别。走过了半个世纪的现代汉语词义研究依然回避不了这样的一个事实：缺乏一批具有方法论意义的突破性成果，如朱德熙的《说“的”》、《论句法结构》、《与动词“给”相关的句法问题》和《“在黑板上写字”及相关句式》等。个中的原因主要有：

1. 受学科本身的特点的制约。词义学科面临的窘境，不独出现在汉语学界，也出现在欧美语言学界。对此，符淮青曾有一段颇为中肯的剖析：“词汇学面对的是数量庞大的语词材料，不管是共时、历时的研究，还是专书、专类词语的研究，都要求较长的、甚至是多年的材料积累。分析词汇、词义现象，往往要求具有哲学、心理学和社会学等多方面的知识。考释词语意义要求有文字、音韵、训诂以及丰富的历史文化知识作为基础，词汇学的研究往往又要求同语法、修辞的研究结合起来，在这个领域要求更多的踏实苦干的精神，要求付出更艰辛的劳动。”[②] 事实确实如此，西方将语（词）义的研究纳入哲学的范畴，也足见词义研究的综合性及跨学科性特点；而词义研究所需的材料积累也并非能在一朝一夕之间完成。词义学科所要求的多学科协同作战以及漫长的资料储备制约了词义学科短时期内的迅猛发展。

2. 展开不充分，分布不均衡。同语法研究的全面开花相比，现代汉语词义研究的展开就显得很不充分，从而导致成果分布很不均衡。其中用力相对较勤，成果也相对较多的，主要有词义的性质研究，同义词、反义词及与此相关的词的色彩义的研究，词义引申问题的研究，词义演变问题的研究等。[③]

---

① 见符淮青：《汉语词汇史》，安徽教育出版社，1996 年，第 144～206 页。符氏在这里详细介绍、评述了十一本“综论现代汉语词汇的专著”，它们依次是《词语的知识和运用》（李行健、刘叔新）、《词汇学简论》（张永言）、《汉语词义简析》（朱星）、《词义和释义》（孙良明）、《现代汉语词汇概要》（武占坤、王勤）、《词汇漫谈》（徐青）、《汉语词汇研究》（葛本仪）、《词汇》（郭良夫）、《现代汉语词汇》（符淮青）、《汉语描写词汇学》（刘叔新）、《实用词汇学》（许德楠）等。同时分七个专题介绍有关科研成果，其中三个属词义研究，依次是：“同义词研究”、“反义词研究”、“词义模糊性问题探讨”。

② 见符淮青：《汉语词汇学史》，第 400 页。

③ 此外，还有词的释义问题研究，由于此类问题的探讨均是依附在词典编纂问题的研讨中的，属于词典编纂学范畴。而“词典编纂、词典编纂学不等于词汇学”（符淮青语，《汉语词汇史·前言》），所以这里就不作为词义研究的主要问题而加以罗列。

热点少且集中，一些问题被翻来覆去地谈论，炒冷饭者居多，有所开拓创新的少。一些问题，你不问津，我也不涉足，从而造成一些个真空地带，如现代汉语中单义词、多义词的分布状态，现代汉语词义同（语）素序的关系，现代汉语词义同内部屈折的关系，现代汉语词义的个性特征；虚词的词义状况，名词、动词、形容词以外的词的义素分析等。

3. 国内学术界重视不够。毋庸讳言，国内学术界对现代汉语词义研究的重视是颇不够的。现代汉语语法的全国性学术会议从1980年开始，开了一届又一届，好不热闹，而现代汉语词义学的全国性学术会议，则至今未有所闻。1993年，在引颈企盼中，召开了首届全国现代汉语词汇学术讨论会，从其会议论文集《词汇学新研究》来看，有不少是属于词义学的论文①，但那终究是词汇学的研讨会，而不是词义学的。

国内学术界对现代汉语词义研究的不够重视，也可从国内发行的各类汉语言文字学核心期刊所发论文中现代汉语词义学论文所占的极小的比例中得到进一步的证实。就以国内目前最具权威的《中国语文》近三年刊发的文章为例：1998年，《中国语文》共刊发文章101篇，其中没有一篇是讨论现代汉语词义的；1999年，《中国语文》共刊发文章93篇，其中同样没有一篇是专论现代汉语词义的，只是在“语文辞书编纂问题探讨”栏目中的2篇文章里涉及一些词义学问题②；2000年，《中国语文》共刊发文章84篇，其中专论现代汉语词义的论文有3篇③，另有2篇讨论语文辞书编纂问题的文章也较多地涉及了词义问题④。这虽然是一个了不起的突破，但所占比例依然极小，只有3.6%，倒是香港中国语文学会主办的一份刊物《词库建设通讯》自1993年7月创刊至今已发表了一批讨论现代汉语词汇问题文章，其中有一些涉及词义问题，尽管大多篇幅较短，但却颇富启发性。

---

① 《词汇学新研究》共收录论文20篇，其中现代汉语词义学论文8篇，占40%。

② 一篇是张志毅、张庆云的《现代语文辞书的整体观》，其中谈到了掌握底层义场（即最小语义子场——本书作者案）对词义（义位）解析的重要意义以及词义解释中释词与被释词的一致性问题等；另一篇是胡中文的《汉语词语的表达色彩与语文辞书的释义规范》，其中谈到了《现代汉语词典》在表述词语的色彩义时所使用的四种方式以及我国现有各类辞书在这个问题上的疏失。

③ 这3篇论文中，有1篇是补白性的短文：王森的《“抢$_2$”的释义有待完善》，另外2篇是：符淮青的《同义词研究的几个问题》和张志毅、张庆云的《柏拉图以来词义说的新审视》。

④ 一篇是谭景春的《词的意义、结构的意义与词典释义》，全文共分两个部分，第一部分讨论词义和结构义，第二部分讨论词典释义中对结构义的处理。另一篇是苏新春的《当代汉语变化与词义历时属性的释义原则》，文章中涉及了对词义的时代色彩的正确表述问题。

二、缺乏一支阵容强大且比较稳定的科研队伍

现代汉语词义研究的窘迫现状的又一大表现是缺乏一支阵容强大且比较稳定的科研队伍。

说起现代汉语语法研究，我们情不自禁地会想到社科院语言所的吕叔湘、李临定、廖秋忠、徐枢、沈家煊、施关淦、张伯江等，想到北京大学的朱德熙、陆剑明、袁毓林、沈阳、郭锐、马希文、胡壮麟以及在京的其他院校的赵金铭、崔永华、胡明扬、史有为等，会想到南开大学的马庆株、邢欣等，会想到复旦大学的胡裕树、范晓、陆丙甫等，会想到上海师大的张斌、范开泰、张谊生和华东师大的邵敬敏[①]等，会想到华中师大的邢福义、李宇明、萧国政等，可谓人才济济，阵容强大。而现代汉语词义研究的队伍又在哪儿呢？除了用力较勤、成果较多、影响也较大的北京大学的符淮青、南开大学的刘叔新外，有一定影响且能被人想到的还有多少呢？烟台师院（今鲁东大学）的张志毅是一位，南开大学的周荐是一位，河北师大的苏宝荣是一位，北京大学的石安石（已故）是一位、贾彦德（已故）是一位，哈尔滨师大的詹人凤是一位，山东师大的孙良明是一位，天津师大的朱星（已故）是一位，厦门大学的苏新春是一位，实在是寥寥无几。而且，从严格意义上讲，孙良明、朱星、苏新春还不能完全算作是从事现代汉语词义研究的学者，因为他们在讨论词义问题时，往往是以从先秦到现代的整个汉语词义状况为考察对象的，在对有些问题进行论证时，还更多地从古代汉语的词义系统中寻找依据和材料，像苏新春的《汉语词义学》，基本上是以古代汉语词义系统作为自己的研究主体的。当然，即使这三位算在里头，这阵容也是同语法研究那一块不可同日而语的。若再将主要研究普通词汇学的张永言（四川大学）、王德春（上海外国语学院）以及主要研究现代汉语词汇的葛本仪（山东大学）、王勤（湘潭大学）、武占坤（河北大学）等也拉将进来，情形也依然没有改变。

而且，从年龄结构来看，除了周荐、苏新春尚属 50 岁以下的中年学者外，其余健在的均为 60 岁以上的老年学者，队伍已十分老化，培养后续力量迫在眉睫。所以符淮青在《汉语词汇学史·结语》中呼吁："为了学科的发展，希望学术上多做提倡引导，吸引更多的后来者。"并相信："词汇学的发展总的受社会需要、社会条件的制约，但人们的主观努力，对学科发展的速

① 现在暨南大学中文系任教。

度、深度、方向又有明显的作用。”①

学术队伍的强大同学术队伍的稳定密切相关。前面我们已经谈及，现代汉语词义研究由于学科本身的特点的制约，短时期内难以有快速的进展和重大的突破，在同样多的时间内，从事语法研究可能会比从事词义研究更能出成果、出有较大影响的成果，这可能会或多或少影响词义研究队伍的稳定。刘叔新在给他的学生周荐（之）的论文集《词语的意义和结构》所写的“序言”中有一段语重心长的话，兹录如下：

目前，社会上什么都讲钱。学人们不仅在经济生活上面临威胁，而且为无力支付著作出版费用而慨叹。其中有不少已因此而抛开学术，或“下海”，或另谋出路。在这种学术危机和社会压力下，我很希望荐之能表现坚强，固守治学的岗位，不受拜金世俗所惑。愿他能和许多知识分子中坚一样，安贫乐道，志趣不移。这也是我愿与他共勉的。我想，汉语语言学，尤其是汉语词汇学，很需要像荐之这样一代年青的学者去深入开掘。年岁大的学者们寄望于他们接好班，超过前辈，创造出大得多的成绩。②

但愿所有已经从事或将要从事现代汉语词义研究的中青年学者能以此共勉。

第二节　现代汉语词义研究展望

一、现代汉语词义研究中需要深入探讨的问题

符淮青曾提供了近一些年来现代汉语词汇研究领域出现的五个新的研究方向，依次是：“①词汇体系、词群的研究，从多方面探讨词汇体系的表现，词汇体系的发展，词汇各成员之间的制约作用；②词义成分、义素的分析，探讨如何使词义分析精密化，形式化；③词义单位、义项的研究，探讨词义单位的性质，划分的根据，同词典中义项划分的关系；④汉语合成词意义和语素义的关系，探讨语素在构词中意义性质的变化；⑤词义和词组合能力的

① 见符淮青：《汉语词汇学史》，第400~401页。
② 见刘叔新：《词语的意义和结构·序言》，天津古籍出版社，1994年。

关系，把词义和词的分布结合起来分析，一定程度上把词汇研究同语法研究结合起来。”并认为“这些方面都是很有开拓价值的研究。”① 其中，除了第一个方面外，其余均属现代汉语词义研究中值得深入探讨的问题。除此之外，我们觉得，现代汉语词义研究中需要解决或进一步研究的问题还有：

1. 关于词义的本质的研究。这是20世纪遗留下来的一个尚未解决好的问题，虽然目前已有几十种说法，但都离问题的答案是越来越远了，最后问题仍未得到解决。这个问题不解决，直接影响到词义研究整体水平的提高。

2. 关于词的结构义的研究。虽然谭景春第一次运用比较的方法从释义语中离析出了一部分词的结构义②，但也只是初步的探索，涉及的词也颇有限。正如我们在第二章、第四章中所指出的那样，词的结构义极为复杂，问题远没得到彻底圆满的解决（参见第二章第一节“一”及“思考与探索之二”）。

3. 关于词义的系统性和非系统性的研究。国家社科规划办自2005年起，在连续几年颁布的“国家社科基金项目课题指南”中，关于现代汉语研究板块均有如下的表述：“语言类型学比较研究和语义系统研究较为薄弱”。关于现代汉语词义的系统性问题，以前也有过争论。几乎所有的学者均认为词义具有系统性③，而刘叔新在1985年以前，则坚持词义并不存在系统性的观点④，1985年以后，观念有所改变，认为现代汉语词义具有系统性，但“是从体系较宽的衡量尺度来说的。它并不很完善或充分。原因在于这个体系的层次性相当薄弱，或者说，层次少而又不很明显。”⑤ 由此看出，刘叔新对现代汉语词义系统性的认可还是有所保留的。现代汉语词义构成中，有系统性的东西，也有非系统性的东西，这个问题有待于作进一步的研究。

4. 关于上下义关系、类义关系的研究。国家社科规划办自2005年起至2008年，在每年颁布的“国家社科基金项目课题指南”中，关于词汇方向的课题指南均有如下的表述：“词汇方面应加强语用环境下词义变异研究和类义词的语言/方言类型研究”。对于这个倡导，词义学界反应甚为冷淡，所以时至今日，关于类义关系的研究以及与类义关系相关的上下义关系的研究，成

① 见符淮青：《汉语词汇学史》，第401页。

② 见谭景春：《词的意义、结构的意义与词典释义》。

③ 关于这方面的论文有：黄景欣：《试论词汇学中的几个问题》，《中国语文》1962年第3期；洪成玉：《词义的系统特征》，《北京师范学院学报》1987年第4期；蒋绍愚：《关于汉语词汇系统及其发展变化的几点想法》，《中国语文》1989年第1期；海阳：《论词义系统的构成及其功能》，《湘潭大学学报》1992年第3期；张庆云、张志毅：《义位的系统性》，载《词汇学新研究》，等等。

④ 见刘叔新：《词汇学和词典学问题研究》，天津人民出版社，1984年，第84～92页。

⑤ 见刘叔新：《汉语描写词汇学》，第371～384页。

果寥寥。

5. 关于语境与词义关系的研究。“语用环境下词义变异的研究”同样也是国家社科规划办自2005年起每年向汉语学术界提出的倡导。就目前情况来看，国内词义研究者在这一个领域不够投入，投入较多的还是从事修辞研究的学者和从事外语教学与研究的学者。这个局面如果不加以改变，那么，语用环境下汉语词义变异研究的突破是很难实现的。

6. 关于词义组合问题的研究。国内关于词义组合问题的研究极其薄弱，几乎是一块不毛之地。目前能看到的国内词义学者的成果仅有张志毅和张庆云的讨论、詹人凤的讨论和本书第十四章的讨论。既然学界早就认同词语搭配组合问题的实质是语义问题而非句法问题，那就应该从词语搭配组合的句法研究的泥沼中拔出来，转而投向词语搭配组合的词义研究。这方面的研究亟须加强。

7. 关于虚词词义的研究。现代汉语词义研究要不要研究虚词词义，至今学界仍然争论不休。争论的焦点，说白了，就是承不承认虚词也有概念意义（理性义）的问题。如果认为虚词不表概念，那虚词就没有理性义——这是主流观点，如果认为虚词也表概念，那虚词就具有理性义——这是个别学者的意见。所以，当务之急不是去争辩现代汉语词义研究要不要研究虚词词义，而是需将虚词的词义探个明白，看看虚词的理性义究竟呈现一种什么状态，那还是不是我们通常定义的理性义。

8. 关于词义分析方法的研究。现在谈到词义分析的方法，马上就会想到从欧美流入的义素分析法。义素分析法是不是词义分析的最佳方法，还有待于实践的检验。这方面要做的事还有很多，目前至少有三个方向可供选择：第一个方向是，对义素分析中某一些欧美人也没解决好的问题进入深入的研究，如义素分析中最小语义子场的确定问题就是一个棘手的问题。前不久张志毅、张庆云在讨论辞书编纂中的整体观问题时涉及了最小语义子场问题①，但只是涉及，而并没有就这个问题本身给予展开。第二个方向是，研究如何将义素分析法运用于现代汉语词义的分析描写实践中去，关于这一点，符淮青已做了大量的工作②，但也仅仅局限在“表动作行为的词”、“表名物的词”以及“表性状的词”的词义分析、描写中，大量的、更艰巨的工作还在后头。第三个方向是，寻找义素分析法以外的适合于现代汉语词义分析的新方法，对世界语义学研究作出我们汉语学界的贡献。

---

① 见张志毅、张庆云：《现代语文性辞书的整体观》，《中国语文》1999年第4期。

② 见符淮青：《词义的分析和描写》第四、五、六章。

9. 关于词义的认知研究。认知语义学是20世纪70年代以后开始在欧美兴起的一种语言学流派，“主要研究人类的概念系统、意义和推理，简而言之，研究人类的推理”①。目前国内的研究尚处于理论介绍和初步探索的阶段，而且基本局限在外语教学与研究界，汉语词义学界介入的很少。这是今后现代汉语词义研究应该涉足的一个领域，它会让我们看到许多以前所无法看到的词义新景观。

二、21世纪的现代汉语词义研究展望

人类已进入充满生机和活力的21世纪，自然科学领域的飞速发展令人惊叹，一个又一个的重大发现令人目不暇接。从学术史上来看，自然科学的每一次革故鼎新、发明创造均会给人文科学带来意想不到的巨大飞跃和质的变化。因此，我们完全有理由对现代汉语词义学的美好前景作出如下的勾勒：

1. 随着计算机的加盟以及由此带来的科研手段的更新、科研环境的改善，将会加快现代汉语词义学成果的问世，预计今后的10～20年内，现代汉语词义学成果无论在数量上、质量上，均会超过新中国成立以来的总和。

2. 学术队伍不断壮大。随着老一辈学者的逐渐完成其学术使命，退出学术舞台，现代汉语词义学研究的骨干力量将是一群陌生的名字，一批年轻的博士或硕士将充实进词义学研究队伍中来，他们将会给现代汉语词义学领域带来全新的理念、全新的研究方法。他们给词义学研究带来的变化不仅是数量上的，更是本质上的。

3. 国内学术界将日益重视现代汉语词义问题的研究。以《中国语文》为代表的各类汉语言文字学核心期刊也将逐步加大现代汉语词义学论文的刊发比例。21世纪上半叶将有一批具有方法论意义的突破性成果问世。

4. 词义学研究领域将不断拓宽。随着上个世纪遗留下来的一些问题的逐步解决，新的问题又将纷至沓来，其中不少是接受自然科学成果的辐射而产生的。词义研究的内容将空前广泛，现代汉语词义学同其他学科相互渗透而建立的新兴边缘学科也将不断涌现。总之，到了21世纪中叶，我们再来讨

① 王寅：《语义理论与语言教学》，上海外语教育出版社，2001年，第179页。王寅，曾任苏州大学外国语学院院长，因为一些不便说和说不清的原因离开苏州大学而去了四川。很为苏州大学惋惜，失去了一位著名的学者。他在苏州大学的时候，我给他们外语学院的研究生讲现代汉语词义学，他给我的研究生们讲认知语义学。王寅小学功底扎实，有家学渊源，又是学外语出身，20世纪80年代曾留学英国，专攻语义学，称得上是学贯中西的学者。这样的素质，是将来语言研究者的方向和目标。

论、建构现代汉语词义学的理论框架，那就全然不是如今（本书）的模样了。具体究竟是什么模样，实在是无法预测。

以上是我们对21世纪现代汉语词义学将呈现的广阔的发展前景所作的一厢情愿的展望，或叫作管窥蠡测。作为一个在这个领域断断续续摸索了十多年而所得并不丰厚的人，站在21世纪的门槛上，作出如此美轮美奂的预言，其心情是可以理解的。然而预言终究是预言，现代汉语词义学的美好明天是要靠全体学人干出来的。但愿对词义学美好前景的这份憧憬能化成所有词义学研究者的务实的作风、踏实的行动。

为了现代汉语词义学的明天，让我们携起手来!

思考与探索之十六

在本书所有的章节中，最需要修订的其实就是本章。当年，拿这部分给符淮青先生看的时候，他就善意地提醒两点：一是不要这么悲观，词义学的一些成果一点不比语法学的成果差；二是不要点那么多的名，那样做可能会得罪人，给我带来一些不必要的麻烦。符先生这样提醒是出于前辈对晚辈的爱护。可当时，七八年前，年轻气盛，经历得也少，没有采纳他的建议，于是就成了现在这个样子。这次修订，本想大动干戈，可一看到当年的懵懂莽撞，觉得别有一番情趣；感觉保留下来，也是一种珍贵的保存——反映了世纪之交之际汉语词义学界带给青年学者的那种肃杀冷寂的气氛。因此，此番修订也就基本没动。

应该说，这些年，现代汉语词义研究有了长足的发展，正逐渐走出低谷，逐渐走向繁荣。一批“60后”、“70后”的博士正逐渐成为一些领域的主帅或得力干将；一些老前辈，不但自己老枝发新芽，耕耘不辍，继续引领词义研究的潮流，还倾心于提携晚辈，扶持他人。国内词义学界的良好学术环境是词义学美好前程的有力保障。

本章所援引的符淮青提出的五个新的研究方向和我们提出的“需要解决或进一步研究的”九大问题，均是今后一段时间内词义研究的重要内容，值得研究生同学结合自己的专业方向加以思考。

其中，绝大多数问题我们在每章后面的“思考与探索”中均有展开，大家可以参阅。只有两大问题，因为本书没有章节讨论，所以也就没有相应地展开，在这里略作补充，供大家参考。

关于词义的系统性的讨论，进入新世纪以来也取得了一些成果，主要有周国光的《现代汉语词汇学导论》一书①，其中的第一章、第二章均涉及这个问题，第三章“语义的缠绕和词汇体系的必然性”和全书篇幅最长的第八章“现代汉语词汇语义论”则专门讨论词义的系统性问题。

此外，还有王军的《汉语词义系统研究》一书②。该书的书名可以有两种解释：一种是“汉语词义系统”的研究，一种是“汉语词义”的系统研究。从书的内容来看，可能作者需要的就是这样兼顾两个层面的书名，因为两个层面的讨论都有。其中第6章“词义分析与描写——词义系统的微观剖析”、第7章“义位的聚合——词义系统的中观描述”、第8章“词义系统原理——词义系统的宏观建构”等三章是讨论词义的系统性的。如果说，第6章的副标题更多的是一种整合策略的话，那么第7、第8两章确实是奔着词义系统的论证而去的，尤其是第8章更是直面学界关于词义系统性的论争，阐述作者对词义系统性的认同理由。

关于词义的认知研究，国内目前唯一的一部著作就是束定芳的《认知语义学》③。该书主要运用了当代西方认知语义学的最新理论成果，通过英汉例证比较的方式，讨论了词汇化、范畴化、概念化、隐喻以及语用推理等认知语义学中的中心话题。全书共分七章，依次为“认知语言学的发展过程与基本原理”，“认知语义学的基本观点与研究目标”，“范畴理论及其应用”，“词义的认知分析和词汇化”，“概念化与语义”，“隐喻的认知研究”，“语用意义和语用推理”等。相信不少地方会给广大研究生同学以启迪。

此外，王寅的《语义理论与语言教学》一书也颇值得一读，该书虽然从内容编排上来看有些芜杂，但确实如自然的“序”中所言，该书“不是拾人牙慧的拼凑，而是作者有心得、有体会、有见解、有创意的著述”。胡壮麟的“序”更是直截了当地指出：“本书的特色表现在全面、清晰、实用、前瞻”。

布龙菲尔德曾经指出：“对语义的叙述是语言研究中的一个薄弱环节，这种状况将一直延续到人类知识大大发展，远远超出现有水平才会改

① 周国光：《现代汉语词汇学导论》，广东高等教育出版社，2004年。
② 王军：《汉语词义系统研究》，山东人民出版社，2005年。
③ 束定芳：《认知语义学》，上海外语教育出版社，2008年。

变。"[①] 这是布龙菲尔德75年前的表述，那时的世界无论是物质文明还是精神文明根本无法同今天的世界相比，其时，第一台计算机尚未发明，而今天，笔记本电脑已在大学生中基本普及。那么，布龙菲尔德所憧憬的那个"人类知识大大发展，远远超出现有水平"的年代是否快要到来了呢？设若是这样，那么，我们该为这个时代的到来做些什么呢？

相对于现代汉语语法研究那一块而言，现代汉语词义研究目前依然处于劣势。这种劣势的改变靠的是这个领域的研究者持之以恒的书室中的坚守、电脑键盘上那十指优美的舞蹈，更靠的是该领域的后继有人。希望有一批研究生同学能参与到现代汉语词义研究中来，去迎接甚至去开创这个新的时代。

在这里，我们将由北往南，对国内具有现代汉语词义学方向的10个博士学位点略作介绍，供各位研究生同学参考。

（1）北京师范大学文学院汉语言文字学专业。

主要导师：王宁；方向名称：汉语词汇语义学

王宁，女，生于1936年，浙江海宁人。北京师范大学文学院教授，博士生导师，北京师范大学民俗典籍文字研究中心主任，汉字与中文信息处理研究所所长。代表性著作有《〈说文解字〉与汉字学》、《训诂学原理》、《古汉语词义答问》、《汉字构形学导论》等。

主要导师：冯胜利；方向名称：汉语词汇语义学

冯胜利，哈佛大学东亚语言文明系教授，中文部主任，北京师范大学文学院博士生导师。代表性著作有《汉语的韵律、词法、句法》、《汉语韵律句法学》、《汉语韵律语法研究》等。

（2）北京语言大学汉语言文字学专业。

主要导师：张博；方向名称：对外汉语教学与汉语词汇研究

张博，女，生于1957年，北京市人。现为北京语言大学对外汉语研究中心主任，教授，博士生导师、《世界汉语教学》杂志主编。代表性著作有《汉语同族词的系统性与验证方法》、《古代汉语词汇研究》等。

（3）南开大学文学院汉语言文字学专业。

主要导师：周荐；方向名称：词汇学、词典学

周荐，男，生于1957年，天津市人。南开大学文学院教授，博士生

① 王寅：《语义理论与语言教学》，上海外语教育出版社，2001年，第1～2页。

导师，南开大学词汇学与词典学研究中心主任。代表性著作有《汉语词汇研究史纲》、《汉语词汇结构论》、《词汇学词典学研究》等。

（4）河北大学汉语言文字学专业。

主要导师：郭伏良；方向名称：现代汉语词汇学

郭伏良，男，生于1960年，河北邯郸人。河北大学国际交流与教育学院副院长，教授，博士生导师。代表性著作有《新中国成立以来汉语词汇发展变化研究》等。

（5）河北师范大学文学院汉语言文学专业。

主要导师：苏宝荣；方向名称：汉语词汇学

苏宝荣，男，生于1945年，北京市人。河北师范大学教授，博士生导师。代表性著作有《词义研究与辞书释义》、《词汇学与辞书学研究》。

（6）山东大学文学院汉语言文字学专业。

主要导师：杨振兰；方向名称：现代汉语词汇学

杨振兰，女，生于1963年，山东曲阜人。山东大学中文系教授，硕士生导师。代表性著作有《现代汉语词彩学》、《动态词彩研究》等。

（7）南京大学中文系汉语言文字学专业。

主要导师：汪维辉；方向名称：训诂学、汉语词汇史

汪维辉，男，生于1958年，浙江宁波人。南京大学中文系副主任，教授，博士生导师。代表性著作有《东汉—隋唐常用词演变史》、《宁波方言词典》（合著）等。

主要导师：马清华；方向名称：语义学、句法学

马清华，男，生于1964年，江苏南通人，南京大学文学院教授、硕士生导师。代表性著作有《文化语义学》、《语义的多维研究》等。

（8）南京师范大学文学院语言学与应用语言学专业。

主要导师：李葆嘉；方向名称：语义语法学、语言信息工程学

李葆嘉，男，生于1951年，江苏东台人。南京师范大学文学院语言科学及技术系主任，语言科技研究所所长，教授，博士生导师。代表性著作有《中国语言文化史》、《语义语法学导论》、《中国转型语法学》等。

（9）苏州大学文学院汉语言文字学专业。

主要导师：曹炜；方向名称：词汇学

曹炜，男，生于1963年，江苏昆山人。苏州大学文学院教授，博士生导师。代表性著作有《现代汉语词义学》、《现代汉语词汇研究》等。

(10) 厦门大学中文系汉语言文字学专业。

主要导师：李如龙；方向名称：汉语词汇学、汉语方言学

李如龙，男，生于1936年，福建南安人。厦门大学中文系教授，博士生导师。代表性著作有《方言音韵论集》、《东南亚语言研究》、《汉语地名学论稿》、《汉语方言学》等。

主要导师：苏新春；方向名称：应用词汇学

苏新春，男，生于1953年，江西南昌人。厦门大学中文系教授，博士生导师。代表性著作有《汉语词义学》、《汉语词汇计量研究》、《汉语释义元语言研究》等。

本章可以着手的论题

(1) 关于词义的系统性的论证
(2) 关于词义的非系统性现象的考察
(3) 汉语方位词词义的认知研究
(4) 汉语人体器官词词义的认知研究
(5) 认知语义学存在的缺陷研究

附录

附录一：汉语言文字学专业汉语词义学方向硕士生学位论文选题献芹

（1）《现代汉语词典》第5版“名名型”复合词语素义与词义关系研究
（2）《现代汉语词典》第5版“动动型”复合词语素义与词义关系研究
（3）《现代汉语词典》第5版“形形型”复合词语素义与词义关系研究
（4）《现代汉语词典》第5版“名动型”复合词语素义与词义关系研究
（5）《现代汉语词典》第5版“动名型”复合词语素义与词义关系研究
（6）《现代汉语词典》第5版“形名型”复合词语素义与词义关系研究
（7）《现代汉语词典》第5版“名形型”复合词语素义与词义关系研究
（8）《现代汉语词典》第5版“动形型”复合词语素义与词义关系研究
（9）《现代汉语词典》第5版“形动型”复合词语素义与词义关系研究
（10）汉英植物词词义理据比较研究
（11）汉英动物词词义理据比较研究
（12）汉英颜色词词义理据比较研究
（13）现代汉语多义词义位间的关系研究
（14）《现代汉语词典》第5版收录的动物词与英语对应词的词义架构比较研究
（15）《现代汉语词典》第5版收录的植物词与英语对应词的词义架构比较研究
（16）现代汉语中词的比喻义的产生途径和理据
（17）《现代汉语词典》第5版收录的动物词释义元语言研究
（18）《现代汉语词典》第5版收录的植物词释义元语言研究
（19）《现代汉语词典》第5版释义元语言中“括号内文字表述”的研究
（20）《现代汉语词典》第5版收录的拟声词释义模式研究
（21）《现代汉语词典》第5版收录的方位词释义模式研究
（22）《现代汉语词典》第5版收录的心理动词释义模式研究
（23）《现代汉语词典》第5版收录的时间名词释义模式研究
（24）汉语“名+名”结构中的词义组合关系研究
（25）汉语“形+名”结构中的词义组合关系研究

(26) 汉语“动+名”结构中的词义组合关系研究
(27) 汉语“名+动”结构中的词义组合关系研究
(28) 现代汉语词义组合的类型研究
(29) 现代汉语中制约词义组合的因素研究
(30) 汉语方位词/人体器官词词义的认知研究

附录二：汉语言文字学专业汉语词义学方向博士生学位论文选题献芹

(1) 现代汉语虚词的释义框架研究
(2) 现代汉语类义词研究
(3) 现代汉语上下义词系统研究
(4) 现代汉语词义的系统性和非系统性研究
(5) 现代汉语语用环境下词义的变异研究
(6) 现代汉语词义组合关系类型研究
(7) 汉语多义词词义关系研究
(8) 现代汉语词义组合中词义对歧义的制约作用研究
(9) 语素义在构词中的意义变异研究
(10) 词的结构义的识别与提取研究
(11) 词的功能义的识别与提取研究
(12) 词义本质的当代语言学诠释
(13) 汉语词义派生方式的认知语义学研究
(14) 现代汉语短语义研究
(15) 现代汉语句义研究
(16) 现代汉语名词词义的认知研究
(17) 现代汉语动词词义的认知研究
(18) 现代汉语词模在词义形成中的作用研究
(19) 现代汉语词的形象色彩义研究
(20) 现代汉语词词义发展演变的认知研究

附录三：博士 & 硕士研究生“现代汉语词义学”课程学分论文选题献芹

（1）“名语素 + 名语素”合成词的形象色彩义研究
（2）《现代汉语词典》第 5 版所收动物词的联想义考察
（3）《现代汉语词典》第 5 版所收植物词的联想义考察
（4）《现代汉语词典》第 5 版所收物象词的联想义考察
（5）《现代汉语词典》第 5 版所收物色词的联想义考察
（6）《现代汉语词典》第 5 版所收动物词的文化义考察
（7）《现代汉语词典》第 5 版所收植物词的文化义考察
（8）英汉动物词的文化义比较研究
（9）英汉植物词的文化义比较研究
（10）《现代汉语词典》第 5 版关于“旧词语”标注的修订计量考察
（11）汉英植物词语感情色彩意义比较研究
（12）汉英动物词语感情色彩意义比较研究
（13）《现代汉语词典》第 5 版所收家具类词语素义与词义关系研究
（14）《同义词词林》与《简明汉语义类词典》所揭示的汉语类义体系比较
（15）汉英动物类上下义词系统比较研究
（16）汉英亲属类上下义词系统比较研究
（17）汉英植物类上下义词系统比较研究
（18）汉英家具类上下义词系统比较研究
（19）汉英手足部动作类上下义词系统比较研究
（20）词的比喻义与比喻用法的差异研究
（21）词的借代义与借代用法的差异研究
（22）汉语成语中的文化义研究
（23）从《说文解字》“犬”部字或“马”部字看汉字结构对词义的影响
（24）语境与詈词的形成及效果研究
（25）语境与禁忌语的形成及消失
（26）语境与敬辞关系研究

(27) 语境与人名关系研究
(28) 语境与商标名称关系研究
(29) 语境与店名用词关系研究
(30) 社会环境的差异对海峡两岸与港澳地区人名用词的影响
(31) 社会环境的差异对海峡两岸与港澳地区店名用词的影响
(32) 从詈词的差异看中英社会价值评判标准的差异
(33) 语境与词义的非常规组合
(34) 语境与歧义的排除
(35)“很+名”组合中词义因素的制约
(36) 词义组合中的言外之意研究
(37) 词义组合中的词义同化现象研究
(38) 词义组合中的词义异化现象研究
(39) 词义组合中的词义羡余现象研究
(40) 民族文化习惯对词义组合的制约研究
(41)“名+的+名”组合中词义对歧义的制约研究
(42)“动+名”组合中词义对歧义的制约研究
(43)“动+得+形”组合中词义对歧义的制约研究
(44)“动+的+是+名”组合中词义对歧义的制约研究
(45)“动+$名_1$+的+$名_2$”组合中词义对歧义的制约研究
(46)“在+名+动+名”组合中词义对歧义的制约研究
(47) 语音与歧义的关系研究
(48) 句法结构歧义中词义可能出现的变异研究
(49)《现代汉语词典》第5版所收录的亲属词的释义框架研究
(50)《现代汉语词典》第5版所收录的方位词的释义框架研究

参考文献

1. A. 怀特:《文化科学》,浙江人民出版社,1988 年。

2. 艾迪生·维斯理·朗文出版公司辞典部编,朱原等译:《朗文当代高级英语辞典》,商务印书馆,艾迪生·维斯理·朗文出版社中国有限公司,1998 年。

3. 鲍克怡:《汉语类义词典探索——〈同义词词林〉编后》,《辞书研究》1983 年第 1 期。

4. 布龙菲尔德:《语言论》,商务印书馆,1980 年。

5. 曹炜:《一个新兴的副词后缀“为”》,《山东师大学报》1988 年第 1 期。

6. 曹炜:《试论词的夸张义》,《苏州师专学报》1989 年第 1 期。

7. 曹炜:《ABB 式叠音后缀》,《中国语文天地》1989 年第 5 期。

8. 曹炜:《现代汉语词义的基本类型新探》,《河池师专学报》1991 年第 2 期。

9. 曹炜:《语言的和言语的感情色彩义浅论》,《镇江师专学报》1991 年第 3 期。

10. 曹炜:《现代汉语词义的派生方式新论》,《河池师专学报》1992 年第 2 期;中国人民大学报刊复印资料《语言文字学》1992 年第 8 期。

11. 曹炜:《现代汉语词义的组合方式和言语表达》,《镇江师专学报》1992 年第 4 期;中国人民大学报刊复印资料《语言文字学》1993 年第 3 期。

12. 曹炜:《关于施事格、受益格歧义句的考察》,《南京师范大学学报》1993 年第 4 期;中国人民大学报刊复印资料《语言文字学》1993 年第 12 期。

13. 曹炜:《论汉语词义的理据性和非理据性》,日本国《中国语研究》1997 年第 36 号。

14. 曹炜:《汉字字型结构分析和义素分析法》,《语文研究》2001 年第 3 期。

15. 曹炜:《三部主要语文词典在专项标注上存在的问题》,《辞书研究》

2002 年第 2 期。

16. 曹炜：《三部主要语文词典在专项标注及释义表述上存在的问题》，载中国辞书学会学术委员会编《中国辞书论集（2001）》，陕西人民出版社，2002 年。

17. 曹炜：《关于同形二字组词目及义项的分合》，《江苏大学学报》2003 年第 1 期。

18. 曹炜：《现代汉语词汇研究》，北京大学出版社，2003 年。

19. 曹炜：《词义派生的新途径——词义的嫁接引申》，《学术交流》2005 年第 12 期。

20. 曹炜：《〈现代汉语词典〉第 5 版在释义表述上的修订及存在的问题》，《学术交流》2006 年第 12 期。

21. 曹先擢：《并列式同素逆序同义词》，《中国语文》1979 年第 6 期。

22. 曹勇：《英汉词汇理据性差异及其构词体现》，《郑州大学学报》2007 年第 1 期。

23. 岑麒祥：《论词义的性质及其与概念的关系》，《中国语文》1961 年第 5 期。

24. 常棣：《上义词语和下义词语的选择与配合》，载中国华东修辞学会编《修辞学研究》，语文出版社，1987 年。

25. 常敬宇：《浅谈现代汉语同义词的性质和范围》，《语言教学与研究》1979 年试刊 4 集。

26. 常敬宇：《谈语言义向言语义的转化》，《语文研究》1991 年第 4 期。

27. 常敬宇：《境况义值得研究——王占馥的〈境况语义学导论〉简介》，《语文研究》2001 年第 1 期。

28. 陈炳迢：《汉语的同义词是不是一定要词性相同》，《语文知识》1958 年第 6 期。

29. 陈望道：《修辞学发凡》，大江书铺，1932 年；上海世纪出版集团，2006 年。

30. 陈维振、吴世雄：《范畴与模糊语义研究》，福建人民出版社，2002 年。

31. 陈新仁：《模糊语义研究的现状与未来——兼评石安石与符达维关于模糊语义之辩》，《外语学刊》1993 年第 1 期。

32. 程湘清：《先秦双音词研究》，载程湘清主编：《先秦汉语研究》，山东教育出版社，1982 年。

33.《辞海》（缩印本），上海辞书出版社，1990 年。

34.《词汇学新研究》（首届全国现代汉语词汇学讨论会选集），语文出版社，1995 年。

35. 戴黎刚：《现代汉语歧义研究述评》，《北方论丛》2004 年第 3 期。

36. 刁宴斌：《现代汉语史》，福建人民出版社，2006 年。

37. 董为光：《汉语词义发展基本类型》，华中科技大学出版社，2004 年。

38. 范丽君：《蒙、汉语中“父亲”称谓语词源理据比较》，《满语研究》2007 年第 1 期。

39. 冯志伟：《论歧义结构的潜在性》，《中文信息学报》1995 年第 4 期。

40. 符达维：《模糊语义问题辨诉》，《中国语文》1990 年第 2 期。

41. 符淮青：《词义和构成它的语素义的关系》，《辞书研究》1981 年第 3 期。

42. 符淮青：《语素“红”的结合能力分析》，《语文研究》1983 年第 2 期。

43. 符淮青：《多义词义项间的关系——兼论与同音词的区别》，《辞书研究》1983 年第 6 期。

44. 符淮青：《“打”义分析》，载《词典和词典编纂的学问》，上海辞书出版社，1985 年。

45. 符淮青：《现代汉语词汇》，北京大学出版社，1985 年。

46. 符淮青：《汉语表“红”的颜色词群分析》，《语文研究》1988 年 3 期、1989 年第 1 期。

47. 符淮青：《词义的分析和描写》，语文出版社，1996 年。

48. 符淮青：《汉语词汇学史》，安徽教育出版社，1996 年。

49. 符淮青：《同义词研究的几个问题》，《中国语文》2000 年第 3 期。

50. 符淮青：《词典学词汇学语义学文集》，商务印书馆，2004 年。

51. 符淮青：《组合中语素和词语义范畴的变化》，《江苏大学学报》2007 年第 1 期。

52. 高名凯：《普通语言学》（增订本），新知识出版社，1957 年。

53. 高名凯、石安石：《语言学概论》，中华书局，1965 年。

54. 葛本仪：《汉语词汇研究》，山东教育出版社，1985 年。

55. 贡仁年：《关于汉语同义词的词性问题》，《哈尔滨师范学院学报》

1963 年第 4 期。

56.《古汉语常用字字典》，商务印书馆，1998 年。

57. 顾柏林:《当代俄语词汇学研究的特点》,《外国语》1985 年第 5 期。

58. 瓌一:《谈同义词》,《语文学习》1953 年第 3 期。

59. 郭熙:《语境研究与社会语言学——读王建华等新著〈现代汉语语境研究〉》,《汉语学习》2006 年第 5 期。

60. 海阳:《论词义系统的构成及其功能》,《湘潭大学学报》1992 年第 3 期。

61. 韩陈其:《词的借代义》,《徐州师范学院学报》1981 年第 2 期。

62. 何华珍:《〈汉语大词典〉中“日语词”释义指暇》，香港中国语文学会《词库建设通讯》1998 年第 4 期。

63. 洪成玉:《词义的系统特征》,《北京师范学院学报》1987 年第 4 期。

64. 胡裕树:《现代汉语》（重订本），上海教育出版社 1995 年。

65. 胡中文:《汉语词语的表达色彩与语文辞书的释义规范》，《中国语文》1999 年第 3 期。

66. 黄伯荣、廖序东:《现代汉语》（增订本），高等教育出版社，1997 年。

67. 黄国营:《现代汉语的歧义短语》,《语言研究》1985 年第 1 期。

68. 黄景欣:《试论词汇学中的几个问题》,《中国语文》1962 年第 3 期。

69. 霍恩比著，李北达译:《牛津高阶英汉双解词典》（第四版），商务印书馆，牛津大学出版社（中国）有限公司，1997 年。

70. 贾启明:《同义词在句法功能方面的差异》,《新疆大学学报》1984 年第 2 期。

71. 贾彦德:《现代汉语常用亲属词的义素分析》，载日本中国语学会会刊《中国语学》1981 年第 228 号。

72. 贾彦德:《语义场内词义间的几种聚合关系》,《新疆大学学报》1982 年第 1 期。

73. 贾彦德:《语义成分分析法的程序问题》,《新疆大学学报》1982 年第 3 期。

74. 贾彦德:《语义学导论》，北京大学出版社，1986 年。

75. 贾彦德:《汉语语义学》，北京大学出版社，1992 年。

76. 蒋绍愚:《关于汉语词汇系统及其发展变化的几点想法》，《中国语文》1989 年第 1 期。

77. 蒋绍愚：《汉语词义和词汇系统的历史演变初探——以“投”为例》，《北京大学学报》2006 年第 4 期。

78. 杰弗里·利奇：《语义学》，上海外语教育出版社，1987 年。

79. 金杏宝：《十万个为什么·动物分册》，少年儿童出版社，1999 年。

80. 黎千驹：《模糊语义学导论》，社会科学文献出版社，2007 年。

81. 李冬：《下义关系的不规则性——兼谈语言与文化的关系》，《外国语》1987 年第 3 期。

82. 李冬：《汉英词语理据比较》，《外国语》1988 年第 6 期。

83. 李芳杰、冯雪梅：《语义结构与歧义分解》，《武汉大学学报》2002 年第 6 期。

84. 李晋荃：《语法修辞论集》，语文出版社，1993 年。

85. 李裕德：《现代汉语词语搭配》，商务印书馆国际有限公司，1998 年。

86. 李宗宏：《词汇语用学和语言歧义性探索》，《宁夏大学学报》2006 年第 6 期。

87. 林杏光、菲白编：《简明汉语义类词典》，商务印书馆，1987 年。

88. 蔺璜：《三个不同平面上的歧义现象》，《语文研究》1993 年第 3 期。

89. 刘冠群：《关于同义词的两个问题》，《语文学习》1957 年第 7 期。

90. 刘桂芳：《义素分析之我见》，《语言教学与研究》1996 年第 1 期。

91. 刘坚等：《二十世纪的中国语言学》，北京大学出版社，1998 年。

92. 刘月华等：《实用现代汉语语法》，外语教学与研究出版社，1983 年。

93. 刘叔新：《词语的形象色彩及其功能》，《中国语文》1980 年第 2 期。

94. 刘叔新：《同义词和近义词的划分》，载《语言研究论丛》，天津人民出版社，1980 年。

95. 刘叔新：《同义词词典怎样处理词性》，《辞书研究》1983 年第 3 期。

96. 刘叔新：《词汇学和词典学问题研究》，天津人民出版社，1984 年。

97. 刘叔新：《汉语描写词汇学》，商务印书馆，1990 年。

98. 刘叔新、周荐：《同义词语和反义词语》，商务印书馆，1992 年。

99. 刘宇红：《心理空间理论与词汇歧义》，《外语学刊》2002 年第 1 期。

100. 刘正埮等：《汉语外来词词典》，上海辞书出版社，1984 年。

101. 刘中富：《浅谈由多义词素造成的多义复合词》，《东岳论丛》1996 年第 5 期。

102. 刘中富等：《对比描写与统计分析——〈现代汉语词典〉专题研究》，山东人民出版社，2006 年。

103. 柳广民：《歧义类型研究》，《广西社会科学》1994 年第 6 期。

104. 陆稼祥：《辞格的运用》，辽宁人民出版社，1989 年。

105. 陆俭明：《现代汉语词汇研究 · 序》，北京大学出版社，2003 年。

106. 陆国强：《现代英语词汇学》，上海外语教育出版社，1983 年。

107. 吕叔湘：《歧义类例》，《中国语文》1984 年第 5 期。

108. 罗 · 亨 · 罗宾斯：《普通语言学概论》，上海译文出版社，1986 年。

109. 罗世洪：《现代汉语词汇》，甘肃人民出版社，1984 年。

110. 罗昕如：《论现代汉语词的言语义》，《湘潭大学学报》1989 年第 4 期。

111. 罗正坚：《汉语词义引申导论》，南京大学出版社，1996 年。

112. 罗竹风：《汉语大词典》（缩印本），汉语大词典出版社，1997 年。

113. 马清华：《文化语义学》，江西人民出版社，2000 年。

114. 马庆株：《述宾结构歧义初探》，《语言研究》1985 年第 1 期。

115. 马毅：《〈模糊语义辨诉〉的辨诉》，《现代外语》1992 年第 3 期。

116. 梅家驹等：《同义词词林》，上海辞书出版社，1983 年。

117. 梅立崇：《词性不同的词能否构成同义词》，《逻辑与语言学习》1987 年第 1 期。

118. 沐莘：《试谈语义及其类型》，《外国语》1985 年第 4 期。

119. 聂莉娜：《词义的语境变体》，《广西社会科学》2003 年第 6 期。

120. 彭聃龄、丁国盛、王春茂：《汉语逆序词的加工——词素在词加工中的作用》，《心理学报》1999 年第 1 期。

121. 彭泽润：《论类义与类义词典——兼评〈同义词词林〉和〈简明汉语义类词典〉》，《中国人民大学学报》1990 年第 5 期。

122. 戚雨村：《语言学引论》，上海外语教育出版社，1985 年。

123. 钱冠连：《汉语文化语用学》，清华大学出版社，1997 年。

124. 乔全生：《山西方言代词的几个特点》，《中国语文》1996 年第 1 期。

125. ［清］段玉裁：《说文解字注》，上海古籍出版社，1981 年。

126. ［清］张玉书：《康熙字典》，上海书店，1985 年。

127. 邱质朴等：《大陆和台湾词语差别词典》，南京大学出版社，1990 年。

128. 任绍曾：《词汇语境线索与语篇理解》，《外语教学与研究》2003 年第 4 期。

129. 邵敬敏：《歧义分化方法探讨》，《语言教学与研究》1991 年第 1 期。

130. 沈家煊：《“语义的不确定性”和无法分化的多义句》，《中国语文》1991 年第 4 期。

131. 沈开木：《表示“异中有同”的“也”字独用的探索》，《中国语文》1983 年第 1 期。

132. 沈开木：《“不”字的否定范围和否定中心探索》，《中国语文》1984 年第 6 期。

133. 沈孟璎：《新词新语新义》，福建教育出版社，1987 年。

134. 施春宏：《歧义现象的演绎分析》，《语言教学与研究》2000 年第 1 期。

135. 石安石、詹人凤：《反义词聚的共性、类别及不均衡性》，载《语言学论丛》，商务印书馆，1983 年第十辑。

136. 石安石：《模糊语义及其模糊度》，《中国语文》1988 年第 1 期。

137. 石安石：《说歧义》，载《中国语言学报》，商务印书馆，1988 年第三期。

138. 石安石：《模糊语义再议——答符达维同志》，《中国语文》1991 年第 5 期。

139. 石安石：《语义论》，商务印书馆，1993 年。

140. 石安石：《语义研究》，语文出版社，1994 年。

141. 斯密尔尼茨基：《词的意义》，《语言学译丛》1958 年第 1 期。

142. 宋均芬：《汉语词汇学》，知识出版社，2002 年。

143. ［宋］沈括：《梦溪笔谈》，文物出版社，1975 年。

144. 束定芳：《认知语义学》，上海外语教育出版社，2008 年。

145. 苏宝荣：《词义研究与辞书释义》，商务印书馆，2000 年。

146. 苏宝荣：《词的语境义与功能义》，《辞书研究》2001 年第 1 期。

147. 苏宝荣：《词的功能的游移性与功能词义研究》，《语文研究》2003 年第 4 期。

148. 苏宝荣：《词的功能对词义的影响与语文辞书编纂》，《语言文字应用》2004 年第 2 期。

149. 苏宝荣：《词的功能义的层次分析》，《语文研究》2006 年第 1 期。

150. 苏宝荣：《词的非常规功能义释义模式探析》，《江苏大学学报》

2007 年第 3 期。

151. 苏新春：《汉语词义学》，广东教育出版社，1992 年

152. 苏新春：《当代汉语变化与词义历时属性的释义原则》，《中国语文》2000 年第 2 期。

153. 苏新春：《汉语词汇计量研究》，厦门大学出版社，2002 年。

154. 孙良明：《词义和释义》，湖北人民出版社，1982 年。

155. 孙淑芳：《词语的理据性与俄汉构词法对比分析》，《外语学刊》2004 年第 3 期。

156. 孙维张：《略论词义的形象色彩》，《吉林大学学报》1981 年第 5 期。

157. 孙维张：《汉语熟语学》，吉林教育出版社，1989 年。

158. 孙玉文：《汉语变调构词研究》，北京大学出版社，2000 年。

159. 谭景春：《词的意义、结构的意义与词典释义》，《中国语文》2000 年第 1 期。

160. 谭全：《实用词汇新知识》，商务印书馆香港分馆，1978 年。

161. 谭汝为：《同素逆序词四论》，载《词汇学新研究》，语文出版社，1995 年。

162. 谭学纯、朱玲：《一个类义熟语群的综合分析》，《语言教学与研究》1986 年第 4 期。

163. 汤志祥：《当代汉语词语的共时状况及其嬗变》，复旦大学出版社，2001 年。

164. 田希诚：《霍州方言的小称变韵》，《山西大学学报》1992 年 1 期。

165. T. M. 阿加弗诺娃、那纯志：《词义与词汇意义类型》，《辽宁大学学报》1991 年第 4 期。

166. 王艾录、孟宪良：《语素入词所发生的意义偏移现象》，《山西大学学报》1996 年第 1 期。

167. 王艾录编著：《汉语理据词典》，北京语言学院出版社，1995 年。

168. 王艾录、司富珍：《汉语的语词理据》，商务印书馆，2001 年。

169. 王军：《汉语词义系统研究》，山东人民出版社，2005 年。

170. 王建华等：《现代汉语语境研究》，浙江大学出版社，2002 年。

171. 王理嘉、侯学超：《怎样确定同义词》，载《语言学论丛》，商务印书馆，1963 年第五辑。

172. 王勤、武占坤：《现代汉语词汇概要》，内蒙古人民出版社，

1983 年。

173. 王树斋：《汉语复合词词素义和词义的关系》，《汉语学习》1993 年第 2 期。

174. 王维成：《从歧义看句法、语义、语用之间的关系》，《语言教学与研究》1988 年第 1 期。

175. 王希杰：《节律和歧义》，《汉语学习》1980 年第 5 期。

176. 王希杰：《汉语修辞学》，北京出版社，1983 年。

177. 王希杰：《论多义与歧义和双关及误解和曲解》，《延安大学学报》1993 年第 3 期。

178. 王希杰：《关于词义的层次性问题的思考》，《汉语学习》1995 年第 3 期。

179. 王希杰：《修辞学通论》，南京大学出版社，1996 年。

180. 王希杰：《复合词的深层结构和表层结构及其理据性》，《扬州大学学报》2002 年第 3 期。

181. 王寅：《语义理论与语言教学》，上海外语教育出版社，2001 年。

182. 王玉鼎：《论名词性并列复合词的词义与语素义之关系》，《阜阳师院学报》1994 年第 1 期。

183. 王占馥：《境况语义学导论》，福建人民出版社，2000 年。

184. 王振昆、曹静：《词义的义素分析》，《语言教学与研究》1983 年第 3 期。

185. 魏立湘：《同义词、反义词及其他》，《江苏教育》1959 年第 21 期。

186. 温锁林：《汉语的内部屈折及相关的语言理论问题》，《语文研究》1999 年第 2 期。

187. 文炼、允贻：《歧义问题》，黑龙江人民出版社，1985 年。

188. W. P. 莱曼：《描写语言学引论》，上海外语教育出版社，1985 年。

189. 吴葆棠：《现代汉语词组歧义现象初探》，《延边大学学报》1979 年第 1 期。

190. 吴汉江、曹炜：《单音节意译语素与辞书释义问题初探》，香港《语文建设通讯》，2004 年第 79 期。

191. 吴竞存、侯学超：《现代汉语句法分析》，北京大学出版社，1982 年。

192. 吴仁甫：《语素和词义》，《华东师大学报》1995 年第 3 期。

193. 吴新华：《语法修辞阐微》，江苏教育出版社，1991 年。

194. 吴英才、李裕德：《现代汉语的歧义》，宁夏人民出版社，1993 年。
195. 伍铁平：《模糊语言初探》，《外国语》1979 年第 4 期。
196. 伍铁平：《模糊语言再探》，《外国语》1980 年第 5 期。
197. 伍铁平：《论模糊理论的诞生及其研究对象与正名问题》，《语文现代化》1983 年第 2 期。
198. 伍铁平：《论颜色词及其模糊性质》，《语言教学与研究》1986 年第 2 期。
199. 伍铁平：《语言的模糊性和多义性等的差别》，《语文导报》1987 年第 1 期。
200. 伍铁平：《不同语言的味觉词和温度词对客观现实的不同切分》，《外语教学与研究》1989 年第 1 期。
201. 伍铁平：《再论语言的模糊性》，《语文建设》1989 年第 6 期。
202. 伍铁平：《论词义、词的客观所致和构词理据》，《现代外语》1994 年第 1 期。
203. 伍铁平：《模糊语言学综论》，《西南师范大学学报》1997 年第 6 期。
204. 伍铁平：《论“海”、“洋”和“湖”的模糊性》，《外语与外语教学》1998 年第 7 期。
205. 伍铁平：《模糊语言学》，上海外语教育出版社，1999 年。
206. 《现代汉语词典》，商务印书馆，1983 年。
207. 《现代汉语词典补编》，商务印书馆，1990 年。
208. 《现代汉语词典》（修订本），商务印书馆，1996 年。
209. 《现代汉语词典》（增补本），商务印书馆，2002 年。
210. 《现代汉语词典》第 5 版，商务印书馆，2005 年。
211. 《现代汉语语法研究的现状和回顾》，语文出版社，1987 年。
212. 《新英汉词典》（增订本），上海译文出版社，1985 年。
213. 邢公畹：《语言学概论》，语文出版社，1992 年。
214. 邢公畹：《评贾彦德〈汉语语义学〉》，《中国语文》1995 年第 1 期。
215. 邢凯：《歧义现象和语言的不确定性》，《南开学报》1997 年第 3 期。
216. 邢向东：《关于确定同义词范围的几个问题》，《语言文学》1985 年第 2 期。
217. 徐婕：《〈现代汉语词典〉第 5 版色彩词语计量研究》，苏州大学文学学士学位论文，2007 年。

218. 徐烈炯：《语义学》，语文出版社，1990 年。
219. 徐青：《现代汉语》，华东师范大学出版社，1990 年。
220. 徐世璇：《汉藏语言的语音屈折构词现象》，《民族语文》1996 年第 3 期。
221. 徐思益：《在一定语境中产生的歧义现象》，《中国语文》1985 年第 5 期。
222. 徐通锵：《语言论》，东北师范大学出版社，1992 年。
223. 徐志民：《褒贬词能组成同义词吗?》，《语文教学通讯》1980 年第 2 期。
224. 徐仲华：《汉语书面语言歧义现象举例》，《中国语文》1979 年第 2 期。
225. 许德楠：《实用词汇学》，北京燕山出版社，1990 年。
226. 许高渝：《俄汉词语理据比较》，《外语与外语教学》1997 年第 1 期。
227. 许丕华、吴博富：《略论模糊语义的本质和根源》，《沈阳师范学院学报》1992 年第 4 期。
228. 严戎庚：《共时历时学说与现代汉语词汇研究》，《新疆大学学报》1990 年第 2 期。
229. 严学窘：《论汉语同族词内部屈折的变换模式》，《中国语文》1979 年第 2 期。
230. 杨锡彭：《汉语语素论》，南京大学出版社，2003 年。
231. 杨亦鸣：《试论“也”字句的歧义》，《中国语文》2000 年第 2 期。
232. 袁毓林：《流水句中否定的辖域及其警示标志》，《世界汉语教学》2000 年第 3 期。
233. 杨裕奇：《称呼的困惑》，《光明日报》2000 年 10 月 23 日，《报刊文摘》2000 年 10 月 30 日。
234. 杨振兰：《现代汉语词彩学》，山东大学出版社，1996 年。
235. 杨振兰：《色彩意义义素分析刍议》，《汉语学习》2001 年第 2 期。
236. 杨振兰：《动态词彩研究》，山东人民出版社，2003 年。
237. 杨志伟：《汉语语素义与词义的关系》，《韩山师专学报》1992 年第 2 期。
238. 叶蜚声、徐通锵：《语言学纲要》，北京大学出版社，1997 年。
239. 尤庆学：《歧义度的调查与分析》，《汉语学习》2000 年第 5 期。

240. 《语言学百科词典》，上海辞书出版社，1993 年。

241. 詹人凤：《现代汉语语义学》，商务印书馆，1997 年。

242. 詹卫东：《PP〈被〉 + VP_1 + VP_2 格式歧义的自动消解》，《中国语文》1997 年第 6 期。

243. 詹卫东：《面向中文信息处理的现代汉语短语结构规则研究》，清华大学出版社，2000 年。

244. 张斌：《现代汉语精解》，上海文艺出版社，1989 年。

245. 张斌：《现代汉语》，中央广播电视大学出版社，1996 年。

246. 张博：《现代汉语同形同音词与多义词的区分原则和方法》，《语言教学与研究》2004 年第 4 期。

247. 张静：《新编现代汉语》，上海教育出版社，1986 年。

248. 张联荣：《词典释义中的词义和语素义》，载李如龙、苏新春编：《词汇学理论与实践》，商务印书馆，2001 年。

249. 张宁：《语境等级与歧义》，《汉语学习》1998 年第 1 期。

250. 张普、石定果：《论历时中包含有共时与共时中包含有历时》，《语言教学与研究》2003 年第 3 期。

251. 张乔：《模糊语义学》，中国社会科学出版社，1998 年。

252. 张世禄：《词义和词性的关系》，《语文知识》1956 年第 7 期。

253. 张寿康、林杏光：《现代汉语中词素对换的双音词》，载《语言论文集》，商务印书馆，1985 年。

254. 张亚旭：《词汇歧义消解的认知研究——理论、方法与现状》，《北京师大学报》2000 年第 5 期。

255. 张永言：《词汇学简论》，华中工学院出版社，1982 年。

256. 张志公：《简明汉语义类词典 · 序》，商务印书馆，1987 年。

257. 张志毅：《确定同义词的几个基本观点》，《吉林师大学报》1965 年第 1 期。

258. 张志毅：《简明同义词典》，上海辞书出版社，1981 年。

259. 张志毅：《〈现代汉语词典〉释义的语文性》，《辞书研究》1981 年第 3 期。

260. 张志毅：《〈现代汉语词典〉的性质及欠缺》，《烟台师院学报》1984 年第 1 期；

261. 张志毅：《反义词词典的释义和举例》，《辞书研究》1988 年 3 期；

262. 张志毅：《词的理据》，《语言教学与研究》1990 年第 3 期。

263. 张庆云、张志毅：《义位的系统性》，载《词汇学新研究》，语文出版社，1995 年。

264. 张志毅：《语文性辞书的语义学原则》，载《中国辞书论集 1997》，商务印书馆，1999 年。

265. 张志毅、张庆云：《现代语文性辞书的整体观》，《中国语文》1999 年第 4 期。

266. 张志毅、张庆云：《柏拉图以来词义说的新审视》，《中国语文》2000 年第 2 期。

267. 郑奠：《古汉语中字序对换的双音词》，《中国语文》1964 年第 6 期。

268. 郑定欧：《香港粤语词典》，江苏教育出版社，1997 年。

269. 郑述谱：《类义体系比较》，《辞书研究》1992 年 3 期。

270. 仲崇山：《词义和构成词的语素义的关系补论》，《佳木斯大学学报》2002 年第 2 期。

271. 周国光：《现代汉语词汇学导论》，广东高等教育出版社，2004 年。

272. 周荐：《试论词的感情色彩及其构成方式》，《天津社会科学》1985 年第 3 期。

273. 周荐：《复合词词素间的意义结构关系》，《语言研究论丛》，天津教育出版社，1991 年第六辑。

274. 周荐：《同义词语研究》，天津人民出版社，1991 年。

275. 周荐：《几种特殊结构类型的复合词》，《世界汉语教学》1992 年第 2 期。

276. 周荐：《也谈词语的形象色彩问题》，《南开学报》1992 年 5 期。

277. 周荐：《比喻词语和词语的比喻义》，《语言教学与研究》1993 年第 4 期。

278. 周荐：《词语的意义和结构》，天津古籍出版社，1994 年。

279. 周荐：《复合词构成的语素选择》，《中国语言学报》1995 年第七期。

280. 周荐：《汉语词汇研究史纲》，语文出版社，1995 年。

281. 周志远：《也谈语义模糊度》，《中国语文》1990 年第 2 期。

282. 周祖谟：《汉语词汇讲话》，人民教育出版社，1959 年。

283. 朱川等：《现代汉语》，华东师范大学出版社，1985 年。

284. 朱德熙：《论句法结构》，《中国语文》1962 年第 8 期。

285. 朱德熙：《“的”字结构和判断句》，《中国语文》1978 年第 1 期、2 期；

286. 朱德熙：《汉语句法里的歧义现象》，《中国语文》1980 年第 5 期。

287. 《朱德熙先生纪念文集》，语文出版社，1993 年。

288. 朱景松：《现代汉语中义项平行的多义复合词》，《语文建设》1992 年第 1 期。

289. 朱星：《汉语词义简析》，湖北人民出版社，1981 年。

290. 朱永锴、林伦伦：《二十年来现代汉语新词语的特点及产生渠道》，《语言文字应用》1999 年第 2 期。

291. 朱跃：《语义论》，北京大学出版社，2006 年。

292. 邹绍华：《歧义的倾向性》，《求是学刊》1988 年第 5 期。

初版后记

要是从发表于1998年的第一篇讨论现代汉语词义问题的文章算起，至今已有十三个年头了。这期间，断断续续发表了七、八篇词义学文章。1995年以后，由于连续接手了两个江苏省教委社科基金项目《〈金瓶梅〉文学语言研究》和《〈金瓶梅词话〉词汇研究》，就有些分心，对词义学那一摊的考虑就少了一点，但从来没产生过放弃的念头，所以对现代汉语词义学领域的关注也就没有停止过，并且一直有个想法，希望能把这些年来对现代汉语词义学的思考作一番梳爬、整理和总结。

词义学研究，难；词义学研究，苦。隐隐约约地记得北京大学有两位搞词（语）义学的著名学者均是在65岁之前辞世的，不知他们的过早谢世是否同他们所从事的专业——词（语）义学研究有关。不过朱德熙先生的夫人何孔敬在回忆其丈夫搞语法研究时的情形时这样写道："他写论文，从来不是一挥而就，简直像一刀一刀地刻出来的。看他写得那样费劲，我都心疼。我对他说：'你写文章就像是难产，我也跟着难受。'德熙说：'你说得对，我写文章就是难产。'""他的老同学，语言学家李荣说：德熙的文章是用血写出来的。"① 朱德熙先生自己也不只一次地对林焘先生说过这样的话："有的人写文章能够下笔千言，我真佩服。我写一千字，起码要用掉两三千字的稿纸，一篇文章写完，就像是得过一场病似的。"② 我辈的文章自然不能同朱先生的不朽之作相提并论，但写词义学文章时那种费劲、那种酷似难产的煎熬、那种发病时才有的难受却是相似的。有人说，美国人是让囚犯来编写词典的，不知这是否是个黑色幽默，但有一点倒是可以肯定的：在一些人心目中，同词义这枯燥的玩意儿打交道，已经同在监狱服刑相差无几了。可是世上还真是有那么一群人，自愿地、义无反顾地揽下这跟服刑相差无几的活儿，这多少会让人感到有点儿——用时下年轻人中间的流行说法就是——酷，或许还够得上最高级：酷毙了。现在知道，要成为"酷毙了"一族，真不容易。

---

① 见何孔敬：《长相思——怀念德熙》，载《朱德熙先生纪念文集》，语文出版社，1993年版。
② 见林焘：《哭德熙兄》，载《朱德熙先生纪念文集》。

本书的框架建构及全面写作是于去年年初开始的。在前些年发表的那些词义学文章中选择一部分，抽出来，就成为本书最早形成的部分章节，而后在此基础上逐渐完成全书的写作。待写完最后一个字的时候已是2001年的元月了，望着头顶有些许白发的妻子忙碌的身影，心里油然升起一股歉意——这一年，我欠她和孩子的太多了。

同书的写作相比，本书的出版则属顺产，没有经历几多磨难、几多曲折，那是跟我身边始终有一些热心的朋友关心、支持分不开的。本书原计划由河南一家出版社出版的，后来碰到上海学林出版社的老总雷群明先生，在了解了书稿的基本情况后，慨然应允由他们来出。学林出版社素来以出学术著作、尤其是语言类学术著作而饮誉学术界，本书能够由学林出版社出版，实感荣幸。在这里，我要向学林出版社的老总雷群明先生和社长曹维劲先生表示诚挚的谢意。

这部书稿是写完了，但关于现代汉语词义学的话题则远远没有结束，许多问题均有待于作进一步的探讨。现在我们说，现代汉语词义学是一门刚刚起步的学科，大概不会有什么异议。作为词义学研究者，真可谓任重而道远。如果说，20世纪，华人的语言研究是以赵元任先生30年代的音位学理论和王士元先生60年代的词汇扩散理论这两项著名成果对世界语言学作出了重大贡献的话，那么21世纪，中国的语言学人该做点什么呢？这是中国语音学界、语法学界，修辞学界需要思考、回答的问题，当然也是我们词义学界需要思考、回答的问题。

曹　炜

2001年2月6日

于苏州大学富华苑寓所

修订本后记

每个人有每个人的乐趣，每个人有每个人的活法，于是便有了林林总总不同的人生。

我已介于不惑与知天命之间，按照古人的说法，人生已经过去了三分之二①，我不能不承认自己是属于比较勤奋、能坐得住冷板凳的那一拨。

要知道，这对于我来说，是多么的不易！

我的激情恒在的性格决定着我是坐不住冷板凳的！适合我的应该是激情多于理性的文学艺术创作与批评，而不是理性多于激情的语言文字研究。我的一位同龄的访问学者在听了我的一堂语言学概论课后发来这么一条信息："我昨晚很晚睡觉，原本以为今天上午要打瞌睡的，但是却没有，你上课的激情感染了在座的每一个人！"但是我最终却放弃了大学阶段曾经喜爱过一阵子的文学批评而选择了语言研究作为我毕生从事的事业，这种选择主要依赖的是我的不俗的意志力。

事实上，在初中以前，我是并不属于勤奋的。常常是放学后书包一放就去找邻家小伙伴玩。那时候，母亲是一校之长，父亲是上海市公安局的一名干部，他们都很忙，尤其是父亲，一周只能见到一次，根本没有时间管我的学习，加上那时的功课比较简单，根本无须晚上做功课。尽管贪玩，但由于上课还算认真，所以成绩总是在班级、年级名列前茅。不过，那个时候的不勤奋还有一个时髦的托词：文革时期，以阶级斗争为纲，学校教育殊不正常。

初中的时候，多了英语、物理、化学三门课程，老师都布置有回家作业，放学后就不能像以前那样拼命地玩了。那个时候，我所在中学编为一个红卫兵营，每个年级是一个红卫兵连，每个班是一个红卫兵排，其时已属文化大

---

① 杜甫有诗云："酒债寻常行处有，人生七十古来稀。"我经常在班上同我的学生讲，我这人不求长寿，65 岁之前上帝不让我去见他老人家，那已经算是对我不薄，该知足了；70 岁的时候，还能在医院走廊上碰到我，就算是个奇迹了。我从小体弱多病，几乎每个月都要生病吃药打针，有"病鬼"的"雅号"，没少给我母亲增加麻烦，连我自己都讨厌自己身体不争气。这种情形直到上初中以后才得到改变。我无法容忍自己 70 岁以后什么事都干不了，无法容忍自己 70 岁以后再给亲属增加麻烦，我常同学生说，到了那种境地我就自行了断。由此算来，我的人生确已经过去了 2/3。

革命末期，学校还是很重视学生成绩的，红卫兵的各级干部成了一种荣誉，并不是由那些顽皮捣蛋的学生来担任，倒是由各班的学习成绩好的学生来担任，于是我那样一个性格有些懦弱的人竟然当了红卫兵营的营长，现在想想还真有点滑稽。由于经常课后有会议或活动（包括板报宣传这一块），所以作业就基本放到了晚饭后做，做完作业就睡觉了。虽然学校领导、老师经常在大会小会上表扬我，要别人向我学习，虽然邻居也纷纷夸我是个用功的好学生，要他们的孩子也同我一样，但我心里清楚，他们都是靠想象，主要因为我成绩特别好，他们能找的唯一的理由就是勤奋，而我骨子里其实只是消极地应付，并不自觉地有意识地要勤奋。

1978 年昆山县在全县搞了 3 个重点班，一个放在陆家中学——面向昆东的众初中毕业生招生，两个放在昆山中学——面向昆西的众初中毕业生招生，于是我便以我所在初中——公桥中学唯一的一名中榜生被录取到了陆家中学的这个县重点班，在那里我遇到了一些很出色的教师：语文老师倪鼎金、李文洵夫妇，数学老师宋郑还、吴国良，政治老师赵振民等，在他们面前，我觉得有太多的东西需要了解掌握，而且目标明确：一定要考一所好的大学。当时我给自己起了我平生第一个笔名——郑旦（叶音“争旦”，谓“争进复旦”之义）。我的真正意义的勤奋就是从这里开始的，而且一直勤奋到了现在，将近 30 年。

1980 年我以高出南京大学文科录取分数线的高分考入江苏师范学院（今苏州大学）中文系，因为该年江苏师范学院首次被列入重点大学招生，我第一志愿填报了北京大学法律系未果而为江苏师范学院录取，成为当年中文系入学分数最高的学生。虽然情绪上有些沮丧和失落，但我很快调整了过来，依然是班上最勤奋的学生之一。大一的时候，很幸运地与上我现代汉语课的老师李晋荃先生成了忘年交，并由此开始了我同李老师数十年的交往史，这是后话。我是当年去李老师家次数最多的学生，在那里我学到了许多课本上永远学不到的东西。大二的时候已担任昆山教育局长的倪鼎金老师专程从昆山来到苏州大学引领我上门去拜他大学时代的老师王迈先生为师，学习声韵训诂之学，整整三年的学徒生活，去王先生凤凰街寓所的路我闭着眼睛都能摸到。我很崇拜王先生，一直认为王先生是学问最大的学者。大三的时候，经王先生指点引见，拜识了蔡镜浩先生和董志翘先生，两位先生均住在校内，请教问题更是方便，蔡先生后来成了我的研究生导师。大学四年，语言文字书籍成了我朝夕相处的伙伴，无论是夏日还是冬天，我总是最后一个离开教室的学生。寒冬腊月，为了不影响宿舍同学休息，常常是晚上十点回宿舍洗脚，然后再去教室自习，到深夜回宿舍直接上床睡觉，睡到天亮脚还是冷的。

那时我的体重只有80多斤。

1984年7月我从苏州大学中文系毕业，分配至苏州师范专科学校（今常熟理工学院）中文系任教，同当时的系主任鲁德俊先生一起分段承担中文系1982级的古代文学史课。为了上好每一堂课，我每天晚上备课，清晨起来“背课”，往往是在讲课前，我已经把要讲授的唐宋名家散文背诵得烂熟于心了，于是上课时就显得从容不迫，我就是从那时起养成上课从不看讲稿的习惯的。1985年7月与教写作的同事丁晓原同志（现任常熟理工学院副院长，教授，博士生导师）一起去南京师大批阅高考试卷，期间我们两个就曾达成共识：在高校从事教学工作一定要开展科学研究。要知道，当时的情况下，在同辈的青年教师中有这种想法的人是极少的，大家都是在下棋、打牌、喝茶、闲聊中打发课余时光的。在经历了几次退稿以后，1987年4月，我的第一篇论文《也谈“有”的词性——与林泰安等同志商榷》终于发表在了《汉语学习》1987年第2期上，我的科研生涯由此开始。

1987年，因为中文系安排我改教现代汉语课，我便报考了山东师范大学的现代汉语助教进修班。在济南我还是班上最勤奋的学员。由于不断地看书、写作，我就连离济南咫尺之遥的孔庙、泰山都没去，更不要说青岛、烟台了。我是班上20多个学员中唯一一个在读期间便在《山东师大学报》（社科版）上发表文章的学员。济南学习期间收获最大的课程是山东师大高更生先生的现代汉语语法研究课，山东大学葛本仪先生的语言理论专题研究课，山东师大谭德姿先生的现代汉语修辞研究课，山东大学姜宝昌先生的甲骨文字学课，山东师大王立廷先生的现代汉语词汇研究课等等。这些课程为我以后的教学科研打下了扎实的基础。

在苏州师专的10年，我得到了磨炼。我经受住了来自各个方面的诱惑，排除了来自各种途径的干扰，在学术研究的象牙之塔中坚守了下来。10年中，我先后与翟振业教授、曹培根研究员、蔡永良教授等合作开展了文言文教学研究、汉语史料学研究以及文学语言研究，取得了一批成果，同时也锻炼了我的科研组织协调能力，为以后组织团队成功主编多套丛书作了铺垫。在苏州师专的时候，一位年长于我的同事一直给予我极高的评价，他叫毛天鸿，他的热情评价在当时对于我这么一个默默无闻的小助教、小讲师来说是莫大的鼓舞和激励，今天回忆起来还感到温馨如初。

1994年10月我离开了苏州师专中文系，我的母校苏州大学破例接纳了我——一个本科生，师专的讲师。到了苏州大学以后，政治环境和工作环境比苏州师专宽松得多，外来的人为的干扰基本没有了，人有一种解放了的感觉，可以心无旁骛地从事我的学术研究了。同时，学术视野也更开阔了，科研自然也就渐入佳境。1997 年，我的第一部学术著作《〈金瓶梅〉文学语言研究》一书问世，2001 年第二部学术著作《现代汉语词义学》一书问世，2003 年姊妹篇《现代汉语词汇研究》问世，2009 年作为我主持的教育部人文社科基金项目重要成果的《〈水浒传〉虚词计量研究》、《〈金瓶梅词话〉虚词计量研究》、《〈型世言〉虚词计量研究》等系列著作也即将问世……所有的一切均在按照我的设计和筹划有条不紊地进行着。

2001 年 2 月初，我去北京大学中文系做著名语言学家、世界汉语教学学会会长、北京大学汉语语言学研究中心主任、北京大学中文系教授、博士生导师、我国首届百校名师陆俭明先生的访问学者。陆先生曾在我的《现代汉语词汇研究·序》的开头重点表扬了我“在学业上的勤奋精神”，并简单描写了我在北京大学访学期间简单而忙碌的学习生活①，所述基本属实。当时，我住在北京大学圆明园校区的访问学者楼，楼上是宿舍，楼下是阅览室，窗外是圆明园公园遗址。我每天早晨五点左右起来写作，写到七点多去吃早饭，然后骑车去北大教室听课，或去北大图书馆看书查资料，直到傍晚再骑车回圆明园校区宿舍，晚上在楼下阅览室写作，十点左右回宿舍继续写作，直到零点。天天如此，周而复始。我们宿舍住有 4 名访问学者，其中有一位是北大光华学院厉以宁院长的访问学者，待人接物颇有些孤傲，4 个多月后的 6 月的一天，他在宿舍里指着我，颇为激动地对另外两位访问学者大声说：“什么叫毅力？他就是毅力！”可能他以为我如此紧张的生活节奏是短期行为，而没想到我竟然能做到 4 个多月如一日。

在北大的那段日子收益良多。一者是学业上的收获；二者是友情上的收获。学业上的收获主要来自三个方面：一是听课，开始是什么课都去听，后来主要是听三门课：一门是陆俭明老师开设的“现代汉语语法研究”，一门是徐通锵老师开设的“语言学研究方法论”，还有一门是王洪君老师开设的“历史语言学”，这些课程开阔了我的视野，多富有方法论上的启迪。二是请教，北大名师云集，古文字学的泰斗裘锡圭先生、汉语史巨擘蒋绍愚先生，都曾登门请教并结下了忘年之谊，时至今日还时有联系；当然请教最多的还数陆俭明老师和徐通锵老师，在教室，在校园的路上，在电话里，或者是在两位老师的家中。三是查资料，北京大学图书馆最大的特点有三个：一是工具书特别齐全，而且复本多；二是刊物杂志收罗赅广，什么样的小刊物都能找到，而且比较完整；三是桌椅摆放非常人性化，不是集中摆放，而是散布在书架林中，随时随地都能

① 陆俭明：《现代汉语词汇研究·序》，北京大学出版社，2003 年。

就座。所以图书馆就成了我最爱去的地方。友情上的收获是在北大期间，结识了一批仰慕已久的师长和真诚热情的朋友，有北京大学的、北京语言大学的、北京师范大学的、中国人民大学的、商务印书馆的、语言文字应用研究所的等等，他们在以后的岁月中经常给我以精神的和物质的帮助。

我的勤奋也获得了丰厚的回报：高中毕业时，我是当年陆家中学考取大学的唯一一名文科大学生。大学毕业后我没有像绝大部分同学那样去了中学而是被分配到了苏州师专中文系。工作以后，在教学上，我获得过苏州师专青年教师课堂教学竞赛二等奖（一等奖空缺）、苏州大学首届青年教师课堂教学竞赛一等奖、苏州大学利苏奖教金、苏州大学优秀教学成果一等奖、江苏省高校优秀教学成果一等奖（集体）、二等奖（个人）；科研上，我获得过苏州师专优秀科研成果三等奖、苏州大学优秀科研成果二等奖（一等奖空缺）、苏州大学苏鑫（科研）奖、苏州市优秀科研成果二等奖、江苏省优秀科研成果三等奖、复旦大学主持的第三届陈望道修辞学奖三等奖（一等奖空缺）。还先后被评为苏州大学优秀青年骨干教师、苏州大学首批优秀中青年学术带头人培养人选。

少年时代，每每读到奥斯特洛夫斯基在《钢铁是怎样炼成的》一书中写下的名句：“人的一生应当这样度过：当回忆往事的时候，他不至于因为虚度年华而痛悔，也不至于因为过去的碌碌无为而羞愧；在临死的时候，他能够说：‘我的整个生命和全部精力，都已经献给世界上最壮丽的事业——为人类的解放而斗争。’”便感到心潮澎湃，豪情满怀！

如今三分之二人生过去以后，再读上面这一段时心情就平静了许多，因为对于一个已经勤奋了30年而且注定还将勤奋下去的人来说，他已经到达了这个境界：既不会“痛悔”，也不会“羞愧”。但多少有一点失落：这种境地实际上一点也不好玩，它会牺牲掉很多其实也很美好的东西！

我常常对我的学生讲，我的人生不值得克隆效仿，毕竟时代不同了，面临的挑战与选择也很不一样。我的儿子也已长大，他走的路就与我不同，网络不时上，新闻天天看，篮球常常打——他们班篮球队是苏州中学的冠军队，他是体育委员、篮球队长——即使面临考试也不放弃。他属于那种外松内紧型的，骨子里也很用功，只是不像我一样做到极端，所以在外人看来，似乎就轻轻松松地以苏州大学附小第一名的成绩考入苏州中学立达初中，似乎又轻轻松松地以高出录取线几十分的成绩考入苏州中学中新实验班，不久前又以第一志愿被中国人民大学提前录取而不用像大多数同龄人那样必须参加高考。这也是一种人生，虽然没有我当年的苦行僧一般的生活，但也不乏精彩。之所以唠唠叨叨地说了那么多，就是想告诉研究生同学们：别相信那些天赋不天赋的鬼话！也别指望有什么安逸的捷径可以通向目标所在的彼岸！不管你怎么演绎你的人生，有一条是永恒的，那就是你付出多少，就会有多少回报；付出得越多、越勤奋，得到的回报就越丰盛。我对我即将上大学的儿子也如是说。

愿我的三分之二人生之路会给研究生同学们些许启迪。

在本书的修订过程中，我的硕士研究生薛瑾、洪琰、谭芳芳、巫洁等同学按照我的要求帮我寻找并复印了初印本每一章所讨论的主要问题的国内其他研究者的研究成果（论文），为我的修订节省了不少时间。尤其是薛瑾同学，几乎成了消防队员，哪个问题前人研究成果有遗漏，她就帮我去寻找，使我避免了必须不时放下手中的活计去搜寻前人研究成果的折腾和中断，可以专心致志地完成每一章的修订，在此特表衷心的感谢！

记得我曾经在《〈金瓶梅〉文学语言研究》（修订版）的“再版后记”中这样写道：这是我同暨南大学出版社的第一次合作，但愿我们能长期地合作下去。

没想到我们的再度合作这么快就到来了。感谢两位热情的编辑——漂亮的年轻妈妈陈鸿瑶女士和执著的出版界才俊杜小陆先生——后者也是我的《〈金瓶梅〉文学语言研究》（修订版）一书的责任编辑，感谢他们长达半年多的一而再再而三的锲而不舍的约稿，他们的事业心、他们的意志力、他们的不放弃打动了我，从他们身上我看到了我的影子，我喜欢，我欣赏，把书稿交给他们，我心怡然。

我想，我同暨南大学出版社的合作前景将一片光明！

曹　炜

2007 年 7 月 30 日

于苏州东大街寓所

时窗外骄阳似火，所有的一切都是滚烫的，包括空气。树枝和树叶纹丝不动，只有树上的知了在声嘶力竭地狂叫着。一年中最炎热的日子已经来临。